당신에게 들려주고 싶은 세계사

우리가 알지 못했던 43가지 역사 이야기

당신에게 들려주고 싶은 세계사

박은봉 지음

cum libro
책과함께

문득 이 책을 처음 출간할 때가 떠오른다. 19년 전 가을, 나는 막막한 심정으로 머리말을 쓰고 있었다. 아마 기대 반 걱정 반이었을 것이다. 방송에서 한 이야기들을 책으로 묶어내는 일은 처음 해보는 것이라 더 그랬던 것 같다. 다행히 책은 독자들로부터 좋은 평과 많은 사랑을 받았으며, 덕분에 19년이라는 결코 짧지 않은 시간이 흐른 오늘, 개정판 서문을 쓰기 위해 다시 책상머리에 앉게 되었다. 독자들께 깊이 감사드린다.

역사가 갖고 있는 가장 큰 매력은 끊임없이 재해석이 가능하다는 점이 아닐까 생각한다. 과거에 일어난 사실은 하나뿐이지만 그 사실을 바라보고 해석하고 평가하는 시선은 하나가 아니라 여럿이고, 그 시선 또한 고정불변이 아니라 끊임없이 변화한다. 그러고 보면 세상에 역사만큼 흥미로운 학문도 없지 싶다. 개정판을 준비하면서 나 자신도 역사를 바라보는 시선이 적잖이 변화했음을 느낄 수 있었다. 조금 더 깊어지고 성숙해졌다 할까.

개정판에는 초판에 실린 이야기들 중 일부를 덜어내고 총 43가지 이야기를 실었다. 당시에는 신선했지만 이제는 널리 알려져서 신선함이 퇴색한 이야기, 요즘 분위기에 걸맞지 않는다고 생각되는 이야기 들이 주로 제외되었다.

또한 그동안 학계에 새로 쌓인 연구성과를 반영하여 내용을 수정, 보완했으며 초판에서 잘못된 부분도 바로잡았다.

이 책은 역사, 특히 세계사에 관심은 있지만 어렵고 딱딱하지 않을까 하는 걱정에 선뜻 다가서지 못하는 사람을 위한 책이다. 초심자를 위한 세계사라 할까. 전공이나 학력에 관계없이 누구든 가벼운 마음으로 편안하게 읽어가다가 어느새 역사의 매력과 재미에 푹 빠져 있는 자신을 발견하는 기쁨을 누리게 되기를 바란다.

개정판은 새로운 출판사에서 새로운 모습으로 태어나게 되었다. 도서출판 책과함께의 모든 분들께 깊이 감사드린다.

2013년 3월
박은봉

여기 실린 50편의 '세계사 뒷이야기'는 1993년 2월부터 1년 2개월 동안 MBC FM 라디오 〈FM은 내 친구〉와 〈밤의 디스크 쇼〉에서 같은 제목으로 방송된 것이다.

'세계 역사상 숨겨진 재미있는 이야기를 해 달라'는 PD의 주문을 받고 처음에는 퍽 당황했다. 대중가요를 방송하는 오락 프로그램에서 10분이나 역사 이야기를 하다니! '역사'라면 골치 아픈 암기거리라며 고개를 내젓는 게 우리네 보통 사람들 아닌가. 랩 뮤직이 압도하는 가요 프로그램에서 말할 만한 '재미있는' 역사 이야기가 과연 있기나 할까?

고민 끝에 드디어 결심을 했다. 역사란 다름 아닌 우리 인간의 삶에 대한 이야기라는 평소 생각을 이 기회에 입증해보기로. 이야기를 하는 사람, 듣는 사람 양쪽 다 경직됨 없이 자연스럽게 역사를 주제로 대화할 수 있는지, 그러다 결국은 '아, 참 재밌구나!' 하고 무릎을 치게 될 수 있는지 실험해보기로.

그런 다음 무슨 이야기를 할 것인지를 정했다. 동서고금의 시간과 공간을 자유로이 넘나들며 주제를 택하되 잘 알려지지 않은 숨은 이야기, 혹은 잘 알려져 있긴 하지만 사실과는 다르게 왜곡된 내용을 바로잡는 이야기를 하기로 했다.

이렇게 시작한 '세계사 뒷이야기'는 뜻밖에도 좋은 반응을 얻었다. 오래 가진 못하리란 애초의 생각과는 달리 프로그램 개편 때마다 살아남아(?) 매주 1회, 1년 2개월 동안 방송되는 장수를 누렸다. 그동안 진행자도 여러 번 바뀌고, 프로그램도 〈FM은 내 친구〉에서 〈밤의 디스크 쇼〉로 옮겨졌다.

이제 그 중 50편을 가려 책으로 묶어 내놓는다. 말과 글은 퍽 다르기 때문에 여러모로 보완이 필요했다. 이런저런 사정으로 방송에서는 못한 이야기들을 대폭 보충했고, '뒷이야기'가 그저 입담거리로만 끝나지 않도록 사건 혹은 인물과 당시의 사회상을 연결시켜 설명하려 애썼다.

여기 실린 이야기들의 주인공은 '인간'이다. 그래서 한 인간, 혹은 인간 집단이 일생을 살아가며 겪는 여러 가지 일들을 중심으로 50편의 이야기를 새로이 분류해보았다. 사랑, 꿈, 야망, 모험, 거짓, 실수, 오해 등등 얼핏 역사책에 걸맞지 않은 듯한 제목을 붙인 이유가 바로 그것이다.

여러분은 이 책에서 풍부하고 다양한 읽을거리를 많이 발견하기 바란다. 그 읽을거리에 등장하는 수많은 사건과 인물을 통해 역사의 흐름을 이해하고, 역사를 자신의 삶과 동떨어지지 않은 친숙한 것으로 여기고, 자기 삶도 곧 역사 속의 한 부분임을 느끼게 되었으면 좋겠다.

읽는 독자의 편의와 이야기의 자연스런 흐름을 위해 일일이 출전을 밝히지 않았다. 좀 더 자세한 내용을 원하는 독자는 끄트머리에 실린 참고문헌을 보기 바란다.

방송이라곤 처음 해보는 필자를 격려하며 이끌어준 하지현 PD에게 진심으로 감사드리고, 필자와 호흡을 맞추느라 애쓴 탤런트 겸 MC 김현주 씨, 아나운서 김지은 씨, 가수 신성우 씨, 방송 내용을 시종일관 꼼꼼히 비판해주신 김성재 님께 고마움을 전한다.

1994년 10월

박은봉

❧ 차례 ❧

일러두기

1. 인명과 지명은 외래어표기법을 따랐다.
2. 인용문의 출처는 각 이야기 말미의 참고문헌에 밝혔으며 표기는 원문 그대로를 따랐다.

제 1 부

사랑과 결혼

첫 번째 이야기
베토벤의 '불멸의 연인'

독일의 작곡가 루트비히 판 베토벤. 인간의 영혼을 울리는 깊고도 장대한 음악세계를 창조한 그가 1827년에 사망한 뒤, 유품을 정리하던 비서 안톤 신들러는 낡은 캐비닛에서 편지 세 통을 발견했다. 세 통 모두 받는 사람의 이름과 장소, 연도가 씌어 있지 않았다. 그것은 바로 베토벤이 사랑하는 여인에게 쓴 편지였다.

• '불멸의 연인'이여! •

7월 6일 아침

나의 천사, 나의 모든 것, 나 자신이여, 오늘은 몇 마디만 그것도 그대의 연필로 씁니다. 내일쯤에야 숙소가 확실히 정해질 것 같소. 이 무슨 시간 낭비란 말이오?

이런 말을 할 때마다 왜 이토록 깊은 슬픔이 밀려드는지. 우리의 사랑은 희생과 단념 외에는 다른 방법이 없는 것이오? 그대가 온전히 내 사람이 아니고 나 또한 온전히 그대의 사람이 아닌 사실을 바꿀 수는 없는 게요? ……사랑은 모든 것을 요구하오, 그것은 당연한 일이오. 나는 그대를, 그대는 나를 위해 살아야 하오, 그런데 그대는 내가 나와 그대를 위해 살아야 한다는 것을 너무 쉽게 잊는군요. 우리가 완전히 하나가 된다면 나도 그대도 이렇게 괴로워할 필요가 없을 텐데……. 내 마음속은 그대에게 하고 싶은 말로 가득 차 있다오. 아, 이따금 말이란 전혀 쓸모없는 것이라 느껴져요. 힘을 내요. 내 진정한, 하나뿐인 보물, 내 모든 것으로 남아주오. 나도 그대에게 그렇게 되겠소. 우리가 할 바를 다한 후엔, 그 외의 것은 신께서 보살펴주시겠지.

당신의 충실한 루트비히

7월 6일 월요일 저녁

고통에 찬 그대, 내 사랑이여. 편지를 아침 일찍 부쳐야 했다는 걸 이제야 알았다오. 우편마차가 K로 가는 것은 월요일과 목요일 아침 두 번뿐이라고 하오.

괴로워하는 그대여, 내가 있는 곳에 그대는 항상 함께 있다오. 당신과 나를 위해, 우리가 함께 지낼 수 있는 방법을 궁리해봅시다. 인생이란!!!! 그대가 없는 삶이란!!!!…… 당신이 아무리 나를 사랑한다 해도, 내 사랑은 훨씬 더 강렬하오. 나한테는 당신 생각을 아무것도 감춰서는 안 돼요. 잘 자요…….

7월 7일 아침

잠자리에서도 내 생각은 그대, 내 불멸의 연인에게 달려갑니다. 운명이 우리를 불쌍히 여기길 바라며, 한순간 기쁨에 들뜨고 또 한순간 비탄에 잠겨요. 온전히 당신과 함께 지내든지 모든 걸 끝내든지 그 어느 쪽이 아니면 나는 살 수 없소. 그래요, 나는 결심했소. 그대 팔에 날아가 안길 때까지, 그대 곁을 내 집이라 생각할 수 있을 때까지, 그날이 아무리 멀다 해도 방황을

베토벤이 '불멸의 연인'에게 쓴 세 통의 편지 중 마지막 편지

멈추지 않겠소⋯⋯. 오, 신이여, 이렇게 사랑하면서도 왜 서로 떨어져 살아야 합니까?⋯⋯ 내 천사여, 방금 우편마차가 매일 떠난다는 말을 들었소. 그대가 이 편지를 조금이라도 일찍 받을 수 있도록 이만 그치겠소. 마음을 가라앉히시오. 침착하게 우리 형편을 관찰하다 보면 함께하려는 우리 소망을 이루게 될 거요. 마음을 편하게 갖고, 나를 사랑해주시오, 오늘도, 어제도, 그대, 그대, 그대를 향한 눈물겨운 동경, 내 생명, 내 모든 것이여, 안녕. 오 제발 나를 계속 사랑해줘요. 내 진심을 잊지 말아요.

영원히 그대의

영원히 나의

영원히 서로의 L.

• '불멸의 연인'을 찾아서 •

신들러의 책상 속에서 한동안 잠자고 있던 세 통의 편지는 1840년에 공개되자마자 굉장한 반향을 불러일으켰다. 베토벤은 여러 여인들과 사랑에 빠졌지만 끝내 결혼하지 않고 독신으로 살다 세상을 떠났다.

당시 음악가들은 음악만으로 자립해서 생활하기 어려웠기 때문에 귀족의 후원을 받아야 했고, 베토벤도 예외는 아니었다. 그가 사랑한 여인들이 한두 명을 제외하고는 모두 귀족의 딸 혹은 부인이라는 사실은 그 같은 사정 때문이기도 하다.

그렇다면 베토벤이 '불멸의 연인'이라 부른 사람은 과연 누구일까? 그가 이토록 열렬한 편지를 보낸 상대가 누구란 말인가? 베토벤 연구가들은 이 '불멸의 연인'을 추적하기 시작했다.

강력한 후보로 떠오른 것은 줄리에타 귀차르디, 요제피네 폰 다임, 테레제 폰 브룬스비크, 테레제 말파티, 베티나 브렌타노 등이었다.

줄리에타 귀차르디는 베토벤이 〈피아노 소나타 14번, Op.27, No.2, '월광'〉을, 테레제는 〈피아노 소나타 24번 Op.78〉을 각각 헌정한 주인공들이다. 하지만 '불멸의 연인'은 여전히 수수께끼로 남았다. 누구라고 단정할 수가 없었던 것이다.

그런데 1977년, 베토벤 연구가 메이너드 솔로몬이 베토벤의 전기 《루트비히 판 베토벤》을 출판하여 '불멸의 연인'의 정체를 밝혀냈다. 그의 주장은 매우 새로운 것이었지만 치밀한 연구와 빈틈없는 논리로 베토벤 연구가들의 폭넓은 동의를 얻었다. 그의 주장이 옳다면 '불멸의 연인'을 가리고 있던 신비의 베일은 이제 벗겨진 셈이다.

솔로몬은 베토벤이 편지를 썼을 가능성이 있는 1795년 부터 1818년 사이에 7월 6일이 월요일이 되는 다섯 해를 골라 당시 베토벤의 행적 그리고 그와 가까웠던 여인들의 행적을 면밀히 조사했다. 그 결과 찾아낸 주인공은 한 번도 거론되지 않은 새로운 인물이었다. 그 이름은 안토니 브렌타노, 결혼

1820년 베토벤의 나이 50세 때의 초상화. 요세프 카를 스틸러가 그렸다. 안토니 브렌타노는 이 초상화의 소형 복제품을 평생 간직했다.

전 이름은 안토니 폰 비르켄슈토크이다. 그는 오스트리아의 유명한 정치가이자 학자, 미술품 수집가인 요한 멜키오르 에들러 폰 비르켄슈토크의 외동딸이며, 프랑크푸르트의 부유한 상인 프란츠 브렌타노의 아내이다. 남편 프란츠 브렌타노는 독일 낭만주의 문학의 기수 클레멘스 브렌타노와 베티나 브렌타노 남매의 이복형제로서 안토니보다 열다섯 살 위였다. 그럼 솔로몬의 주장을 들어보자.

베토벤과 안토니가 처음 만난 것은 1810년 5월. 베토벤은 마흔 살, 안토니는 서른 살 때의 일이다. 프란츠 브렌타노와 결혼해서 네 아이를 둔 안토니는 친정아버지가 세상을 떠나자 고향인 오스트리아 빈에 와 있다가 시누이 베티나와 함께 베토벤을 방문했다. 베티나는 그 무렵 베토벤의 마음을 사로잡고 있던 여인. 하지만 베티나는 6월 초, 다른 사람과 결혼하여 빈을 떠나버렸다.

안토니는 병을 앓고 있었다. 행복하지 못한 결혼생활, 낯선 도시 프랑크푸르트, 첫아이의 죽음이 갖다 준 마음의 병이었다.

> 가슴의 통증이 너무나 심해져서 거의 숨을 쉴 수 없을 정도입니다. 침대에 어떤 자세로 누워도 견딜 수 없고 울음을 터뜨리지 않으면 이 끔찍한 통증에서 놓여날 수가 없습니다.……건강이 나아지기보다는 상태가 더 나빠질 것이라고 예상해야 할 거예요. 죽음의 침묵이 영혼을 지배하고 있습니다.

빈으로 오기 직전, 안토니가 친척에게 보낸 편지다. 빈에서 앓고 있는 안토니를 위로해준 유일한 사람은 베토벤이었다. 베토벤은 자주 안토니를 찾아와 피아노 연주를 들려주고 이런저런 이야기를 해주었다.

두 사람의 우정은 차차 애정으로 변해갔다. 1811년 가을, 베토벤은 〈Op.83 '세 개의 가곡'〉과 〈Op.85 '감람산의 그리스도'〉의 피아노 편곡을 안토니에게 헌정했으며, 문제의 해인 1812년 6월에는 안토니의 딸 막시밀리아네게 〈WoO.39 B플랫 장조 '피아노 트리오'〉를 헌정했다. 베토벤의 명작 중 하나로 손꼽히는 〈디아벨리 변주곡〉, 즉 〈Op.120 '디아벨리 왈츠에 의한 서른세 개의 변주곡'〉도 안토니에게 헌정한 작품이다. 솔로몬의 주장에 따르면, 기타 반주가 붙은 가곡 〈WoO.140 '사랑하는 사람에게'〉는 뛰어난 기타 연주자였던 안토니를 위해 베토벤이 특별히 작곡한 작품이다.

• 오직 한 사람, 그러나 영원히 가질 수 없는 연인 •

그러나 베토벤은 안토니의 남편 프란츠와도 절친한 사이였으며 브렌타노 일가를 진심으로 좋아하고 있었기에 사랑과 우정, 욕망과 지켜야 할 도덕 사이에서 깊은 고뇌에 빠졌다. 이 무렵 쓴 편지가 바로 문제의 세 통의 편지다.

편지를 자세히 읽어보면 베토벤이 얼마나 괴로움에 몸부림쳤는지 알 수가 있다. 그는 '사랑은 모든 것을 요구'하는 것이니 '함께 지낼 수 있는 방법'을 마련하겠다고 굳게 마음먹었다가, 결국은 '그대 곁을 내 집이라 생각할 수 있을 때까지' 사랑하는 여인을 떠나 방랑하기로 결심하고 만다. '오 제발 나를 계속 사랑해줘요'라고 안타까이 부르짖으면서.

그런데 세 통의 편지가 베토벤에게 남아 있는 것은 어째서일까? 아예 부치지 않은 걸까, 아니면 되돌려받은 걸까? 어쨌든 문제의 편지를 쓴 지 몇 달 뒤인 1812년 가을, 안토니 가족은 프랑크푸르트로 돌아갔고, 베토벤은 사랑하는 '불멸의 연인'을 가슴속 깊이 묻어야 했다. 두 사람이 함께 사는 날은 끝내 오지 않았다.

그로부터 4년 뒤인 1816년 5월, 베토벤은 제자 페르디난트 리스에게 이렇게 털어놓았다.

"불행히도 내겐 아내가 없다네. '오직 한 사람'을 만났지만, 영원히 소유할 수 없을 걸세."

안토니 브렌타노는 베토벤이 진정으로 사랑하고 또 베토벤에게 사랑을 준 유일한 여성이었다. 안토니와 헤어진 뒤 베토벤은 어떤 여인과도 진정한 사랑을 나누지 못했다고 한다.

'불멸의 연인'으로 추정되는 안토니 브렌타노의 초상화. 1808년 스물여덟 살 때의 모습으로 요세프 카를 스틸러가 그렸다.

"너는 너 자신을 위한 존재가 아니라 타인을 위한 존재라야만 한다."

그는 일기에 이렇게 적고 있다. 그리고 죽은 동생의 아들 칼을 양자로 삼아 사랑을 쏟았다.

독신으로 사는 베토벤의 생활은 어땠을까? 악보와 온갖 잡동사니가 뒤엉켜 있는 작업실, 도무지 신경 쓰지 않아 지저분하기 이를 데 없는 옷차림, 부스스한 머리칼, 한 달도 버티지 못하고 가버리는 하녀……. 다음은 1820년 그가 쓴 일기의 한 대목이다. 그가 감당해야 했던 일상생활의 스트레스를 짐작게 한다.

4월 17일 하녀 오다. 뒷소리

5월 16일 하녀에게 경고를 주다

5월 19일 하녀 떠나다

5월 30일 하녀 오다

7월 1일 하녀 도착

7월 28일 밤 하녀 달아남

7월 30일 운터 데브링크에서 여자 오다

악일(惡日) 사흘. 8월 10, 11, 12, 13일은 악일. 레르헨펠트에서 식사를 했다

8월 28일 여자의 달 끝나다

•가난하고 고통받는 자들을 위해•

베토벤의 일생은 지극히 고독하고 고통스런 것이었다. 스물여덟 살 무렵부터 귀에 이상이 생긴 그는 나중엔 완전히 귀머거리가 되었다. 다른 사람과 이야기하려면 일일이 필담을 해야 했으니 생활상의 불편은 말할 것도 없고, 음악가로서 귀가 들리지 않는다는 건 치명적인 상처였다.

베토벤은 괴팍하고 비사교적이고 음울한 성격의 소유자로 알려져 있지만, 실은 누구보다도 열정적이며 사람 사귀기 좋아하는 따스한 성품을 지니고 있었다. 귀가 잘 들리지 않게 되면서부터 사람을 피하게 된 것뿐이다.

> 나을 수 있을까? 물론 나는 그렇게 소망하지만 그 가능성은 아주 희박한 것 같군. 그런 병이란 좀체 낫지 않는 법이니까. 내가 사랑하고 나에게 사랑스러운 모든 사람들을 피하면서 나는 얼마나 괴롭게 살아가고 있는지……. 그것도 그토록 비참하고 이기적인 세상에서! 오, 내 청각이 완전히 회복될 수만 있다면 나는 얼마나 행복하겠나…….

1801년 그의 나이 서른한 살 때 친구에게 보낸 편지다. 그 무렵 베토벤은 피아니스트로서, 작곡가로서 날로 명성을 얻고 있었다.

청력 악화는 서서히 진행되었다. 그리고 1815년에 이르러서는 마침내 피아니스트로서의 생명은 막을 내렸다.

베토벤의 삶은 청각을 잃으면서 처절하게 무너져내리지만 그는 굴하지 않고 운명에 정면으로 맞서, 마침내 그를 이겨낸다. 오늘날 그의 뛰어난 작품으로 손꼽히는 것들, 이를테면 교향곡 〈제5번 '운명'〉, 〈제6번 '전원'〉, 〈제9번 '합창'〉을 비롯해 수많은 피아노곡, 관현악곡, 실내악곡 들은 모두 청각을 잃은 후에 쓴 작품이다. 그의 음악은 내면에서 울려나오는 영혼의 소리였던 것이다.

"나는 예술을 가난하고 고통받는 사람들을 위해서만 창조할 작정이오."

베토벤이 친구 베겔러에게 한 말이다. 말 그대로 베토벤은 삶의 무게 때문에 고뇌하는 사람들에게 영혼의 안식과 구원의 길을 터주는 음악을 작곡했다.

• "인간 베토벤이 한층 더 위대했습니다." •

베토벤은 나폴레옹, 괴테와 함께 프랑스 혁명이라는 대격변이 낳은 인물이다. 그는 계몽사상과 프랑스 혁명으로부터 큰 감동을 받았으며, 세계를 움직이는 새롭고 강렬한 힘을 느꼈다.

베토벤의 제자 페르디난트 리스의 말에 따르면, 프랑스 혁명 직후 베토벤이 완성한 교향곡 제3번은 본래 나폴레옹의 이름을 따서 〈보나파르트〉라는 제목을 달았는데, 나폴레옹이 황제 자리에 올랐다는 소식을 들은 베토벤은 화를 내며 제목이 쓰인 첫 장을 찢어버렸으며, 나중에 〈에로이카(Eroica)〉, 즉 〈영웅적〉이라고 고쳤다고 한다. 우리에게 〈영웅〉이라고 알려져 있는 작품이 바로 이것이다. 이 작품은 제목만큼이나 웅장하고 또 내용과 형식면에서도 '혁명적'이어서 처음엔 쉽게 이해받지 못했다.

베토벤은 하이든, 모차르트로 대표되는 고전파 음악의 성과 위에서 새로운 양식, 새로운 내용의 음악을 시도한 장본인이다. 이 새로운 음악 세계에는 낭만파라는 이름이 붙여졌다. 베토벤은 고전파니 낭만파니 하는 범주 안에 가둘 수 없는 거목이지만 슈베르트, 리스트, 슈만, 브람스, 멘델스존, 차이코프스키 등 우리가 잘 알고 있는 낭만파 음악의 대가들은 모두 베토벤의 아들들이라고 해도 좋다. 피아노 교본의 지은이로 잘 알려져 있는 체르니 또한 베토벤의 직계 제자다.

1827년 3월 26일, 베토벤은 쉰다섯 살로 생을 마감했다. 젊은 날부터 잦은 복통과 갖가지 병치레를 해오던 그는 죽음 직전, 피를 토하고 부종에 시달렸으며 배에 복수가 차올라 수술을 받았지만 결국 숨을 거두었다.

베토벤의 장례식에는 수만 명이 몰려들었다. 극작가 프란츠 그릴파르처가 쓰고 연극배우 하인리히 안쉬츠가 낭송한 추도사가 사람들의 마음을 울렸다.

베토벤은 사랑이 넘치는 자신의 본성으로 세상을 어떻게 다루어야 할지 알지 못했기 때문에 세상에서 도망쳤습니다. 그는 사람들에게 모든 것을 다 주고 아무것도 돌려받지 못하고는 사람들의 세계에서 물러났습니다. 그는 혼자 살았습니다. 왜냐하면 제2의 '자기'를 발견하지 못했기 때문에. 그러나 생애의 끝까지 그의 가슴은 만인을 향해 뜨겁게 고동쳤습니다.

베토벤의 사망 소식을 들은 안토니는 사망기사, 추도사, 추모시, 추모음악회 광고 등 베토벤 최후의 날에 대한 기록과 자료들을 정성껏 수집하여 보관했다. 안토니가 세상을 떠난 것은 그로부터 42년 뒤인 1869년이다.

생전에 안토니는 정신적 스승인 요한 미카엘 자일러 주교에게 이렇게 말했다.

"예술가로서 베토벤보다 인간 베토벤이 한층 더 위대했습니다."

| 참고문헌 |

메이너드 솔로몬, 김병화 옮김, 《루트비히 판 베토벤 1 · 2》, 한길아트, 2006

루트비히 판 베토벤, 김주영 옮김, 《베토벤, 불멸의 편지》, 예담, 2000

메이너드 솔로몬 외, 윤소영 옮김, 《베토벤: '윤리적 미' 또는 '승화된 에로스'》, 공감, 1997

이덕희 편역, 《베토벤 이야기》, 예하, 1990

로망 롤랑, 정성호 옮김, 《베토벤의 생애》, 양영각, 1984

Maynard Solomon, *BEETHOVEN*, Schirmer Trade Books, 2001

도스토예프스키의 첫사랑 마리아

내 천사를 잃는다면 나는 파멸하고 말 것입니다. 아니면 미쳐버리거나 이르티시 강에 뛰어들고 말 것입니다.

1856년 3월 23일, 표도르 미하일로비치 도스토예프스키가 친구 브랑겔 남작에게 보낸 편지의 한 구절이다.

도스토예프스키가 열정적으로 사랑하는 여인, 그의 이름은 마리아 드미트리예브나. 알렉산드르 이바노비치 이사예프라는 하급관리의 아내로 일곱 살 난 아들 하나를 두었으며, 브랑겔 남작의 말에 따르면 '중간 키에 사랑스런 금발의 매우 가냘픈, 그리고 정열적이고 흥분 잘하는' 여인이다.

• 유형지 시베리아에서 •

당시 도스토예프스키는 시베리아에서 유형중인 죄수였다. 그는 1849년 4월, 황제 타도를 모의하는 서클에 참여했다는 이유로 체포되어 사형선고를 받고 사형대에 올랐다가, 최후의 순간에 황제의 '자비'로 시베리아에서 4년 징역, 4년 군복무로 감형된다.

도스토예프스키의 초상화

사실 황제의 감형 조치는 재판이 끝난 직후 이미 결정된 것이었다. 그러나 재판부는 이 '분별없는 젊은이들'을 따끔하게 혼내줄 심산으로 진짜 사형에 처하는 것처럼 '연극'을 연출했다. 당사자들은 아무것도 모르는 채 정말 사형당하는 줄 알고 사형대에 올라섰던 것.

사형대에 올라섰던 체험은 도스토예프스키에게 문자 그대로 영혼을 뒤흔드는 충격을 안겨주었다. 그가 쓴 소설들에는 당시 겪은 형언할 수 없는 공포와 두려움이 여러 군데 반영되어 있다. 다음은 소설 《백치》에서 주인공 미슈킨이 내뱉는 말이다.

……처형된다는 것은 강도에 의해 살해되는 것보다 훨씬 두려운 것이다.

옴스크 감옥의 도스토예프스키. 맨 왼쪽이 도스토예프스키다. 그는 4년간의 수감 생활에서 풀려난 직후, 마리아를 만났다.

……마지막 희망은 사라지고 명확성만이 남는다. 명확한 선고가 있고 도망칠 수 없다는 확신으로 온통 두렵기만 한 고통이 깃들인다. 이보다 더 큰 고통이란 세상에 없다. ……사형선고가 낭독되고 이 고통을 맛보게 한 뒤 '자, 너는 사면되었다'고 말하는 자가 있다. 그렇게 당해본 자는 아마 알 것이다. 이러한 고통, 이러한 공포에 대해서 그리스도는 말했다. 인간을 그렇게 취급하는 것은 위법이라고.

'사형 연극' 이틀 뒤인 크리스마스 이브의 깊은 밤에 도스토예프스키는 족쇄를 찬 채 시베리아를 향해 출발, 옴스크 감옥에서 4년을 보내게 된다.

감옥에 있는 도둑들 가운데서 나는 4년 만에 인간을 발견하게 되었습니다. 형은 믿겠습니까? 여기에는 깊고도 강하며 아름다운 성질이 존재합니다. ……어떤 사람은 존경하지 않으려야 않을 수 없는 사람도 있고 진정코 아름다운 사람도 있습니다.

형 미하일에게 보낸 편지가 말해주듯이, 감옥은 그가 인간에 대한 사랑을 처음으로 깨달은 곳이다. 그가 겪은 감옥생활은 나중에 《죽음의 집의 기록》이라는 작품을 탄생시켰다.

1854년 2월 15일 출옥한 도스토예프스키는 시베리아 제7 국경 수비 대대에 배속되어 세미팔라틴스크에 도착했다. 세미팔라틴스크는 이르티시 강이 흐르는 카자흐스탄 동부에 자리 잡은 마을로 오늘날 세메이(Semey)라고 불리는 곳이다. 이곳에서 세관의 하급관리 이사예프를 알게 된 도스토예프스키는 그 가족과 가까워졌다.

이사예프는 술 마시는 일밖엔 하지 않는 무기력한 사람이었다. 그의 아내 마리아는 다정다감하고 정열적인 아름다운 여인으로 죄수 신분인 도스토예프스키에게 깊은 동정과 연민의 정을 보냈다. 당시 마리아는 서른세 살의 도스토예프스키보다 네다섯 살 아래였으며, 프랑스 귀족의 후예였다. 그의 선조는 아마도 혁명과 테러를 피해 러시아로 온 듯하다. 4년간의 감옥생활에서 막 벗어난 도스토예프스키에게 마리아가 보여준 따스함과 친절은 그를 타오르는 사랑의 정열로 이끌기에 충분했다.

그런데 1855년 6월, 이사예프가 약 600킬로미터 떨어진 쿠즈네츠크로 전근을 가게 되었다. 마리아와 헤어져야 한다는 사실에 도스토예프스키는 비탄에 빠져 몸부림을 쳤다.

마침내 마리아가 떠나는 날. 브랑겔 남작은 친구를 위해 교외의 한 별장을 빌려 마리아 가족을 초대했다. 그리고 고급 샴페인을 내서 이사예프를 취해 곯아떨어지게 만들었다. 그 틈에 도스토예프스키는 마리아와 애틋한 이별의 시간을 가졌다. 정원의 나무 밑 벤치에 나란히 앉은 두 사람. 하지만 마부의 독촉에 할 수 없이 마주잡은 손을 놓아야 했다. 이윽고 말이 달리기 시작하고, 마차는 이내 멀어져갔다. 도스토예프스키는 눈물을 흘리며 그 뒷모습을 바라보았다.

• 드디어 결혼 •

당신 일을 생각하면 걱정이 태산 같습니다. 아아! 그 운명, 그 걱정, 그 하찮은 말다툼이 어느 사회에서도 멋진 꽃이 될 수 있는 당신 같은 분에게 어울릴 법한 일인가요. 당신은 놀라운 여자입니다. 놀라울 뿐 아니라 어린애처럼 착한 마음을 가진 사람입니다……. 여자의 마음, 여자의 동정, 그 한없는 친절……. 이 모든 것을 당신에게서 발견했습니다.

마리아가 떠난 이튿날쯤 도스토예프스키가 쓴 편지다. 이 편지는 남편 이사예프가 읽으리라는 것을 염두에 두고 쓴 것이라 감정을 자제하려고 애쓴 흔적이 역력하다.

1855년부터 1856년 사이에 두 사람은 수많은 편지를 주고받았다. 그렇지만 현재 남아 있는 것은 단 한 통뿐이다. 또한 이 무렵 도스토예프

첫 번째 부인 마리아

스키가 브랑겔 남작에게 보낸 편지에도 마리아에 관한 부분은 잉크로 지워져 있거나 아예 페이지가 빠져 있다. 훗날 도스토예프스키의 '명예'를 보호하기 위해 두 번째 아내 안나가 취한 행동이 아닌가 싶다.

이사한 지 몇 달 뒤, 이사예프는 술로 인한 병 때문에 세상을 떠났다. 마리아에게 남은 것은 어린 아들과 빚뿐이었다. '어떠한 일이 있어도 불행한 천사를 구출하지 않으면 안 된다'고 결심한 도스토예프스키는 브랑겔 남작을 비롯해 친구들에게 돈을 빌려 마리아를 돕는 한편 정식으로 청혼을 했다.

그때 마리아에게는 베르구노프라는 스물네 살 난 연하의 청년이 열렬히 구혼하고 있었다. 다급해진 도스토예프스키는 상사 몰래 쿠즈네츠크까지 달려갔다. 마리아는 도스토예프스키의 열정에 감복하여 마침내 결혼을 응낙했다.

대부분의 도스토예프스키 연구가들은 마리아의 선택이 사랑보다는 편의를 위한 것이었다고 말한다. 귀족 신분인 도스토예프스키, 형기를 마치면 안락한 생활이 보장될 도스토예프스키를 선택한 것이라고 말이다. 마리아가 쓴 편지가 한 통도 남아 있지 않기 때문에 그가 도스토예프스키를 얼마만큼 진실하게 생각했는지 알 수는 없지만, 정말 편의에 의한 선택이었을까? 당시 도스토예프스키는 돈도, 명성도, 안정된 사회적 지위도 없을 뿐 아니라 귀족 신분은 박탈당한 상태였으며 경찰의 감시를 받고 있는 전과자였다. 사면받을 가능성이 있다 해도, 초등학교 교사라는 소박하나 안정된 직업을 가진 베르구노프보다는 오히려 '불편'한 배우자감이었을 것이다.

어린아이가 있고 건강이 좋지 않았던 마리아, 그는 연하의 청년보다는 자기를 진심으로 사랑해주는 도스토예프스키를 더 미덥고 의지할 상대로 여긴 것 아닐까?

1857년 2월 6일, 두 사람은 쿠즈네츠크에서 결혼식을 올렸다. 그런데 신혼여행지 바르나울에서 도스토예프스키는 심한 간질 발작을 일으켰다. 마리아는 자신이 간질환자의 아내가 되었다는 사실을 그날 처음 알았다.

신혼살림은 세미팔라틴스크의 작은 아파트에서 시작되었다. 그러나 두 사람의 결혼생활은 그리 밝고 행복하지 못했다. 둘 다 매우 예민하고 신경질적이었으며 불안정했다. 게다가 마리아는 폐병을 앓고 있었다.

결혼한 지 석 달쯤 뒤인 5월, 도스토예프스키의 귀족 신분이 복권되었다. 그리고 2년 뒤인 1859년, 퇴역과 함께 세미팔라틴스크를 떠나도 좋다는 허가를 받은 도스토예프스키 가족은 상트페테르부르크로 돌아왔다. 그러나 마리아의 폐병은 악화되었고 경제사정도 좋지 않았다. 마리아는 죽어가고 있었다. 결국 마리아는 블라지미르, 모스크바로 옮겨가며 치료와 요양을 하다가 1864년 4월 15일 생을 마감한다.

> 마샤(마리아의 애칭)는 테이블 위의 관 속에 누워 있다. 또다시 마샤를 만날 수 있을 것인가? 그리스도의 가르침처럼 자기 자신을 사랑하듯 남을 사랑하는 것은 불가능하다. 땅 위의 개인인 인간을 법칙이 구속한다. '내'가 방해한다……

마리아가 죽은 다음날 도스토예프스키가 쓴 글이다. 무슨 생각을 한 걸까? 사실 마리아가 요양생활을 할 무렵 그는 아폴리나리아 수슬로바라는 열여덟 살 연하의 젊은 여성과 유럽 여행을 하며 밀애를 즐기고 있었다. 그러한 자신의 행동을 되새김질하고 있었던 것 아닐는지.

마리아가 죽은 지 약 1년 뒤인 1865년 3월 31일, 도스토예프스키는 브랑겔 남작에게 편지를 썼다.

> 아아, 나의 친구여, 그녀는 나를 무한히 사랑했고 나 또한 그녀를 한없이 사랑했으나 우리의 생활은 행복하지 못했습니다. 다시 만날 때 모두 이야기하기로 하고 오늘은 이것만 말하겠습니다. 우리 두 사람은 함께 살면서 틀림없이 불행했음에도 불구하고(그녀의 이상할 정도로 의심 많고 병적으로 공상적인 성격 때문에) 서로 사랑하지 않을 수 없었습니다. 오히려 불행하면 할수록 우리는 더욱더 결합하게 되었습니다. 아무리 이상

하게 생각되더라도 그건 사실입니다.

마리아의 흔적은 도스토예프스키의 작품 속에 그대로 남아 있다. 《죄와 벌》의 마르멜라도프의 아내, 《상처받은 사람들》의 나타샤, 《까라마조프 가의 형제들》의 카테리나, 《백치》의 나스타샤 필리포브나가 보여주는 창백한 얼굴에 열에 들뜬 눈, 돌발적인 행동 등은 다름 아닌 마리아의 것이다. 뿐만 아니라 그의 작품 속에 나오는 폐병 환자들에게는 모두 마리아의 모습이 투영되어 있다.

마리아가 죽은 지 3년 뒤인 1867년, 도스토예프스키는 자신의 속기사였던 안나 그리고리예브나와 결혼하여 그의 넘치는 헌신과 애정 속에서 《죄와 벌》, 《백치》, 《악령》, 《까라마조프 가의 형제들》 등의 대작을 완성했다. 도스토예프스키는 재혼 후에도 마리아의 아들 파샤를 친자식처럼 끝까지 돌봐주었다.

• 러시아를 대표하는 리얼리즘 작가 •

도스토예프스키는 톨스토이와 함께 19세기 러시아를 대표하는 리얼리즘 소설가다. 인간의 복잡한 내면을 파들어 가는 그의 심리 묘사는 탁월하다 못해 소름이 끼칠 정도다. 지금까지 우리에게 알려진 도스토예프스키는 러시아가 아닌, 서양의 연구와 시각에 치우친 감이 없지 않다. 그의 작품은 그 시대를 사는 인간이 부딪치고 있던 첨예한 문제, 이를테면 도덕, 종교, 세계관 등을 다루고 있다. 배경에 깔려 있는 것

도스토예프스키가 말년을 보
낸 상트페테르부르크의 집. 당
시 모습을 그대로 보존하여 박
물관으로 꾸며놓았다. 그는 이
건물 2층에서 두 번째 부인 안
나와 두 아이들과 함께 살았다.

은 러시아에서 막 시작된 자본주의가 낳은 새로운 사회현상, 특히 상
트페테르부르크로 대표되는 도시의 빈곤과 파괴된 인간 영혼이다. 그
의 작품에 등장하는 주인공들은 대부분 비정상적일 만큼 강렬한 성격
을 지니고 있는데, 이는 곧 당시 러시아 사회를 살아가는 인간들의 모
습이다.

우리나라에 도스토예프스키의 작품이 처음 번역된 것은 1919년 2월
창간된 잡지 《삼광(三光)》에 실린 《사랑하는 벗에게》(원제 《가난한 사람들》)
이다. 번역자는 '도뤠이 생(生), 본명 홍영후 또는 난파'로 되어 있다.

《가난한 사람들》은 스물네 살의 청년 도스토예프스키를 일약 유명한 작가로 만든 작품이다. 체포되어 시베리아로 가기 4년 전에 쓴 것으로 네크라소프, 벨린스키 등 당대의 평론가들은 이 작품을 읽고 '고골리의 후예'라고 극찬했다.

1881년 1월 28일, 도스토예프스키는 폐동맥 파열로 사망하여 알렉산드르 네프스키 수도원에 묻혔다.

| 참고문헌 |

마르끄 슬로님, 이종진 옮김,《도스또예프스끼와 여성》, 열린책들, 2011

이덕형,《러시아 문화 예술, 천년의 울림》, 성균관대학교출판부, 2001

中村健之介, 김기실 옮김,《도스토예프스키와 연인들》, 열린책들, 1986

E. H. 카, 김병익·권영빈 공역,《도스토예프스키》, 홍성사, 1982

N. Ashimbaeva · V. Biron, *The Dostoevsky Museum in Saint-Petersburg a guide-book*, Silver Age, 2010

동성애자 차이코프스키의
정신적 사랑 폰 메크부인

표트르 일리치 차이코프스키는 교향곡 〈비창〉, 발레곡 〈백조의 호수〉, 〈호두까기 인형〉, 관현악곡 〈1812년 서곡〉, 〈로미오와 줄리엣〉 등 서정 넘치는 작품을 쓴 러시아의 음악가다.

러시아의 대표적인 낭만파 음악가로 손꼽히는 그의 작품은 매우 아름답고 감미로운 선율과 풍부한 서정을 가득 담고 있다. 그의 대표작 가운데 하나인 〈피아노 협주곡 제1번〉의 첫 번째 테마는 웅장하고 화려하기 이를 데 없다.

차이코프스키는 자신의 음악만큼이나 다정다감하고 섬세한 사람이었다. 극도로 예민한 성격이었던 그는 평생 심한 우울증과 불안, 신경쇠약 증세에 시달렸다. '지금까지의, 그리고 앞으로의 내 작품 중 최고'라고 스스로 단언한 교향곡 제6번 〈비창〉은 절망적인 그의 내면세계를 그대로 그린 자전적 작품이라고 보아도 좋다. 차이코프스키의 우울증, 그 원인 중 가장 무거운 짐은 바로 자신이 동성애자라는 사실이었다.

• 동성애자 차이코프스키 •

차이코프스키가 자신이 동성애자라는 사실을 언제 깨달았는지 정확히 알 수는 없지만 아마도 모스크바 음악원 시절이 아닌가 싶다. 스물여섯 살이던 1866년, 모스크바 음악원 교수로 부임한 차이코프스키는 음악평론가 스타소프를 비롯해서 발라키레프, 보로딘, 림스키코르사코프, 큐이, 무소르그스키 등 이른바 '5인조'라 불리는 국민악파와 사귀게 된다. 당시 모스크바 음악원 교장은 안톤 루빈슈타인의 동생이며 피아니스트인 니콜라이 루빈슈타인.

이 무렵 그는 몇몇 아가씨와 사귀지만, 여자와는 사랑을 할 수 없다는 사실을 깨닫고 괴로움에 몸부림친다.

> 나를 괴롭히고 당황하게 만드는 것 중 하나가 바로 베라다. 어찌하면 좋겠니? ……결혼 요청이 심각해지면 그녀를 미워하게 될 것만 같다. …… 그녀만큼 훌륭한 여자는 없다. 마땅히 해야 할 것을 하지 못하다니, 난 비열하고 은혜를 모르는 배은망덕한 놈이다. 몹시 괴롭구나. 내 마음을 쉬게 해다오. 이 편지는 부디 찢어버려라.

이것은 1868년 4월 28일 차이코프스키가 누이동생에게 보낸 편지다. 그때 차이코프스키는 베라 다비도프라는 아가씨와 사귀는 중이었고 둘 사이에는 혼담이 오가고 있었다. 결국 차이코프스키는 결혼 대신 유럽여행을 떠나버리고 만다.

차이코프스키는 자신이 동성애자라는 사실을 몹시 부끄러워했다. 죄

차이코프스키. 광산 감독관의 아들로 태어난 그는 어려서부터 매우 예민하고 다정다감한 성격이었다.

의식과 자기혐오, 세상에 알려질지 모른다는 두려움, 이것이 차이코프스키의 내면세계를 가득 메우고 평생 그를 억누른 어두움의 실체다. 지금이야 동성애가 선천적인 하나의 성적 지향으로 인정받고 있지만, 당시 러시아에서는 '죄악'으로 단죄받는 것이었다. 차이코프스키가 빠진 죄의식과 수치심은 시대가 안겨준 고통인 셈이다.

차이코프스키는 자신의 번민을 일기장에 토로했다. '이것' 또는 'Z'라고 지칭하면서. 동생 모데스트에게 상의하기도 했다. 역시 동성애자였던 모데스트는 차이코프스키 사후 형의 동성애과 관련된 편지와 일기의 상당 부분을 없애버렸다.

차이코프스키는 현실에서는 이룰 수 없는 여성과의 아름다운 사랑을 자신의 음악 속에서 완벽하게 그려냈다. 그의 작품 〈백조의 호수〉나 〈로미오와 줄리엣〉을 감상해보면 남녀의 사랑을 이처럼 고결하고 아름답게 그린 작품이 드물다는 사실을 알게 된다. 차이코프스키의 좌절된 꿈, 좌절된 사랑이 음악 속에서 완결된 것이다.

· 정신적 반려자, 나데즈다 폰 메크 ·

1877년은 차이코프스키에게 매우 중요한 시기다. 차이코프스키의 삶에 두 여성이 다가오는데, 한 사람은 그의 아내가 된 안토니나 밀류코바, 또 한 사람은 그의 정신적 반려자가 된 나데즈다 폰 메크(Nadejda von Meck) 부인이다.

나데즈다 폰 메크는 차이코프스키보다 아홉 살 많은 마흔여섯 살의 부유한 미망인이었다. 철도사업을 하던 그의 남편은 엄청난 재산과 열한 명의 자식을 남기고 세상을 떠났다. 나데즈다에게 차이코프스키를 처음 소개해준 사람은 니콜라이 루빈슈타인이다. 루빈슈타인으로부터 차이코프스키의 〈폭풍우〉 악보를 건네받은 나데즈다는 크게 감동하여, 차이코프스키에게 새 작품을 작곡해달라고 의뢰하면서 거액의 돈을 보냈다. 다음은 완성된 작품을 받고 나서 나데즈다가 쓴 편지다.

당신의 작품에 얼마나 매혹되었는지 말로 표현하는 건 온당치 않겠지요.
당신은 나보다 훨씬 음악을 잘 아는 사람들의 찬사에 익숙할 테니까요.

차이코프스키의 정중한 답장, 그리고 나데즈다의 두 번째 작품 의뢰와 편지가 뒤를 이었다.

난 당신에게 나의 생각에 대해 좀 더 여러 가지를 이야기하고 싶습니다만 시간을 뺏는 건 아닌지 모르겠군요.

당신의 생각을 함께 나눈다는 건 내게도 무척 즐겁고 흥미 있는 일일 것입니다.

나데즈다 폰 메크

그 후 두 사람은 13년 동안 편지에 서로의 사랑, 인생, 음악, 철학을 쏟아부었다. 그들이 주고받은 편지는 1,100여 통. 뿐만 아니라 나데즈다는 매년 6천 루블을 보내 차이코프스키로 하여금 돈 걱정 없이 작곡에 전념할 수 있게 해주었다.

그러나 두 사람은 절대 만나지 않기로 약속을 했다. 미망인인 나데즈다나 동성애자인 차이코프스키 두 사람 다 그래야 파국을 맞지 않고 서로의 관계를 유지할 수 있으리라고 믿었기 때문이다. 나데즈다의 편지를 보자.

당신을 몹시도 만나고 싶어 한 때가 있었습니다. 하지만 지금은 당신에게 매혹당할수록 당신을 만나기가 두려워집니다. 당신을 만나면, 지금처럼 말을 걸지 못할 것 같습니다. ……지금처럼 적당한 거리를 두고 당신을 생각하고, 당신의 음악 속에서 역시 적당한 거리를 둔 채 당신과 함께하는 편이 더 좋습니다.

그러면서도 좀 더 가까이 있고 싶었던지 나데즈다는 차이코프스키를 종종 자신의 시골 별장에 초대했다. 서로 마주치는 시간이 없도록 산책 시간표까지 건네주었다. 그러던 어느 날, 두 사람은 우연히 숲속에서 마주치고 말았다. 둘 다 몹시 당황했다. 차이코프스키는 모자를 벗어들고 정중히 인사를 했다. 그러고는 아무런 이야기도 나누지 않고 서둘러 헤어졌다.

난 너무 들뜨고 행복해서 눈물이 날 정도였어요. ……난 당신과의 직접적인 교제를 원치 않지만 그래도 말없이, 저항하지 않고 당신 곁에 있고 싶군요. ……당신을 가공의 인물이 아니라 내가 사랑하는, 살아 있는 한 남성으로 진심으로 느낄 수 있으니까요.

그날 나데즈다의 편지가 감동으로 가득 찬 반면, 차이코프스키가 동생에게 쓴 편지는 이러하다.

나는 어제 다시 히스테리컬한 발작에 빠져 밤새 울었어.

그런 다음 자기의 사랑은 음악을 통해서만 표현될 수 있다고 나데즈
다에게 못 박았다.

나데즈다가 차이코프스키의 동성애를 알았는지 여부는 확실치 않다.
잘 알고 있었으며 모른 체해야 한다는 것까지도 알고 있었다고도 하
고, 나중에야 알았다고도 한다.

• 결혼, 그 불행한 파국 •

나데즈다 폰 메크 부인을 처음 알게 된 직후인 1877년 5월, 차이코프
스키는 음악원 제자인 젊은 여성으로부터 열렬한 구애를 받았다. 그
이름은 안토니나 이바노브나 밀류코바. 스물여덟 살의 아름다운 처녀
였다.

결혼해주지 않으면 죽어버리겠다고 그가 절박하게 매달리자, 차이코
프스키는 정말 죽어버릴지 모른다는 생각에서 고민하다가 마침내 결
혼을 결심하고 만다. 결혼식은 1877년 7월 18일에 열렸다.

다음은 신혼 7일 만에 차이코프스키가 동생 아나톨리에게 보낸 편지
다.

잠에서 깨어나 앞으로 내 인생이 어떻게 될지 생각하면 희망이 산산조각
나는 기분이야. 그리고 절망에 빠져들지. 오늘 위기는 넘긴 것 같아. 하지
만 신이시여, 끔찍하고, 끔찍하고, 끔찍하옵니다! 너를 비롯해 사랑하는
사람들에 대한 엄청난 사랑이 아니었다면, 견딜 수 없는 것을 견디느라

지친 내 곁을 지키는 사람들이 없었다면, 비참하게 삶을 끝냈을지도 몰라. 병들고 미쳤겠지.

결혼 직후의 차이코프스키와 안토니나 밀류코바. 두 사람의 결혼은 불행한 파국으로 끝났다.

차이코프스키는 점점 의기소침해졌다. 결혼생활을 감당하기 어려워진 그는 신경쇠약에 걸렸다. 전하는 이야기에 따르면, 그는 폐렴에 걸려 죽기를 소망하며 모스크바 강에 들어가 가슴까지 차오르는 물속에 서 있었다고 한다. 그러나 바라던 폐렴은 찾아오지 않았다. 차이코프스키는 상트페테르부르크의 동생에게 가서 의식을 잃고 쓰러졌다. 이것이 안토니나와의 불행한 결혼의 종말이다.

그 후 차이코프스키는 동생과 함께 스위스로 떠나 요양생활을 시작했고, 안토니나는 충격에서 벗어나지 못한 채 오랫동안 방황하다가 마침내 정신병원에 들어가 생의 마지막 20년을 보낸 뒤 러시아 혁명이 일어난 1917년 세상을 떠났다.

훗날, 나데즈다는 차이코프스키의 불행한 결혼 소식을 듣고 어떤 심경이었는지 고백했다.

"내가 얼마나 사악한 여자인지 아세요? 당신을 행복하게 해주지 못하는 그녀가 미웠지만, 아마 당신이 행복해졌더라면 몇백 배 더 그녀를 미워했을 거예요. 난 그녀가 나만의 것, 당연한 나의 것을 빼앗아갔다고 생각했어요. 난 이 세상의 그 누구보다도 당신을 열렬히 사랑하고, 또한 그 무엇보다도 당신을 소중히 여기고 있으니까요."

차이코프스키는 다시 음악에 열중했다. 나데즈다에게 작곡 과정을 상세히 설명하는 편지를 써보내면서. 이때 완성된 작품이 〈교향곡 제4번〉과 그의 가장 뛰어난 오페라 〈예브게니 오네긴〉이다. 차이코프스키는 〈교향곡 제4번〉을 '우리들의 교향곡'이라고 불렀다.

• 나데즈다와의 결별, 그리고 죽음 •

13년 후, 1890년 10월에 차이코프스키에게 청천벽력과 같은 소식이 날아왔다. 자기는 파산했으며 앞으로는 연금을 보낼 수 없다는 나데즈다의 이별 편지였다.

……날 잊지 말고 가끔 생각해주세요.

나데즈다는 이렇게 끝을 맺었다. 놀란 차이코프스키는 몇 번이나 편지를 썼지만 끝내 답장은 오지 않았다.

차이코프스키는 크게 낙심했고 마음의 상처를 입었다. 나데즈다는 차이코프스키의 여린 마음을 감싸주고 영혼의 안식을 갖다 준 유일한 여성이었다. 차이코프스키는 그와 헤어진 마음의 상처를 끝내 치유하지 못하고 1893년 11월 6일, 상트페테르부르크에서 세상을 떠났다.

차이코프스키의 죽음은 지금도 수수께끼로 남아 있다. 일부러 끓이지 않은 물을 마시고 콜레라에 걸려 사망했다는 주장, 어느 귀족 청년과의 동성애가 폭로될 위기에 처하여 비소를 먹고 '강요된 자살'을 했다는 주장 등등. 어느 쪽이든 간에 그의 죽음은 매우 갑작스런 것이었다. 나데즈다와 결별한 지 3년, 교향곡 제6번 〈비창〉이 초연된 지 9일만의 일이다.

나데즈다도 차이코프스키가 세상을 떠난 지 2개월 뒤 눈을 감았다. 그의 손녀 갈리나 폰 메크가 1973년에 출판한 회고록 《내 기억 속의 그들(As I Remember Them)》에 따르면, 나데즈다는 경제적 위기를 가까스로 넘겼으나 건강이 매우 나빠졌으며 특히 오른손의 통증이 매우 심해서 글을 쓸 수 없는 상태에 이르렀다고 한다. 차이코프스키에게 이별을 선언한 이유도 병 때문이었다는 것이다. 갈리나는 나데즈다의 아들 니콜라이와 차이코프스키의 조카 안나 로브나 다비도바가 결혼하여 태어난 딸이다.

· 러시아와 차이코프스키 ·

차이코프스키가 활동한 시대는 차르 지배체제가 흔들리면서 혁명의 전야가 준비되고 있는 격동과 변화의 시대였다. 체르니셰프스키를 비롯한 혁명가들이 등장하고 푸쉬킨과 고골리, 도스토예프스키, 톨스토이가 활약했다. 도스토예프스키는 차이코프스키보다 19년 먼저, 톨스

차이코프스키의 발레모음곡 〈잠자는 숲속의 미녀(Sleeping Beauty)〉는 1890년 상트페테르부르크 마린스키 극장에서 초연되었다. 당시 공연한 무용수들이다.

토이는 12년 먼저 태어났다. 음악에서는 글린카로부터 시작된 러시아 국민주의가 '5인조'라는 국민악파를 탄생시켰다.

차이코프스키의 시선은 주로 내면을 향하고 있었으므로 당시의 사회나 정치에 민감한 변화를 보인 흔적은 별로 없다. 하지만 삶의 고통에 천착하고 있던 그이니만큼 자연히 동시대를 살아가는 인간들의 고통을 꿰뚫어볼 수 있었을 것이다. 그가 차르의 전제정치를 비판하고 민중을 옹호한 푸시킨의 소설과 시를 즐겨 작품 소재로 삼았던 것도 그같은 맥락에서 이해될 수 있을 것 같다.

차이코프스키는 '5인조'와 비교했을 때 '서유럽파'에 가깝다는 평을 듣는다. 하지만 러시아의 민요가 담뿍 녹아 있고, 러시아 특유의 흙냄새와 음울하면서도 서글픈 아름다움을 짙게 깔고 있는 그의 음악은 러시아와 떼어놓을 수가 없다.

그가 나데즈다와 주고받은 1,100여 통의 편지는 그의 음악을 연구하는 사람들에게 좋은 자료가 되고 있으며, 1937년에 《사랑하는 벗 (Beloved Friend)》이라는 제목으로 출판되었다.

| 참고문헌 |

제러미 시프먼, 김형수 옮김, 《차이콥스키, 그 삶과 음악》, 포노(PHONO), 2011
에버렛 헬름, 윤태원 옮김, 《차이코프스키》, 한길사, 1998
타임라이프 북스, 《위대한 음악가 3》, 한국일보타임라이프편집부, 1993
서우석, 《러시아의 음악가들》, 은애, 1980

아폴리네르의 시
〈미라보 다리〉가 태어난 이유

미라보 다리 아래 센 강이 흐른다

우리 사랑을 나는 다시 되새겨야만 하는가

기쁨은 언제나 슬픔 뒤에 왔었지

밤이 와도 종이 울려도

세월은 가고 나는 남는다

손에 손 잡고 얼굴 오래 바라보자

우리들의 팔로 엮은

다리 밑으로

끝없는 시선에 지친 물결이야 흐르건 말건

밤이 와도 종이 울려도

세월은 가고 나는 남는다

사랑은 가버린다 흐르는 이 물처럼
사랑은 가버린다

이처럼 삶은 느린 것이며
이처럼 희망은 난폭한 것인가

밤이 와도 종이 울려도
세월은 가고 나는 남는다

나날이 지나가고 주일이 지나가고
지나간 시간도
사랑도 돌아오지 않는다
미라보 다리 아래 센 강이 흐른다

밤이 와도 종이 울려도
세월은 가고 나는 남는다

기욤 아폴리네르 하면 으레 떠올리는 그의 대표작 〈미라보 다리〉다. 이 시는 1912년 2월에 쓰였는데 〈미라보 다리〉가 태어나는 데는 아폴리네르의 애틋한 사랑과 이별의 체험이 숨어 있다.

• 시인에게 영감을 주는 뮤즈 •

1907년 5월, 파리 라피트 거리에 있는 한 화랑에서 아폴리네르와 마주친 피카소는 이렇게 말했다.

"자네의 피앙세를 만났네."

'피앙세'란 프랑스어로 약혼자라는 뜻이다. 피카소는 마리 로랑생이라는 젊은 여성을 염두에 두고 한 말이었다. 마리 로랑생, 그는 스물네 살의 재기발랄하고 개성 넘치는 신진 화가였다. 그때까지 아폴리네르는 마리 로랑생을 한 번도 만난 적이 없었다. 그런데 '피앙세'라니, 두 사람이 연인이 되리라는 것을 피카소는 화가다운 직관으로 꿰뚫어본 걸까?

며칠 뒤, 같은 화랑에서 마리 로랑생을 처음 본 아폴리네르는 이내 마음이 끌려 '더 이상 사랑할 수 없다'고 말할 만큼 마리 로랑생에게 빠져들었다. 실은 그 무렵 아폴리네르는 애니 플레이든이라는 영국 아가씨와의 사랑에 실패한 아픔에서 아직 헤어나지 못한 상태였다. 그런 아폴리네르에게 마리 로랑생은 새로운 세계와의 만남이라는 의미를 지니고 있었다.

당시 파리는 새로운 미술운동의 중심지였다. 마티스, 피카소, 브라크, 드랭 같은 신진 화가들이 모여들어 전통적인 기법과 구도법을 과감히 혁신하는 새로운 미술세계를 열어가고 있었다. 이들로부터 마티스로 대표되는 야수파, 피카소로 대표되는 입체파 미술(큐비즘)이 탄생한다.

입체파 미술이란 사물을 평면으로 보지 않고 구, 원추, 원통 세 가지

루소의 그림 〈시인에게 영감을 주는 뮤즈〉. 아폴리네르와 로랑생을 그린 작품이다.

로 분석하여 입체감과 깊이를 표현하는 경향을 말한다. 이는 1870년에 발명된 사진, 사진기와 밀접한 관련이 있다. 종전의 미술이 '무엇'을 표현하는가가 주된 관심이었다면, 이제 '무엇'을 표현하는가는 사진과 사진기에 그 역할을 넘겨주고 대신 '어떻게' 표현하는가에 관심을 두게 된 것이다. 흔히 피카소가 1907년에 완성한 〈아비뇽의 처녀들〉을 이 새로운 표현방식을 최초로 사용한 작품으로 꼽는다.

때마침 보들레르 이래의 상징주의 시로부터 벗어나 새로운 미학, 새로운 세계관을 찾고 있던 아폴리네르는 피카소를 비롯한 입체파 화가들에게 공감하여 그들의 이론적 지지자가 되는 동시에 마리 로랑생을 만난 것이다. 마리 로랑생은 입체파 화가들 사이에 나타난 샛별 같은 존재였다.

아폴리네르는 입체파 화가들의 전시회 팸플릿에 서문을 쓰기도 하고, 여러 편의 미술평론을 발표하여 입체파 미술을 이론적으로 옹호하고 뒷받침했다. 1913년에 아폴리네르가 출판한 《미학적 명상 – 입체파 화가들》을 보자.

> 입체주의는 모방의 미술이 아니고 창조의 경지에까지 도달하려는 개념의 미술이라는 점이 종전의 회화와는 다른 점이다. 인식된 사실 혹은 창조된 사실을 표현함으로써 화가는 삼차원의 모습을 보여줄 수 있는데, 말하자면 입체화를 할 수 있다.

이 책에서 아폴리네르는 '신진 화가들'이란 제목 아래 피카소, 브라크, 장 메칭거, 알베르 글레이즈에 이어 다섯 번째로 마리 로랑생을 소개하고 있다. 초고에서는 마리 로랑생을 맨 첫 번째에 두었다고 한다.

> 로랑생은 회화에서 완전히 여성적인 미학을 표현할 줄 알았다.……우리
> 는 이 작가가 머지않아 등장하여 어느 날엔가 세계의 영광과 매력을 표
> 현할 것을 짐작할 수 있다. ……앙리 마티스와 피카소 미술의 자식뻘인
> 로랑생의 미술은 무엇보다도 사람과 사물의 회화적 새로움을 표현하는
> 데 몰두한다…….

1909년, 화가 루소는 마리와 아폴리네르를 모델로 〈시인에게 영감을 주는 뮤즈〉라는 작품을 그렸다. 두 사람의 관계를 단적으로 상징하는 작품인 셈이다.

아폴리네르는 1909년 5월에 잡지 《메르퀴르 드 프랑스》에 시 〈사랑받지 못한 자의 노래〉를 발표했는데 여기에는 애니와의 이별, 마리 로랑생과의 새로운 만남이 녹아들어 있다.

· 〈미라보 다리〉의 탄생 ·

그러나 두 사람의 사랑은 4년 만에 파국을 맞는다. 이유는 자세히 알려져 있지 않다. 다만 훗날, 무엇 때문에 아폴리네르와 헤어졌느냐는 친구의 물음에 마리 로랑생은 대답했다.

"마리, 당신은 왜 기욤과 결혼하지 않았나요? 그를 안 게 아주 오래 전이지요?"

"1907년부터예요. 처음부터 결혼을 염두에 두었지요. 그러나 그의 어머니 되시는 드 코스트로비츠키 부인께서 내가 상당한 부자가 아니라는 사실을 알았답니다. 1911년 이후에는 내 어머니께서 기욤을 원하지 않게 되었지요."

1911년 그해, 아폴리네르에게는 한 가지 '사건'이 일

1949년 66세의 마리 로랑생

어난다. 루브르 박물관에서 레오나르도 다빈치의 〈모나리자〉가 도난당했는데 아폴리네르가 용의자로 지목된 것이다. 아폴리네르는 체포되어 상테 감옥에 갇혔다가 며칠 뒤 혐의가 없다는 사실이 밝혀져 풀려났다. 이듬해 1월 19일 법정은 그의 무죄를 선언했지만, 이 사건은 마리와의 결별에 큰 영향을 미친 것 같다. '1911년 이후에는 내 어머니께서 기욤을 원하지 않게 되었지요'라는 마리의 말은 그런 뜻이 아닐까?

마리는 떠나고 아폴리네르는 아픈 마음을 시에 실었다. 사랑은 가고, 그 대신 〈미라보 다리〉가 태어난 것이다. 〈미라보 다리〉는 1912년 2월 초 창간된 월간지 《파리의 밤》에 처음 발표되었다. 가을, 두 사람은 완전히 결별했다. 그 무렵 아폴리네르가 쓴 시 〈마리〉를 보자.

……

　　하얀 파도 넘노는 바다처럼

　　물결치는 그대 머리 어디로 가나

　　그대의 머리칼은 무엇이 되며

　　우리의 약속이 씨 뿌려진

　　그대 손 가을 낙엽 어디로 가나

　　낡은 책을 옆에 끼고

　　센 강변을 걷고 걸었지

　　강물은 내 슬픔과도 같이

　　흐르고 흘러 마르지 않는데

　　일주일이 언제 끝나려나

• 아폴리네르의 편지를 가슴에 얹고 •

　기욤 아폴리네르는 시칠리아 왕국의 근위대 퇴역장교를 아버지로, 폴란드 망명 귀족의 딸인 안젤리카 드 코스트로비츠키를 어머니로 하여 1880년 8월 26일에 로마에서 태어났다.

　안젤리카와 결혼할 당시 이미 가정을 가진 기혼자였던 아버지는 아폴리네르가 다섯 살 때 자취를 감추었고, 그는 두 살 밑의 동생 알베르와 함께 어머니 손에 자라나 모나코, 리옹을 전전하다 파리에 정착했다. 때문에 아폴리네르의 어린 시절은 그다지 행복하지 못했던 것으로 보인다.

그는 성인이 되어서도 자신의 출생에 대해 밝히기를 꺼렸다. 그는 생활비를 벌기 위해 막노동자, 가정교사, 하급 은행원으로 일하면서 틈틈이 시와 소설을 썼다. 이때 그가 쓴 작품 중에는 돈을 위해 급히 쓴 싸구려 통속소설도 여럿 있다. 그는 줄곧 프랑스에서 살았지만 정식으로 프랑스 국적을 얻은 것은 1916년이다.

아폴리네르의 칼리그람(Calligrammes). 칼리그람이란 시구를 도형처럼 배열하여 주제를 시각적으로 표현하는 아폴리네르의 독특한 방법이다.

19세기 말, 유럽을 떠들썩하게 한 드레퓌스 사건의 목격자이며 제1차 세계대전이 일어나자 프랑스 군에 자원하여 삶과 죽음이 엇갈리는 전쟁터에서 시를 쓴 아폴리네르. 아폴리네르는 스스로를 '썩어가는 마술사', '학살당한 시인'이라 부르고, 자신의 삶을 '전통과 창조, 질서와 모험의 긴 싸움'이라고 표현했다. 프랑스 문학사에서 아폴리네르의 자리는 보들레르, 로트레아몽, 랭보, 베를렌 다음에 해당한다. 19세기 후반기에 프랑스를 휩쓴 상징주의에서 20세기 초의 초현실주의로 넘어가는 다리인 셈이다. 초현실주의라는 말을 처음 사용한 것도 아폴리네르다. 그는 시에서 구두점을 몽땅 생략해버리거나, 시구를 도형처럼 배열한다거나 하는 모험을 즐겼다.

1916년 3월, 제1차 세계대전의 한 전장에서 오른쪽 관자놀이에 부상을 입은 아폴리네르는 후유증에 시달리다가 유행성 독감에 걸려 1918년 11월 9일 서른여덟 살의 나이로 사망했다. 그리고 이틀 뒤, 독일이 항복을 선언하여 전쟁은 끝났다.

한편 아폴리네르와 헤어진 마리 로랑생은 1914년 6월, 화가이자 독일의 귀족인 오토 폰 바트겐과 결혼했다. 그런데 결혼한 지 한 달 남짓되었을 때 제1차 세계대전이 시작되는 바람에 '적국' 독일 출신의 남편을 둔 '게르만의 여자'가 된 마리는 프랑스를 떠나야 했다. 아폴리네르가 전장을 헤매고 있을 무렵 마리는 스페인과 독일에서 외로운 방랑의 시간을 보냈다.

전쟁이 끝난 뒤, 남편과 이혼하고 프랑스 국적을 회복한 마리는 파리로 돌아와 그림에 열중했으며 1956년에 일흔세 살의 나이로 세상을 떠났다. 생전의 소망대로 하얀 옷에 장미 한 송이를 손에 들고 아폴리네르의 편지를 가슴에 얹은 채. 아폴리네르야말로 그의 가슴속에 영원히 살아 있던 연인이었나 보다.

| 참고문헌 |

아폴리네르, 황현산 옮김, 《알코올》, 열린책들, 2010
플로라 그루, 강만원 옮김, 《마리 로랑생》, 까치, 1994
아폴리네르, 오병욱 옮김, 《미학적 명상—입체주의 화가들》, 일지사, 1991
이환·원윤수, 《프랑스 문학—중세에서 현대까지》, 하서출판사, 1987
파스칼 피아, 황현산 옮김, 《아뽈리네르》, 열화당, 1983
민희식, 《프랑스 문학사》, 이화여대출판부, 1976

다 섯 번 째 이 야 기

헤세 부부의 기이한 결혼 생활

내일 오후에 저는 제 코에다 코뚜레를 끼우려고 호적 사무소에 갑니다. 그것은 오래전부터 니논이 원하던 일입니다. 그리고 올여름에 그녀는 빈에서 이혼을 했습니다. 그리고 나서 그녀는 집 짓는 일을 돕는 등 아주 많은 일을 했기 때문에 이제 결혼을 하게 되었습니다.

1931년 11월, 쉰네 살의 헤르만 헤세가 결혼을 하루 앞두고 한 출판업자에게 쓴 편지다. 결혼 상대자는 당시 서른여섯 살로 헤세보다 열여덟 살이나 어린 니논 아우스랜더. 헤세는 이미 두 번 결혼했다가 실패했고, 니논도 남편과 이혼한 직후였다.

• 헤세라는 '신화'를 키운 소녀 •

니논이 헤세를 처음 안 것은 열네 살 때였다. 친구에게 생일선물로 받은 헤세의 소설 《페터 카멘친트》를 읽고 몹시 감명받은 소녀 니논은 존경하는 작가에게 편지를 썼다.

> 페터 카멘친트처럼 행복을 추구하는 사람은 행복 대신에 만족을 얻는 것으로는 진정 행복해질 수 없습니다. 만족이란 속물들이 얻는 행복이니까요! 하지만 페터 카멘친트는 결코 속물이 아닙니다! 《페터 카멘친트》를 쓰신 선생님께, 자신이 다름 아닌 페터 카멘친트이신 선생님께 깊이 감사드립니다.

이때부터 니논은 헤르만 헤세를 우상처럼 흠모하며 동경하기 시작했다. 헤세는 니논의 가슴속 깊이 자리 잡은 '신화'가 되었다.

두 사람이 처음 만난 것은 그로부터 12년 후인 1921년, 니논이 스물여섯 살 때다. 그 무렵 니논은 아버지를 여읜 슬픔과 충격에서 아직 벗어나지 못하고 있었으며, 프레드 돌빈이라는 캐리커처 화가의 아내가 되어 있었다. 한편 헤세는 정신병을 앓고 있는 아내 마리아 베르누이와 이혼을 앞둔 상태였다.

니논은 점차 헤세에게 빠져들었다. 소녀 시절부터 간직해온 헤세에 대한 신화가 현실의 사랑으로 변한 것이다. 하지만 헤세는 당시 루트 벵어라는 스무 살 연하의 여성과 열애에 빠져서 니논에게는 별다른 관심을 두지 않았다. 1924년 1월, 헤세는 루트와 재혼한다.

헤세의 두 번째 결혼은 얼마 안 가서 파국으로 끝났다. 루트는 법정에 이혼소송을 제기했고, 1927년 5월에 헤세는 변태, 노이로제와 불면증 환자, 정신병자라는 판정을 받고 이혼선고를 받았다.

이 무렵 헤세가 쓴 소설 《황야의 이리》와 시집 《위기》에는 결혼생활의 파국으로 인한 그의 절망, '본능'과 '이성' 간의 치열한 내적 투

헤세의 소설 《데미안》의 표지. '에밀 싱클레어의 청년시절 이야기'라는 부제가 달려 있다.

쟁이 잘 드러나 있다. 시집 《위기》에 실린 작품 〈인도의 시인 바르트리하리〉를 보자.

나도 본능과 정신 사이를 흔들거리며 인생을 걷는다

오늘은 현자(賢者), 내일은 우자(愚者)

오늘은 진심으로 신께 몸을 맡기고

내일은 뜨겁게 육신에 몸을 맡긴다

환락과 금욕이라는 두 참회자의 채찍으로

나는 내 허리를 피가 빠져나가도록 친다

승려가 되기도 하고, 동물이 되기도 하며

생존의 죄가 나의 안에서 용서를 절규하고 있다

두 가지 길에서 난 죄를 짓고

두 가지 불로 날 태워 없애는 걸 막을 길이 없다

'본능'과 '이성' 간의 내적 투쟁은 바로 헤세의 문학세계를 이루는 중심 테마다. 동시에 그의 삶을 관통하고 있는 고민이기도 하다. 그는 자기가 쓴 소설이 '자신의 길과 숨겨둔 꿈과 소망과 쓰라린 고통을 반영하고 있으며 모두가 고백'이라고 솔직히 털어놓고 있다. 최초의 장편 소설 《페터 카멘친트》 이후에 발표된 《수레바퀴 아래서》, 《로스할데》, 《데미안》, 《싯다르타》 등은 사실상 그가 겪은 삶의 고백서들이다.

• 서로 방해하지 않고 나란히 사는 생활 •

지금 어느 부인이 빈에서 갑작스레 이리로 와 있소. 그녀가 나를 좋아하기 때문이오. 나도 그녀가 좋고 사랑스럽긴 하지만 그러나 난 그녀와는 아무것도 함께할 수가 없소. 난 이 극적인 상황 앞에서 속수무책일 뿐이오.

헤세가 친구에게 심경을 털어놓은 편지다. 니논은 사랑하는 이와 함께 있기 위해 그때까지 자신이 속해 있던 생활을 청산하고 헤세에게로 온 것이다. 두 번의 실패로 자신은 결혼생활에 부적격자라는 생각을 적잖이 갖게 된 헤세였지만, 점차 니논의 열정에 감동하게 된다.

헤세와 니논. 헤세의 세 번째 부인 니논 아우스랜더는 헤세에게 안정감과 마음의 평온을 안겨주었다.

1927년, 헤세는 니논과 새로운 생활을 시작했다. 단, 함께하되 따로 산다는 조건이었다. 헤세는 지인에게 이렇게 말했다.

"나는 여름 내내 빈에서 온 여자 친구와 여기서 지내고 있습니다. 물론 같이 살고 있는 것은 아닙니다. 그녀는 근처의 다른 집에서 머물고 식사는 레스토랑에서 합니다. 하지만 그녀는 거기에 있고, 그것만으로도 나의 이곳에서의 은둔 생활에 조금 변화가 생긴 것입니다."

헤세는 니논의 사랑에 감동하면서도 미안함을 떨치지 못했다. 두 사람이 주고받은 편지를 보자.

당신이 내 곁에 있어 주는 것은 너무도 다정한 일이기는 하나, 당신이 나

헤세의 작업실. 그가 쓰던 타자기가 놓여 있다.

때문에 끊임없이 희생해야 한다는 느낌으로 살아가기보다는 차라리 완전히 혼자서 파멸되는 것이 더 나을 것 같소. ……나는 더 이상 한 여성이 더불어 잘살 수 있는 그런 남자가 아니오. ……내가 조금이라도 '건강해지고', 조금이라도 생명력을 얻기 위해 영원히 지치도록 싸우는 일에서 조금이라도 남은 힘이 있다면 그것은 나의 문학을 위해서 필요한 것이오.

헤세가 이렇게 괴로워하자, 니논은 새로운 제안을 했다. 서로를 방해하지 않고 나란히 함께 살자고. 자신의 행동은 '희생'이 아니라 '사랑'이라고 단언하면서.

"그 모든 것은 사랑에서 나온 것입니다. 그리고 만약 사랑이 아닌 다른 것 때문이라면 모든 것은 끝장날 것입니다……. 다른 사람이 바라볼 때는 그런 삶 가운데 여러 가지를 제 쪽의 희생으로 간주할지 몰라도, 제게는, 당신을 위해 제가 하는 모든 일들은 사랑으로 변한답니다."

그 무렵 헤세는 눈병 때문에 책을 거의 읽을 수 없었다. 니논은 헤세의 눈이 되어 수많은 책과 편지들을 읽어주기 시작했다. 이후 헤세가 사망할 때까지 33년 동안 니논이 읽어준 책은 자그마치 1,447권. 일주일에 한 권꼴인 셈이다.

'따로 또 같이' 하는 기이한 공동생활이 시작된 지 4년 뒤, 두 사람은 비로소 결혼식을 올렸다. 헤세는 이 결혼을 '코에 코뚜레를 꿰는' 것이라고 매우 냉소적으로 말했지만 니논은 진심으로 기뻐했다. 결혼식 이틀 뒤 니논이 헤세에게 쓴 편지를 보자.

저는 언제나 당신을 사랑하고 있습니다. ─새여, 작은 소년이면서 비밀스러운 마법사여……. 그래서 저는 마치 기적을 받아들이듯이 당신의 사랑을 받아들이고 있습니다. 저는 이렇게 생각합니다. '정말이지 이건 사실이 아니야. 이런 행복이 이렇게 쉽게 올 리가 없어!'라고요. 저는 경이롭고 훌륭한 시인을 꿈꾸는 작은 니논입니다. 저는 아직도 열네 살 난 소녀가 되어 푸른 나무 밑 그늘과 호두나무 사이에 걸려 흔들리고 있는 해먹에 누워서 당신을 생각하고 있습니다.

그러나 니논의 기대와는 달리 헤세는 달라지지 않았다. 니논은 여전히 헤세의 아픈 눈을 대신해 책을 읽어주는 존재, '헤르만의 눈'이었다. 한집에 살지만 따로 사는 생활, 가까이 있되 적당히 거리를 유지하는 삶. 헤세는 왜 그랬을까? 그가 1930년에 발표한 《나르치스와 골드문트》(우리에게는 《지知와 사랑》이란 번역으로 더 익숙하다)에서처럼 '본능'과 '이성' 간의 치열한 내적 싸움이 마침내 '이성'에 합일되는 것으로 결론지어졌기 때문일까? 《나르치스와 골드문트》는 헤세가 니논과 함께 살면서 처음 완성한 작품이다.

니논은 결혼생활의 빈 부분을 여행, 공부, 창작활동으로 메웠다. 유복한 유대인 가정에서 태어나 당시 여성으로서는 파격적으로 빈 대학에서 의학, 언어학, 미술사를 공부했으며 일찍부터 시, 소설을 써온 니논이었다. 니논은 그리스 신화 연구에 몰두하면서 그리스어와 고고학을 공부하고 글을 썼다. 그의 주요 연구 주제는 여신 헤라였다.

그래도 채워지지 않는 외로움은 일기를 써서 달랬다. 니논의 일기는 결혼 후인 1932년 3월부터 시작되고 있다. 다음은 그 일기의 한 대목이다.

> ……시간도 유쾌한 기분도 남아 있지 않다. 나는 일상이 되어 H에게 속해 있다. 그의 류머티즘, 눈의 통증처럼. 이는 명예로운 일일지도 모른다. 그러나 종종 견딜 수가 없다.

• '자아 찾기'에 몰두한 헤세 •

헤세는 평생 동안 '자아 찾기'에 몰두한 사람이다. 그의 문학은 끊임없는 자아성찰과 구도의 과정이고 그 산물이다. 그는 독일인이지만 스위스 국적을 갖고 스위스에서 살았다.

그의 시대는 제1차, 2차 세계대전이라는 두 번의 전쟁과 나치의 압제가 지배하는 시대였다. 파괴와 혼란의 이 시기는 '인간'에 대해 고뇌하는 문학가와 철학자들을 낳았다. 토마스 만과 하인리히 만 형제, 로맹 롤랑, 브레히트, 스테판 츠바이크, 게오르그 루카치 등등. 그중에서도 헤세는 인간 구원의 길을

헤르만 헤세. 인도와 동양 사상에 남다른 관심을 가졌던 그의 작품에는 동양사상의 영향이 짙게 깔려 있다.

자기 자신 속에서 찾으려고 부단히 탐색한 사람이다.

헤세의 일생, 특히 결혼생활은 순탄치 못했지만 니논 아우스랜더와의 세 번째 결혼은 그에게 안정된 생활을 갖다 주었다. 헤세의 전기를 쓴 일본의 독문학자 다카하시 겐지(高橋健二)는 니논 덕분에 헤세가 처음으로 '행복한 가정'을 가졌다고 평하고 있다. 그러나 그 이면에는 니논의 철저한 희생과 헌신이 숨어 있다. 니논의 인내, 깊은 사랑이 아니었으면 헤세의 세 번째 결혼 또한 결코 오래가지 못했을 것이다.

헤세는 니논과의 안정된 결혼생활 속에서 걸작 《유리알 유희》를 집필하여 1946년에 노벨 문학상을 받았으며, 1962년에 뇌출혈로 세상을 떠났다.

헤세가 죽은 뒤 그의 유고와 남아 있는 문서들을 정리하며 헤세의 유산을 전 세계인의 것으로 만드는 데 헌신하던 니논은 4년 뒤인 1966년

에 눈을 감았다. 니논의 마지막 일기는 이렇게 끝을 맺고 있다.

항상 H와 의견이 맞았던 것은 아니었다. 내가 이어가는 삶이나 나한테 부과된 삶에 늘 만족하지는 않았던 것처럼. 그렇다고 해서 내가 거기에 적응했다고는 말할 수 없다. 내 마음에 한번 들지 않은 것은 늘 다시 마음에 안 들었으니까……. 하지만 나는 H와 너무도 깊이 이어져 있어서 방해가 되는 것이 있더라도 그것은 밖이 아닌 내 안에 있었으며 없앨 수는 없는 것이었다. H와 나는 서로의 마음속에서 성숙해져 갔다……. 그는 위대한 사람이었고 그런 사람으로서 나에게는 파악될 수 없는 존재였다. 그럼에도 불구하고 우리는 하나였다. 그의 고통은 내 마음을 아프게 했으며, 나는 나인 동시에 그였다. 나는 그를 위해서 느꼈고, 책을 읽었으며 체험하고 바깥소식을 들었다. 그는 내 안에 있었다……. 그의 죽음은 나를 갈기갈기 찢고 말았다. 나는 남아 있는 절반이었다. 피를 흘리는 절반의 존재였다.

| 참고문헌 |

니논 헤세, 기젤라 클라이네 편, 두행숙 옮김, 《헤세, 내 영혼의 작은 새》, 웅진닷컴, 2003

高橋健二, 임종삼 옮김, 《나는 별이다: 헤르만 헤세의 삶과 문학》, 문지사, 1991

잉에 슈테판, 이영희 옮김, 《재능있는 여자의 운명》, 전원, 1991

조철제, 《독일문학사》, 경북대출판부, 1990

지명렬 편, 《독일문학사조사》, 서울대출판부, 1986

여 섯 번 째 이 야 기
분단을 잇는 사랑

　1982년 가을, 중국 정부와 대만 정부에 각각 다음과 같은 '결혼신청서'가 제출되었다.

　북경(北京) 정부 조자양(趙紫陽) 선생
　대북(臺北) 정부 장경국(蔣經國) 선생

　신청인 주령비(周令飛) 남 1953년 4월 20일 북경 출생
　신청인 장순화(張純華) 여 1957년 12월 1일 대북 출생

　신청인 주령비와 장순화는 1980년, 함께 일본 동경 소재 국제학우회 일본어학교에서 학업 중 알게 되어 정과 뜻이 맞게 됨에 따라서 평생을 같이하기로 맹세하였습니다.
　그러하오나 현재 중국 대륙과 대만은 한 나라에 속하고 그 백성은 모두

황제(黃帝) 자손임에 틀림없음에도 불구하고, 해협을 사이에 두고 30여 년 간 숙원을 풀지 못하고 있으며, 여태껏 나라의 통일이 이루어지지 않고 있는 실정입니다. …… 이 신청인들은 첫째로 쌍방 부모의 허가를 얻기가 극난한 형편이며, 둘째로는 각자가 상대방 정부의 호적에 등록된 바 없는 사람입니다. 그보다도 더 중요한 일은 우리 두 사람이 다 외국에 정착할 의사가 없다는 것입니다. 앞뒤를 살펴봐도 좋은 궁리는 나지 않으며, 결혼을 마치려니 하늘에 길이 없고 땅에 문이 없는 형편입니다.

그렇다고 하더라도 우리 두 사람은 정열이 끓는 젊은 세대로서, 앞에 가로놓인 만난을 극복하고 물러서거나 도망치지 않을 결심입니다. …… 이제 한 줄기 출로를 찾고자 하여 쌍방 정부와 두 어른에게 이 공개신청서를 삼가 바치면서 다음과 같은 저희들의 희망을 말씀드리는 바입니다.

1. 우리들의 결혼을 허가 · 승인해주십시오

2. 우리 두 사람의 어느 한쪽이 어느 한쪽 땅에서라도 결혼 수속을 할 수 있고 정착할 수 있도록 허가하여 주십시오

……

• 사회주의 중국 청년과 자본주의 대만 처녀의 사랑 •

주령비는 스물아홉 살의 청년으로 《아Q정전》, 《광인일기》를 쓴 중국의 대문호 노신(魯迅, 본명 주수인周樹人)의 손자다. 북경 경산(景山)학교를 졸업하고 인민미술출판사 사진기자로 일하던 그는 1980년, 일본으로 유학을 떠나 동경 국제학우회 부설 일본어학교에 다니던 중 장순화라

는 스물다섯 살의 아름다운 대만 아가씨를 만났다.

주령비는 문화혁명 당시 홍위병으로서 혁명의 선봉에 섰던 인물로, 등소평(鄧小平)이 집권하면서 대폭적인 문호개방 정책과 함께 해외 유학의 문을 열자 일본으로 자비유학을 떠났던 것이다.

당시 일본으로 유학 온 중국인은 약 1천2백 명으로, 그중 389명은 자비 유학생이고 나머지는 국비 유학생

노신. 그의 소설 《아Q정전》은 중국 근대문학의 지평을 연 작품으로 꼽힌다. 의학을 공부하다가 문학가가 된 그는 중국인의 자각을 촉구하고 중국의 근대화를 지향하는 작품들을 썼다.

이었다. 중국은 선진국의 기술과 문화를 습득하기 위해 1985년까지 유학생 2만여 명을 내보내는 계획을 세우고 있었다.

"폐쇄되었던 중국 학생·학자 들이 자본주의 사회에 와서 돌아가지 않게 되면 어떻게 할 것인가?"

한 일본 기자의 질문에 등소평은 여유 있게 대답했다.

"외국에 나간 유학생 가운데 6할이 돌아오면 아주 잘된 것 아닌가? 외국에서 탈락하는 수의 학생만큼 해외 거주의 중국인 학생들이 들어오면 될 것 아닌가. 어디에 있든 중국인은 중국인이다."

실제로 대부분의 유학생은 공부를 마친 뒤 중국으로 돌아왔다. 물론 그대로 외국에 자리 잡은 경우도 있지만.

주령비와 장순화는 같은 중국인이면서도 조국이 사회주의 중국과 자본주의 대만으로 분단되어 있는 까닭에 적대국가 국민이 되어 처음부터 '이루어질 수 없는' 사이였다. 마치 북한 총각과 남한 처녀가 머나먼 외국에서 만나 사랑에 빠진 것과 같다.

두 사람이 만난 지 얼마 안 되어 장순화는 학교를 그만두고 대만으로 돌아가야 했다. 누군가 딸 장순화가 일본에서 대륙 출신의 남자와 연애를 하는데 평범한 남자도 아니고 다름 아닌 노신의 손자라고 부모에게 알린 것이다. 장순화의 부모는 빨리 돌아오라고 딸을 독촉했고, 두 사람은 가슴 아픈 이별을 해야 했다.

당시 국제학우회 일본어학교에는 100여 명의 대만 학생들과 50여 명의 중국 학생들이 함께 어울려 공부하고 있었다. 이들은 '정치를 거두고' '새로운 우정'을 키워나가면서 '이야기가 중화민족의 통일문제에 미치면 모두가 가슴에 북받치는 것을 견디지 못'하는 순수한 젊은이들이었다. 그러기에 주령비와 장순화에게 이별은 슬픔 이전에 민족의 아픔으로 여겨졌다.

장순화는 이듬해 1981년 봄, 주령비를 절대 만나지 않겠다고 부모님께 약속하고 공부를 계속하기 위해 다시 일본에 건너왔다. 하지만 두 사람은 지하철역 입구에서 재회했다. 운명처럼.

· 분단을 잇는 사랑 ·

두 사람의 사랑은 무르익어갔다. 주위의 반대와 압력은 도리어 이들을 강하게 하나로 묶어주었다. 어느 날 주령비는 조그만 루비 반지를 장순화에게 선물했다. 장순화는 눈물을 흘렸다.

"우리 두 사람은 약혼한 사이도 아니고 결혼한 사이는 더군다나 아니지만, 저의 마음속으로는 당신만이 저의 남편이고, 저는 영원토록 당신의 아내예요."

그러면서 말을 이었다.

"한 사람의 인생에서 행복한 시간이란 점점 더 짧아지는 것이기 때문에, 그럴수록 그 가치는 더욱 귀한 것이지요. 저는 헤어지는 날까지 두 사람의 이 순간을 일분일초 아끼겠어요. 그러다가 대만에 돌아가면 한 사람만의 생활을 마련하겠어요."

주령비는 이 말을 듣고 '현실의 희생물이 되지 않기 위해서', '영구히 결합할 수 있기 위해서' 굳은 결심을 했다. 젊음과 '하나의 중국'을 지향하는 믿음으로 분단된 조국의 현실을 장순화와 함께 뛰어넘겠다고.

두 사람은 이념과 체제를 넘어 사랑으로 하나의 중국을 이루겠다고 선언하면서 중국의 총리 조자양과 대만의 총통 장경국 앞으로 공개 결혼신청서를 띄웠다. 양쪽 다 총리니 총통이니 하는 공식 직함 대신 '선생'이라 부르고 있는 점이 눈에 띈다. 분단된 국가의 공식 직함은 사용하지 않겠다는 의지의 표현이었을까.

한편 주령비는 일본의 신문에 부모님께 드리는 공개편지를 발표했다.

사랑하는 아버지, 어머니 별고 없으십니까? 작년, 할아버지 노신 탄생 백 주년 기념 때에 저에게 주신 글월은 잘 받아보았습니다. 글월을 전해주신 등영초(鄧穎超) 할머니(주은래周恩來 총리의 부인. 당시 전국인민대표대회 상무위원회 부위원장으로 동남아 순방외교 중 일본에 들렀다)는 그전에 저에게 결혼을 했느냐 안 했느냐고 관심을 갖고 물어보신 일이 있었는데, 이곳에서 뵙게 되니 왈칵 괴로운 마음이 솟아올라 저의 심정을 감출 말을 찾지 못해 적이 당황하였습니다.

오늘 이 자식은 부모님께 정중히 여쭐 말씀이 있습니다. 다름 아니오라, 저는 이미 대만 적(籍)의 아가씨 장순화와의 결혼을 결정하였습니다. 그러나 혼례식의 거행 시일과 장소는 아직 최종적으로 결정치 못하였습니다.

이 공개서신이 부모님께 커다란 걱정과 괴로움을 안겨드릴 것임을 이 자식은 잘 알고 있습니다. 이렇게 공개서한의 형식으로 말씀드리고자 한 까닭은, 저희 두 사람의 고통스런 연애와, 장애가 첩첩이 가로막힌 혼인, 그리고 가슴속에 깊이 간직한 사실들을 일본 신문들로 하여금 공개케 함으로써 저희들의 마음속의 목소리를 세상에 털어놓고자 결심했기 때문입니다…….

신문에 이 편지가 발표되자 일본은 물론 전 세계 매스컴은 '이데올로기를 초월한 사랑', '분단된 조국을 잇는 사랑'이라는 제목 하에 극찬을 아끼지 않았다.

・오직 '하나의 중국'이 있을 뿐・

주령비의 공개편지를 계속 보자.

……저는 어디까지나 중국인이고, 할아버지 또한 저명한 작가였습니다. 할아버지는 중국인의 병든 혼을 치유하기 위해서 의학 수업을 팽개치고 문학을 택했고, 중화민국의 부강융성을 위해서 목숨의 마지막 일각까지 투쟁한 어른입니다. 할아버지는 생전에 중국인이 허리를 쭉 펴고 일어선 모습을 보고자 했는데, 그의 사후라고 해서 당신의 장손이 중국 국적을 포기하는 것을 볼 수는 도저히 없을 겁니다. 설사 다른 나라에 가서 사는 것이 일을 성취하는 첩경이라 하더라도 저는 차라리 모든 어려움을 헤치고 정면으로 문제를 극복하기로 결심했습니다. …… 이 지구상에는 오직 '하나의 중국'이 있을 뿐이라고 진정으로 믿는 사람이라면 저희들의 결혼과 저희들이 취한 행동에 대해서 반드시 동정과 찬조를 아끼지 않으리라고 확신합니다. ……안녕히 계십시오.

큰아들 주령비
1982년 9월 18일 일본 동경에서

등소평은 1978년 10월에 일본을 방문하면서 다음과 같은 말을 남겼다.

"(아시아에는 지금) 조선의 분단 이외에도 중국의 분단과 일본의 북방도서 문제가 미제로 남아 있다. 이 분단 문제는 언젠가는 반드시 해결돼야 한다. 분단 문제가 십

주령비는 2003년에 한국을 방문해 독립운동가 우당 이회영의 손자인 이종찬 전 국회의원을 만났다. 왼쪽이 주령비다.(우당기념관 제공)

년에 또는 백 년에 해결되지 않는다면 천 년을 걸려서라도 해결돼야 할 것이다. 중국 인민의 민족적·국가적 염원은 누구도 거역할 수 없다."

주령비와 장순화는 대만에서 결혼식을 올렸으며 두 딸을 낳았다. 주령비는 대만에서 《20년 세월을 이야기한다》, 중국의 무대예술사를 다룬 《환상연주곡, 대륙의 무대 40년》 등의 저작활동을 하며 문화예술 기획자로 일했다. 그리고 1990년대 들어 중국과 대만 사이의 긴장 완화가 이루어지면서 중국을 드나들 수 있게 되었다. 그는 할아버지 노신의 묘를 아내와 딸들과 함께 찾았다.

주령비와 장순화의 사랑과 결혼은 중국인들이 바라는 통일의 상징이다. 마찬가지로 분단의 아픔을 겪고 있는 한민족에게도 또 하나의 주령비 · 장순화 사건이 일어나지 말란 법은 없을 것이다.

| 참고문헌 |
저우하이잉(周海嬰), 서광덕 · 박자영 옮김, 《나의 아버지 루쉰》, 강, 2008
이영희 편저, 《10억인의 나라》, 두레, 1983

제 2 부

꿈과 야망

일곱 번째 이야기
상앙의 죽음

중국의 춘추전국시대(기원전 770년~기원전 221년). 천하를 손에 넣으려는 야망을 지닌 제후들 간의 전쟁이 계속되었다. 약 550년에 걸친 이 군웅할거 시대를 청산하고 최초의 통일왕조를 세운 것은 진(秦)나라다. 진나라 왕 정(政)은 천하통일 후 스스로를 최초의 황제, 즉 시황(始皇)이라 일컬었다. 그가 바로 진시황이다.

진나라가 중국을 통일할 수 있었던 힘은 과연 무엇이었을까? 바로 강력하고도 기능적인 통치체제였다. 그 같은 통치체제의 기초를 마련한 장본인이 상앙(商鞅, 본명 공손앙公孫鞅)이다.

· 부국강병하려면 우선 법을 고쳐야 ·

위(衛)나라 공자(公子, 왕의 적자 아닌 서자)로 태어난 상앙은 당시의 진나

상앙의 동상. 그의 죽음은 비
참했지만 그가 이룬 업적은
진나라가 중국을 천하통일
하는 데 밑거름이 되었다.

라 왕 효공(孝公)이 인재를 구한다는 소문을 듣고 진나라로 갔고, 그곳
에서 효공의 총신 경감(景監)의 소개로 효공에게 등용되었다. 상앙은 부
국강병하려면 우선 법을 고쳐야 한다고 주장했다. 그러자 다른 신하들
의 반론이 빗발쳤다.

"이익이 백 배가 되지 않으면 법을 변경하지 않으며, 공이 열 배가 되
지 않으면 그릇을 바꾸지 않습니다. 옛 것을 법으로 하면 허물이 없고,
옛날의 예(禮)에 따르면 사악함이 없는 것입니다."

이러한 반론에 대해 상앙은 주장했다.

"은나라의 탕왕(湯王)과 주나라의 무왕(武王)은 옛 법을 따르지 않고도 스스로 왕자가 되었으며, 하나라의 걸왕(桀王)과 은나라의 주왕(紂王)은 옛날의 예를 바꾸지 않았으나 망하였습니다. 옛 법에 상반된다고 하여 비난할 것도 아니고, 옛 예를 좇는다고 하여 칭찬할 것이 못 됩니다."

효공은 상앙의 말을 옳게 여기고 그를 좌서장(左庶長)이란 직책에 임명했다. 법 개정에 착수한 상앙은 다음과 같은 법을 새로 만들었다.

1. 민가를 열 집 혹은 다섯 집씩 통반을 만들어 서로 감시하여 연좌의 책임을 묻는다. 법에 틀린 일을 신고하지 않는 자는 허리를 베는 형벌에 처하고, 숨기는 자는 적에게 항복한 것과 같은 죄를 주며, 신고하는 자에게는 적의 머리를 벤 것과 같은 상을 준다.

2. 한 집에 두 사람 이상의 남자가 있는데 분가하지 않으면 세금을 배로 올린다.

3. 군대의 공이 있는 자에게는 그 공의 비율에 따라 벼슬을 준다.

4. 사사로운 싸움을 일삼은 자는 각각 경중에 따라 처벌한다.

5. 남자는 밭을 갈고 여자는 베를 짜는데 곡물과 베를 많이 바치는 자는 부역을 면제한다. 말리(末利, 상공업)를 일삼는 자와 게을러서 가난한 자는 종으로 삼는다.

6. 왕족이라도 전공이 없으면 조사하여 족보에서 제한다.

7. 관작의 등급을 분명히 하고 그에 따라 토지, 건물의 대소, 첩과 노비의 수, 의복에 차등을 둔다. 공이 있는 자는 영화로운 생활을 하지만 공이 없는 자는 부자라도 화려한 생활을 하지 못한다.

새 법은 엄격한 상벌주의 원칙에 근거하며, 농업을 장려하고 상공업을 억제하는 것이었다. 새 법을 공포하기 전, 상앙은 커다란 나무를 성의 남문에 세우고 방을 붙였다.

"이 나무를 북문에다 옮겨놓는 자에게는 10금을 준다."

그러나 사람들은 이상스레 여기기만 할 뿐 아무도 나서지 않았다. 상앙은 방을 갈아붙였다.

"이 나무를 북문에다 옮겨놓는 자에게는 50금을 준다."

어떤 사람이 나무를 북문으로 옮겨놓았다. 그러자 상앙은 얼른 약속대로 50금을 주었다. 그런 다음 새 법을 공포했다. 백성을 속이지 않는다는 사실을 믿게 하려는 조치였다. 기원전 359년의 일이다. 이를 두고 상앙의 1차 개혁이라 부른다.

· 법 준수는 윗사람부터 ·

새 법은 너무 까다롭고 엄격했다. 공포 후 1년 동안 새 법이 불편하다고 호소하는 자가 수천 명에 달했다. 그러던 중 태자가 법을 어겼다.

"법이 잘 지켜지지 않는 것은 위에 있는 사람부터 법을 범하기 때문이다."

상앙은 이렇게 말하면서 태자를 법대로 처벌하려 했다. 하지만 태자는 왕위를 이을 사람이므로 대신 태자의 스승 공손가(公孫賈)와 후견인 공자 건(虔)을 처벌했다. 공손가는 경형(黥刑, 죄인의 이마나 팔뚝에 먹물로 글자를 새겨넣는 형벌. 묵형이라고도 한다)에 처해졌다. 다음날부터 온 나라 백성들이 법을 잘 지켰다.

10년 후, 진나라는 길바닥에 떨어진 물건을 줍는 사람이 없고 도둑이 없고 집집마다 넉넉하고 백성은 전쟁에 용감하고 개인의 싸움에 힘쓰지 않으며 행정은 잘 다스려졌다. 그러자 이번에는 법의 편리함을 칭송하러 오는 자가 생겼다. 상앙은 그를 변방으로 쫓아버렸다. 그 뒤로는 감히 법을 두고 이러쿵저러쿵 말하는 자가 없어졌다.

그런데 공자 건이 또 법을 어겼다. 상앙은 그를 코 베는 형에 처했다. 건은 집에서 한 발짝도 나오지 못하게 되고 말았다.

상앙은 왕의 권력을 강화하기 위해 귀족들의 힘을 약화시키고자 했다. 공자 건에 대한 가혹하다시피 한 처벌은 바로 그 같은 생각에서였다. 때문에 귀족들 가운데 상앙을 미워하는 적들이 많이 생겨났지만, 상앙은 효공의 비호 아래 10여 년 동안 재상 자리에 있으면서 자신의 뜻을 펼쳐나갈 수가 있었다.

기원전 350년 상앙은 2차 개혁을 단행했다. 2차 개혁의 요지는 아버지, 아들, 형제가 한집에 사는 것을 금하고, 전국을 31개 현으로 만들어 현마다 관리를 파견하여 다스리게 하며, 부역과 세납을 공평히 하고, 도량형을 통일하는 것 등이었다.

기원전 338년 효공이 세상을 떠나고 태자 혜문군(惠文君)이 왕위에 올랐다. 일찍이 자기 스승과 후견인을 엄벌에 처했던 상앙에게 좋은 감정을 품고 있을 리 없는 그는 때마침 공자 건의 측근들이 상앙이 모반을 꾀한다고 밀고하자, 기다렸다는 듯이 상앙에 대한 체포령을 내렸다. 상앙은 도망을 쳐서 관소(함곡관) 부근에 이르렀다. 잠잘 곳을 찾던 그는 한 객사에 들어갔다. 그러자 주인이 나와 말했다.

"상군(상앙을 높여 부르는 말)의 법률에는 여행증이 없는 손님을 재우면 그 손님과 연좌로 죄를 받게 됩니다."

물론 주인은 이 손님이 다름 아닌 상앙이라는 사실을 모르고 한 말이었다. 도망치는 몸이라 여행증이 있을 리 없는 상앙은 탄식했다.

"아! 새 법의 폐단이 마침내 내 몸에까지 미쳤는가."

상앙은 가까스로 위(魏)나라로 도망쳤지만, 진나라의 보복을 두려워한 위나라 사람들은 그를 진나라로 돌려보내고 말았다. 상앙은 자신의 식읍지로 가서 군사를 동원하여 북쪽의 정(鄭)나라를 공격하다가, 뒤쫓아 온 진나라 군사에게 잡혀 죽고 말았다. 진왕은 상앙의 시체를 다시 거열형(車裂刑, 수레에 사지를 매달아 찢어 죽이는 형벌)에 처하고 전시했다. 그 일족도 모두 죽임을 당했다. 기원전 338년의 일이다.

상앙의 말로는 이렇듯 비참했지만 그가 구축한 진나라의 강력하고 일사불란한 통치 질서는 그대로 계승되어 천하통일의 기초가 되었다.

• 제자백가의 기원 •

춘추전국 시대 하면 우리는 얼른 제자백가(諸者百家)를 떠올리고 공자, 맹자, 노자, 장자, 순자 등 알고 있는 이름들을 생각해낸다. 제자백가란 당시 천하평정의 길을 설파한 학파의 수가 총 189개가량 되었다는 데서 붙여진 이름이다. 그런데 189종류나 되는 학파가 어떻게 거의 동시에 등장하게 되었을까?

제자백가를 맨 처음 분류한 역사가는 사마담(司馬談). 《사기(史記)》를 쓴 사마천(司馬遷)의 아버지다. 두 번째 인물은 유흠(劉歆)인데, 그는 제자백가의 역사적 기원을 이렇게 말하고 있다.

기원전 10세기경의 중국은 주(周) 왕실의 천자(天子)를 정점으로 하여 그 밑에 제후, 제후 밑에 대부(大夫)들이 각기 땅을 차지하고 일반 백성을 다스렸다. 제후는 보통 군자(君子)라고 불리었다. 소인(小人)은 서민, 즉 평상시에는 농사를 짓고 전시에는 병사로 나가는 농민들을 일컫는 말이었다.

주 왕실은 정치의 중심지인 동시에 경제, 학문의 중심지였다. 관리는 곧 어느 한 분야의 전문가요 학자요 교사였다. 또 그 전문지식은 대대로 세습되었다.

그런데 춘추전국시대가 시작되면서 주 왕실이 권위를 잃게 되자 각 분야의 관리들이 실직하여 중국 각지로 흩어졌다. 이들은 생계를 위해 자신이 지닌 전문지식을 가르치기 시작했으며 제자를 길러 학파를 이루었다.

유흠의 설명에 따르면, 제자백가의 유래는 관리와 교사의 분리에서 비롯된 것이다. 고전과 예악을 관장하던 자로부터는 유가(儒家)가, 전술(戰術)을 관장하던 자로부터는 묵가(墨家)가, 역법(曆法)과 점술을 관장하던 자로부터는 음양가(陰陽家)가, 이런 식이다.

· 중국을 통일한 법가사상 ·

주나라 봉건사회를 지탱한 규범은 예(禮)와 형(刑) 두 가지였다. 예는 군자, 즉 귀족들의 행위를 규제하는 불문율이고, 형은 성문법으로서 소인, 즉 서민들에게만 적용되었다. 《예기》를 보면 '예는 서민에까지 내려가지 않고 형은 대부에까지 미치지 않는다'고 기록되어 있다. 그러니 상앙이 새 법을 만들고자 할 때 귀족들이 강력히 반대한 것은 전통적인 불문율을 폐지하는 데 대한 반발이라고 할 수 있다.

상앙의 생각은 통치자에게 권력을 집중시키고 귀족부터 서민까지 엄격하고 철저하게 법에 따라 다스려야 나라가 부강해진다는 것이었다. 이 같은 사상을 통칭 법가(法家) 사상이라고 부른다. 법가 사상을 완성한 사람은 한비자(韓非子)다. 그는 상앙보다 약 50년 뒤의 인물로, 성악설을 주장한 순자(荀子)의 제자다.

법가 사상은 당시로서는 매우 혁신적인 사상이었다. 지위고하를 막론한 '법 앞에서의 평등'과 현실적·객관적 사고방식을 강조했기 때문이다. 예를 들어보자. 아버지가 양을 훔치자 아들이 아버지를 고발했다. 이 사건을 두고 공자는 '부자지간에는 서로 숨겨주는 데 의로움이 있다'고 고발한 아들을 나무란다. 반면, 한비자는 '국가의 법은 개인감정이 개입되어선 안 된다. 개인감정으로 서로 숨겨주다 보면 법 자체가 무너지기 때문'이라고 잘라 말한다.

법가는 귀족을 서민과 같은 선상으로 끌어내려 똑같이 법에 따라 상과 벌을 주었다. 그런가 하면 공자나 맹자의 유가는 서민도 귀족처럼 예를 따라야 한다고 주장했다. 공자나 맹자가 말한 '군자', '소인'은 종전처럼 신분에 의해 정해지는 것이 아니라 도덕적 수양의 높고 낮음에 의해 결정되는 것이었다. 그런 점에서 유가 역시 당시로서는 혁신적이었다고 할 수 있다.

유가 사상이 이상주의라면, 법가 사상은 현실주의다. 법가 사상을 현대용어로 바꾼다면 조직론, 지도자론, 지도방법론이라 할 수 있을 것이다. 법 하면 얼른 떠올리는 오늘날의 법학과는 좀 다르다.

중국 철학사를 살펴보면, 유가는 법가더러 '비열'하다고 비난하고 법가는 유가더러 '백면서생'이라 비꼬고 있다. 어쨌든 진나라는 법가 사상을 토대로 강력한 통치 질서를 구축했고, 그 힘으로 중국을 통일했다. 진시황이 천하를 통일한 것은 상앙이 죽은 지 117년 뒤의 일이다.

| 참고문헌 |

사마천, 《사기》

정위안 푸, 윤지산·윤태준 옮김, 《법가, 절대권력의 기술─진시황에서 마오쩌둥까지, 지배의 철학》, 돌베개, 2011

상앙, 우재호 옮김, 《상군서》, 소명출판, 2005

중국사연구실 편역, 《중국역사 상(上)》, 신서원, 1993

여덟 번째 이야기

진시황을 습격한 자객 형가

진시황이 중국 천하를 통일하기 직전의 일이다. '시황'이란 칭호를 쓰기 시작한 것은 통일 후부터고 당시의 정식 이름은 진왕 정(政)이지만 편의상 진시황이라 부르기로 하자.

진나라 북쪽에 연(燕)이라는 나라가 있었다. 진의 세력이 날로 커져 연을 위협하는데, 연으로서는 맞서 싸우기에 역부족이었다. 그 무렵 진나라에 인질로 가 있던 연의 태자 단(丹)이 도망쳐 돌아왔다. 진시황에게 개인적인 원한을 갖고 있던 단은 진시황을 암살하기로 마음먹었다.

일찍이 단이 조(趙)나라에 인질로 가 있을 때, 그곳에서 태어난 진시황과 퍽 친하게 지냈었다. 약소국의 태자인 까닭에 단은 이번엔 진나라에 인질로 가게 되었다. 진시황은 이미 왕이 되어 막강한 권력을 누리고 있었다. 단은 진시황이 옛정을 생각해서 따뜻이 대해주리라고 기대했지만, 진시황의 태도는 차갑기만 했다. 천하통일의 야망만을 꿈꿀

뿐 자그마한 옛 인연 따윈 안중에 없다는 듯 냉정하기만 한 진시황에게 두려움을 느낀 단은 안 되겠다 싶어 몰래 도망을 쳐서 자기 나라로 돌아온 것이다.

• 자객이 된 숨은 인재, 형가 •

태자 단이 진시황을 암살할 자객으로 선택한 인물은 형가(荊軻)라는 사람이다. 본래 위(衛)나라 출신인 형가는 검술에 능하고 독서를 좋아하는 숨은 인재였다. 단은 형가를 불러들여 암살 임무를 맡겼다.

"이것은 나라의 중대사입니다. 신은 재능이 부족하므로 황송하오나 사명을 달성하지는 못할 줄로 압니다."

거절하는 형가에게 단은 머리 숙여 간청한 끝에 간신히 승낙을 받아냈다.

형가는 번어기(樊於期)를 찾아갔다. 번어기는 진나라 장군이었으나 진시황의 노여움을 사 도망 와 있는 처지였으며, 자기 가족을 몰살시킨 진시황에게 복수의 칼을 갈고 있었다.

"연의 근심을 펴고, 장군의 원수를 갚을 수가 있습니다."

형가의 말에 번어기는 귀가 솔깃하여 물었다.

"어떻게 하는 일인가?"

"장군의 목이 필요합니다. 장군의 목을 진왕에게 바치면 진왕은 반드시 기뻐하며 신을 만날 것입니다. 그때 왼손으로 진왕의 소매를 잡고 오른손으로 그 가슴을 찌를 것입니다. 그럼 장군의 원수는 갚아지고,

모욕을 당하던 연나라의 수치도 풀 수가 있습니다. 어떻게 생각하십니까?"

"이것이야말로 내가 밤낮으로 이를 악물며 가슴을 쳐서 고대하던 것인데, 이제 그대의 가르침을 듣고 뜻을 얻었소."

말을 마친 번어기는 스스로 목을 찔렀다.

• 한번 가면 다시 오지 못하리니 •

형가는 번어기의 목과 연나라 독항(督亢, 지금의 탁현涿縣에서 신성현新城縣에 이르는 땅)의 지도 한 장을 함에 넣어 봉했다. 독항은 기름진 땅으로 이름난 곳이다. 그곳의 지도를 바친다는 것은 곧 그 땅을 바친다는 의미였다.

마침내 떠나는 날, 태자 단은 하얀 상복을 입고 형가와 그 수행인 진무양(秦舞陽)을 전송했다. 형가의 절친한 친구 고점리(高漸離)가 축(筑, 거문고 비슷한 악기)을 울리고 형가가 노래를 불렀다.

바람 소리 쓸쓸하다

역수(易水) 물 차가워라

장사 한번 가면

다시 오지 못하리니

듣는 사람들 모두 눈을 적셨다. 형가가 수레에 오르자 바퀴가 움직였

다. 형가는 끝내 뒤돌아보지
않았다.

진시황은 형가가 가져온
선물이 몹시 마음에 들었다.

"지도를 꺼내 보아라."

형가는 함 속에서 지도를
꺼내들고 다가갔다. 두루마
리로 말린 지도 속에는 비수
가 감춰져 있었으며, 비수에
는 맹독이 묻어 있어서 살짝
스치기만 해도 목숨을 잃게
되어 있었다.

진시황이 지도를 다 펼칠
즈음 비수가 나타났다. 순간
형가는 번개같이 비수를 들
어 진시황을 찔렀다. 하지만

진시황. 그는 전쟁에 능할 뿐 아니라 황제로서의 업무에도
매우 충실한 인물이었다. 그는 처리해야 할 문서들을 저울로
무게를 달아보고 하루에 처리할 양을 정한 다음 그것을 모두
끝낸 뒤에야 휴식을 취했다고 한다. 당시의 문서는 종이가
아니라 나뭇조각에 쓴 죽간이었다.

놀란 진시황이 몸을 뒤로 빼는 바람에 옷소매만 잘려나갔다. 진시황은
자신의 칼을 빼어들려고 했다. 그러나 당황한 데다가 칼이 너무 길어
서 쉬이 빠지질 않았다. 진시황은 기둥을 돌면서 도망쳤다. 형가가 뒤
를 쫓았다.

쫓고 쫓기는 숨 막히는 시간이 얼마나 계속되었을까? 그런데 아무도
진시황을 구하러 나서는 이가 없었다. 주위엔 신하들이 즐비하게 늘어
서 있고, 뜰 아래에는 무장한 호위병들이 줄지어 있는데도 말이다. 시

형가가 진시황을 습격하는 장면을 담은 석화. 기둥 왼쪽이 진시황, 가운데 엎드려 있는 이가 진무양, 오른쪽이 형가다. 뚜껑 열린 함 속에 번어기의 목이 들어 있다.

의(侍醫) 하무저(夏無且)만이 들고 있던 약봉지를 형가에게 내던졌을 뿐이다.

진시황은 몹시 당황했다.

"칼을 등에 지십시오."

누군가가 외쳤다. 그 말대로 칼집을 등에 지자, 쉽게 칼이 빠져나왔다. 긴 칼과 비수의 대결은 긴 칼 쪽이 유리하다. 진시황은 칼로 형가의 다리를 베었다. 형가는 쓰러지면서 비수를 던졌다. 비수는 구리기둥에 꽂혔다.

진시황은 형가를 여덟 차례나 베었다. 일이 틀린 것을 안 형가는 기둥을 잡고 웃으며 말했다.

"일이 성취되지 않은 것은 왕을 살려놓고 위협하여 반드시 계약을 받아서 연나라 태자에게 보고할 생각에서였다."

마침내 형가는 쓰러졌다. 이렇게 진시황 암살계획은 실패로 돌아갔다. 기원전 227년의 일이다.

· 신하들이 보고만 있은 이유 ·

그런데 진시황의 신하들은 어째서 형가와 왕의 쫓고 쫓기는 숨 막히는 대결을 그냥 보고만 있었을까?

진나라 법은 엄격하기로 이름이 높다. 그 법에 의하면, 왕의 옥좌가 있는 전상(殿上)에서는 왕 외에 누구도 무기를 지닐 수 없으며, 왕의 명령 없이는 어떤 일이 있어도 함부로 전상에 오를 수가 없다. 법을 어기는 자는 본인뿐 아니라 연좌제로 일족까지 모조리 벌을 받는다.

사마천이 쓴 《사기》를 보면 사태 수습 후 진시황의 기색이 매우 언짢았다고 기록되어 있다. 그 언짢음은 아마도 왕의 생명을 지키기보다는 범법행위로 벌을 받을까 두려워한 신하들에 대한 괘씸함 때문이 아니었을까? 진시황이 논공하는 장면을 상상해보자.

어째서 보고만 있었느냐고 진시황이 신하들에게 호통을 친다. 신하들은 대답한다.

"진나라 법에 왕 앞에 나갈 때는 어떤 무기도 지니지 못하도록 되어 있습니다. 무기 없는 저희들이 어찌 자객을 대적할 수 있겠습니까?"

진시황이 이번에는 뜰 아래 서 있던 호위병들에게 어째서 올라와 자객을 잡지 않았느냐고 꾸짖는다. 호위병들이 대답한다.

"진나라 법에 왕의 명령 없이는 어떤 경우에도 전상에 올라갈 수 없도록 되어 있지 않습니까?"

너무 당황한 왕이 올라오라는 명령을 미처 내리지 못했기 때문에 무장한 채로 그냥 보고 있을 수밖에 없었다는 것이다.

논공이 끝난 뒤 진시황은 신하들에게 상과 벌을 각각 내렸다고 《사

《사기》. 중국 한나라 무제 때인 기원전 1세기에 사마천이 쓴 중국 역사책으로 전설상의 시대라 할 황제(黃帝) 때부터 자신이 살았던 한 무제 때까지 약 2천 년의 역사를 다루었다. 사마천이 무제의 노여움을 사 궁형을 당한 뒤, 아버지 사마담의 유업을 이어 《사기》를 완성한 이야기는 널리 알려져 있다.

기)는 기록하고 있다. 진시황은 시의 하무저에게 황금을 상으로 내리면서 이렇게 말했다 한다.

"무저는 나를 사랑하여 약주머니를 형가에게 던졌다."

이 사건 후 진시황은 연나라를 맹공격했다. 천하통일의 야망을 지닌 진시황에게 암살미수 사건은 연을 공격할 좋은 빌미가 되었을 것이다. 노도처럼 밀려드는 진나라 군사에게 쫓긴 연나라 태자 단은 강물에 몸을 던져 스스로 목숨을 끊었다. 연왕은 그의 시체를 진시황에게 바치며 화해를 청했지만 진시황은 공격의 화살을 멈추지 않았다. 진시황의 뜻은 복수를 넘어 천하통일을 향하고 있었기 때문이다.

형가가 죽은 지 5년 뒤인 기원전 222년, 연은 완전히 멸망당했다. 그리고 이듬해, 마침내 진나라는 천하를 통일했다.

• 사마천과 《사기》 '자객 열전' •

《사기》에 실려 있는 형가의 진시황 암살미수 사건은 한 편의 소설처럼 너무도 드라마틱하다. 그래서 어떤 역사학자는 그 기록이 실제 사실과는 좀 다를 거라고 말하기도 한다. 어쨌든 자객 형가의 이야기는 2천 년 넘게 중국인의 입에서 입으로 전해 내려오고 있다.

사마천은 《사기》에 형가 외에도 네 명의 자객에 대해 기록한 '자객 열전' 편을 두고 있다. 정통 역사서에 자객 열전이라니, 독자들은 어울리지 않는다고 생각할지 모른다. 사마천도 그 같은 의문을 의식했음일까? 자신이 자객 열전을 쓰는 이유를 말미에 이렇게 밝혀놓고 있다.

조말(曹沫, 노魯나라 장군. 제齊나라 환공桓公을 비수로 위협하여 제나라에게 빼앗긴 노나라 땅을 되찾은 인물)에서 형가에 이르는 다섯 사람은 그 의거가 혹은 성공하고 혹은 실패하였다. 그러나 그 심경은 명백하여 그 본바탕을 속이지 않았다. 그들의 이름이 후세에 유전되는 것을 어찌 허망한 일이라 하겠는가.

| 참고문헌 |

사마천, 《사기》
중국사연구실 편역, 《중국역사 상(上)》, 신서원, 1993
진순신, 황인 옮김, 《이야기 중국사 1》, 시대정신, 1992

진주를 삼킨 클레오파트라

지금부터 2천여 년 전인 기원전 41년, 로마의 집정관 마르쿠스 안토니우스는 이집트 여왕 클레오파트라를 소아시아 지방의 타르수스(지금의 터키)로 불러냈다.

안토니우스는 카이사르가 피살된 뒤 옥타비아누스, 레피두스와 함께 제2차 삼두정치를 이루어 로마를 다스리고 있는 최고 권력자였다. 그는 삼두정치 반대파를 도와준 클레오파트라를 '문책'할 생각이었다. 당시 이집트는 명색은 로마의 동맹국이었지만 실제로는 속국이나 다름없었다.

그러나 클레오파트라는 안토니우스의 부름에 선뜻 응하지 않았다. 몇 번의 독촉을 받은 끝에야 타르수스로 향했다. 이는 나름대로의 계산 때문이었다. 카이사르의 마음을 사로잡아 아들까지 낳은 클레오파트라, 이번엔 안토니우스를 자기편으로 만들어야겠다는 생각으로 철저한 준비를 갖추기 위해 늦장을 부린 것이다.

• 진주를 삼키다 •

클레오파트라가 탄 배가 타르수스를 향해 천천히 키드누스 강을 거슬러 올라갔다. 금장식으로 번쩍이는 화려 무쌍한 배, 아름답게 펄럭이는 보랏빛 돛, 피리와 류트(기타처럼 생긴 현악기)에서 흘러나오는 감미로운 선율. 그에 맞춰 노예들이 은으로 만든 노를 젓고, 사랑의 여신 비너스처럼 단장한 클레오파트라가 금빛 천막 안에 비스듬히 누워 있었다.

스물아홉 살의 클레오파트라. 아름다움의 절정에 다다라 있었다. 옆에는 사랑의 신 큐피드로 분장한 미소년들이 색색의 타조 깃털로 부채질을 하고, 숲의 요정 님프처럼 아름다운 여인들이 시중을 들고 있었다. 마치 천상의 세계를 그대로 옮겨놓은 듯 황홀하기 이를 데 없는 광경이었다.

안토니우스는 클레오파트라에게 저녁 식사에 초대한다는 전갈을 보냈다. 그러나 클레오파트라는 자기가 베푸는 선상 파티에 와달라고 청했다.

그날 저녁, 클레오파트라의 배에 오른 안토니우스는 눈이 휘둥그레졌다. 배의 화려함은 말할 것도 없고, 바닥에는 온통 꽃이 깔려 있었으며 금 접시와 보석 박힌 금 술잔이 빛을 발하고 있었다.

"이런 파티에는 막대한 비용이 들겠군요."

넋이 나간 안토니우스가 말하자 클레오파트라는 대답했다.

"이 정도는 제게 아주 적은 비용이랍니다. 정말 사치스런 파티를 원하신다면 1만 세스텔치아가 드는 파티를 열어드리지요."

19세기 화가 로렌스 앨마 태디마의 작품 〈안토니우스와 클레오파트라〉. 안토니우스와 클레오파트라의 만남을 그리고 있다.

1만 세스텔치아는 오늘날의 화폐로 환산하면 약 20만 파운드, 즉 3억 3천만 원 정도이다.

한 번의 파티에 어떻게 그런 큰돈을 쓸 수 있겠느냐는 안토니우스의 말에 클레오파트라는 내기를 하자고 했다. 안토니우스는 좋다고 하고는 부하 중 한 사람을 심판으로 정했다.

다음날, 클레오파트라의 배에서 두 번째 파티가 열렸다. 하지만 전날과 별반 다름이 없었으며 특별히 비용이 더 든 것 같지도 않았다. 바로 그때, 클레오파트라가 입을 열었다.

"지금까지 파티에 쓴 비용은 정말 하잘것없는 것이었습니다. 이제부터 나 혼자서 1만 세스텔치아를 써보이죠."

그러더니 시녀에게 식초를 잔에 담아오라고 명했다. 클레오파트라는 몸에 보석을 여러 개 달고 있었는데 특히 양쪽 귀에 단 커다란 진주 귀걸이가 돋보였다.

식초 잔을 받아든 클레오파트라, 재빨리 한쪽 귀에서 진주를 떼어내어 잔 속에 떨어뜨렸다. 모두들 깜짝 놀라 숨을 들이켰다. 식초에 빠진 진주는 녹아들기 시작했고 클레오파트라는 잔을 들어 단숨에 마셔버렸다.

그런 다음 남은 한쪽 진주를 마저 떼내려 했다. 놀란 심판이 얼른 선언했다.

"승부는 끝났습니다. 여왕님의 승립니다."

이 이야기는 로마의 박물학자 플리니우스가 쓴 《박물지》에 기록된 내용이다. 또 다른 기록에 의하면, 남은 한쪽의 진주는 로마로 보내져서 두 개로 쪼개져 비너스상의 귀걸이가 되었다고 한다.

• 클레오파트라의 진실 •

클레오파트라만큼 자주, 오랫동안 입에 오르내리는 인물도 드물지만 그만큼 왜곡된 역사적 평가를 받아온 인물도 드물 것이다. 《영웅전》을 쓴 로마의 전기작가 플루타르크가 클레오파트라를 안토니우스를 파멸시킨 교활한 여인, '나일 강의 사이렌(그리스 신화에 나오는 아름다운 목소리를 가진 마녀)'이라고 부른 이후, 클레오파트라는 남자의 일생을 망친 '요부', 혹은 역사를 뒤바꿀 정도로 콧대 높은 여자의 대명사로 2천년 가까이 선망 섞인 비난의 대상이 되어왔다.

19세기 화가 장 레옹 제롬의 작품 〈클레오파트라와 카이사르〉. 클레오파트라가 융단으로 몸을 감싸고 몰래 카이사르를 만나러 갔다는 이야기를 소재로 삼고 있다.

사실 로마인의 입장에서 보면 클레오파트라는 오만하고 도도한 '요부'임에 틀림없다. 로마가 자랑하던 영웅 안토니우스로 하여금 조국 로마에 창끝을 돌리게 만든 장본인이 바로 그니까. 때문에 로마 역사가들은 하나같이 클레오파트라를 평가절하 했고, 그와 견해가 다른 이집트 측의 기록이나 자료들은 없애버렸다. 오늘날 우리가 알고 있는 클레오파트라에 대한 정보들은 이렇게 로마인에 의해 왜곡, 조작된 정보들이다. 그렇다면 클레오파트라의 참모습은 무엇일까?

클레오파트라는 기원전 69년, 이집트 왕 프톨레마이오스 12세의 셋째 딸로 태어났다. 두 언니 외에도 남동생 둘, 여동생 하나가 더 있다. 프톨레마이오스 왕가는 전통적으로 남매간에 결혼을 한다. 그것이 왕가의 혈통을 보존하고 왕위를 지키는 길이라는 생각에서다.

프톨레마이오스 왕조는 마케도니아의 청년 왕 알렉산더의 부하가 세운 왕조다. 알렉산더가 대제국을 건설한 직후 사망하자 제국은 이집트 지역, 마케도니아와 소아시아 지역, 시리아 지역, 셋으로 나뉘는데 알렉산더의 부하였던 프톨레마이오스가 이집트를 차지하고 왕위에 오르니 이것이 바로 프톨레마이오스 왕조의 시작이다. 그러므로 프톨레마이오스 왕조 시대의 지배층 문화는 이집트 고유문화가 아니라 그리스 문화요, 지배층의 언어도 그리스어였다.

클레오파트라는 기원전 51년에 남동생 프톨레마이오스 13세와 결혼식을 올리고 왕위에 올라 공동통치를 시작했다. 그때 클레오파트라의 나이는 열여덟 살, 동생은 열 살이었다. 결혼식은 올렸지만 두 사람이 정말 아내와 남편 노릇을 하며 살았는지는 알 수 없다.

클레오파트라는 그리스어가 아닌 이집트어를 배워 사용한 프톨레마이오스 왕조 최초의 왕이다. 그는 이집트 고유어를 익혔을 뿐 아니라 이집트 고유문화와 신앙, 전통을 존중하고 자기를 이집트 고유의 신과 결부시켰다. 민심을 얻기 위한 정략적인 조치이긴 했지만, 어쨌든 그리스 문화에 젖어 있던 왕가의 풍습에 반하는 파격임에 틀림없었다. 뿐만 아니라 그는 학문과 예술의 후원자였고, 궁전 박물관에서 열리는 학술토론회에 참가하기도 했다.

기원전 100년경부터 로마는 이집트를 위협하기 시작했다. 클레오파트라의 가장 중요한 당면 과제는 로마의 합병 위협 속에서 '이집트의 독립을 유지하는 것'이었다. 더욱이 클레오파트라와 그 남편이자 동생인 프톨레마이오스 13세 사이에는 치열한 권력다툼이 벌어지고 있었다.

이처럼 복잡한 정치상황 속에서 클레오파트라는 이집트 합병을 주장하던 카이사르에게 접근하여 타고난 지성과 미모, 재능으로 능란한 외교를 벌인 끝에 카이사르로 하여금 합병을 철회하고 이집트를 '동맹국'으로 선언하게끔 했으며, 나아가 불안한 자신의 왕위를 굳건하게 만들었다.

그리고 카이사르가 피살당하자, 이번에는 안토니우스를 사로잡아 로마에 대항했다. 클레오파트라의 꿈은 이집트의 영광을 되찾는 일이었다. 그의 이름 '클레오파트라'는 바로 '민족의 영광'이란 뜻이다.

· 클레오파트라의 역사적 복권 ·

기원전 36년, 안토니우스
는 클레오파트라를 이집트,
키프로스, 리비아, 시리아의
통치자로 선언하고 두 사람
사이에서 태어난 자식들에
게 각각 땅을 나누어줌으로
써 로마제국의 상당 부분을
넘겨주었다. 이 사건을 '알렉
산드리아의 증여'라 한다. 클
레오파트라에게는 '왕 중의
여왕'이란 칭호가 주어졌다.
클레오파트라의 꿈이 이루
어지는 순간이었다.

이집트 나일 강 상류의 도시 단다라에 있는 신전 벽에 새겨진 클레오파트라의 모습. 왼쪽이 클레오파트라이다.

하지만 꿈은 오래가지 못했다. 화가 난 카이사르의 후계자 옥타비아
누스가 선전포고를 한 것이다. 안토니우스가 아닌 클레오파트라에게.
옥타비아누스의 눈에 안토니우스는 이집트 여왕 손에 놀아나는 꼭두
각시로밖에 보이지 않았다.

마침내 기원전 31년, 그리스 동쪽 해안의 악티움에서 옥타비아누스
가 이끄는 로마 군과 안토니우스 · 클레오파트라 연합 함대 간에 싸움
이 벌어졌다. 이것이 바로 세계 역사상 유명한 악티움 해전이다. 결과
는 안토니우스와 클레오파트라의 참패였다. 안토니우스는 자결로 생

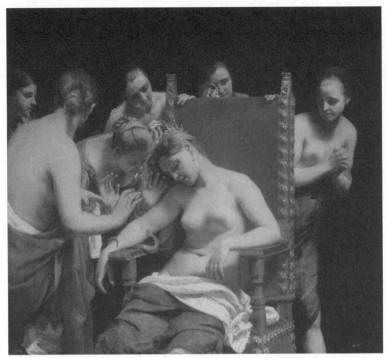

17세기 화가 귀도 카나치의 작품 〈클레오파트라의 죽음〉. 클레오파트라가 독사를 이용해 스스로 목숨을 끊었다는 이야기는 오랫동안 전해 내려오면서 많은 화가들의 그림 소재가 되었다.

을 마감했으며, 클레오파트라 역시 안토니우스 옆에 묻어달라는 편지를 남긴 채 스스로 목숨을 끊었다. 로마로 끌려가 웃음거리가 되느니 죽음을 택한 것이다. 기원전 30년의 일이다.

클레오파트라가 자결 방법으로 독사를 택했다고 알려져 있지만, 사실인지는 알 수 없다. 플루타르크는 뱀은 전혀 발견되지 않았으며 단지 뱀의 자취 같은 것이 발견되었다고만 기록하고 있다.

클레오파트라의 꿈이 무너짐과 동시에 프톨레마이오스 왕조도 무너지고 이집트는 로마에 합병되었다. 클레오파트라가 카이사르, 그리고 안토니우스 사이에서 낳은 자식들은 후환을 없앤다는 명목하에 모두 처형되었다.

클레오파트라는 강대국 로마에 맞서 이집트의 독립을 지키고자 애쓴 왕이다. 그런데 로마인들은 클레오파트라로부터 정치가로서의 면모를 완전히 지워버리고, 오로지 미모를 무기로 남자를 유혹해서 욕망을 달성하는 여인으로만 남겨놓았다. 로마가 자랑하는 두 영웅 카이사르와 안토니우스를 차례로 손에 넣은 클레오파트라가 몹시도 괘씸했던 모양이다.

그러니 클레오파트라를 역사적으로 복권시키는 유일한 길은 그를 요염한 '여인'으로가 아니라, 야심만만하고 탁월한 '정치가'로서 재평가해주는 것이 아닌가 한다.

| 참고문헌 |

마르탱 콜라, 임헌 옮김, 《클레오파트라》, 해냄, 2006
플루타르크, 김병철 옮김, 《플루타르크 영웅전 5》, 범우사, 1994
토머스 후블러, 김기연 옮김, 《클레오파트라, 인물로 읽는 세계사 20》, 대현출판사, 1993
파울 프리샤우어, 이윤기 옮김, 《세계풍속사 상》, 까치, 1991

베르사유 궁과 루이 14세

프랑스 파리 근교에 자리 잡고 있는 베르사유 궁은 루이 14세 때 만든 것이다. 당대의 내로라하는 건축가, 조각가, 화가, 정원사 들이 총동원되어 1667년부터 1686년까지 근 20년에 걸쳐 완성한 대작이다. 그 웅장한 규모와 화려함은 당대 유럽 최고를 자랑했다.

그런데 그 완벽한 베르사유 궁에는 이상하게도 화장실이 없었다. 때문에 성장(盛裝)을 한 선남선녀들이 정원 아무 데서나 용변을 보았다. 너무 가리지 않고 볼일들을 보자 정원사는 골치를 앓았다.

보다 못한 정원사는 여긴 정말 안 되겠다 싶은 장소에 '대소변 금지'라는 팻말을 붙였다. 이런 팻말을 프랑스어로 '에티켓(étiquette)'이라 한다. '예절', '예의'를 뜻하는 에티켓의 어원이 바로 이러하다.

• 베르사유 궁에 화장실이 없는 이유 •

그런데 왜 베르사유 궁에는 화장실을 만들지 않았을까? 요즘 상식으로는 이해가 되지 않는 일이지만, 당시 유럽에서는 일반 서민의 집은 물론 귀족의 대저택에도 화장실을 갖춘 경우가 드물었다. 건축물은 당대의 생활문화를 종합적으로 보여준다. 잘사는 집에서는 요강을 쓰고, 그렇지 않으면 노상 방뇨하는 것이 17세기 유럽인의 일반적인 배설 문화였다.

인구 밀집 지역인 도시에는 공중변소가 있었지만 보통 16세대에 두 개 꼴이었다니 매일 치렀을 배설전쟁이 매우 심각했을 것이다. 모아진 배설물은 한밤중이나 새벽녘에 인부가 거두어서 강물에 흘려버리거나 하치장으로 날랐다. 영국에서는 이 인부를 '나이트 맨'이라 불렀다고 한다.

루이 14세가 각별히 신경 써서 만든 사냥용 별장 퐁텐블로에도 화장실이 없기는 마찬가지였다. 다음은 루이 14세의 계수, 그러니까 루이 14세의 동생인 오를레앙 공작의 부인이 하노버 선제후 부인에게 보낸 편지다.

> 저는 기분 좋게 큰일을 볼 수가 없어요. 우리들이 큰일을 보고 있는 것을 사람들이 다 보고 지나갑니다. 남자도, 여자도, 처녀도, 총각도, 수도사들도, 스위스 병사들도 모두 보고 지나갑니다. 이는 분명히 기분 좋게 볼일을 보는 것이라고는 할 수 없지요. 만일 큰일을 보지 않고 살 수 있다면 나는 퐁텐블로에서 물을 만난 물고기와 같은 심정이 될 수 있으련만…….

베르사유 궁 전경. 20여 년에 걸쳐 완성된 베르사유 궁은 당대 예술의 정화였다.

화장실이 없는 것을 탓하는 것이 아니라 큰일을 보지 않고 살 수 없는 것을 탓하고 있다. 공작 부인은 또 이렇게 말한다.

아아, 저쪽에 멋진 사람이 있구나. 굉장히 사랑스럽고 청결해 보이는구나. 그런데 무엇을 하고 있는 걸까? 어머나, 큰일을 보고 있군. 온 세상이 똥으로 가득 차게 되는 건 아닐까? 그렇지 않으면 큰일 보는 사람들로 가득 차는 건 아닐까?

그때 유럽에서는 남성이 여성을 에스코트할 때 보도 안쪽을 걷는 것이 예의였다. 오늘날에는 보도 바깥쪽을 걷는 것이 예의지만 말이다. 그 이유는 길가에 늘어서 있는 집들 2층에서 창문을 열고 요강에 든 배설물을 쏟아붓는 경우가 비일비재해서 그럴 때 남성이 기사도 정신을 발휘하여 희생하기 위해서였다고 한다.

그러고 보면 베르사유 궁이 제아무리 웅장하고 화려하다 해도 당대 문화의 산물이니만큼 설계 당시부터 화장실을 지을 생각을 아예 하지 않은 것은 당연한 일인지도 모른다.

유럽인들에 비해 우리 조상들은 훨씬 위생적이고 또 과학적인 배설 문화를 지녔던 것 같다. 집안 후미진 곳에 '뒷간'을 만들어 사용하고, 또 배설물을 그냥 강물에 흘려버리지 않고 비료로 '재활용'했으니 말이다.

· 무용가 루이 14세 ·

비록 배설문화는 세련되지 못했지만 베르사유 궁에 살았던 왕과 귀족들의 생활은 몹시 화려하고 세련된 것이었다. 베르사유 궁의 주인 루이 14세는 절대군주의 대표적 인물이다. 그에게는 '태양왕'이라는 별명이 붙어 있다. 그는 학문, 예술의 후원자이자 발레 애호가였다. 르네상스 시대 이탈리아에서 시작된 발레는 본래 궁정 귀족들의 춤이다. 그래서 초기 발레는 전문 무용가가 따로 없고 귀족들이 직접 무대에 섰다. 전문 무용가가 생겨난 것은 1672년 파리 오페라 극장에 발레학교가 세워져 직업 무용수를 길러내면서부터인데 이들은 귀족의 꼿꼿한 자세, 엉덩이에서 다리에 이르는 우아한 선을 모델로 삼았다.

본디 발레는 남자만의 것이었다. 여자 무용수가 처음 등장한 것은

1681년의 일이다. 루이 14세는 솜씨 있는 무용가였다. 1653년 그는 〈밤의 발레(Ballet de la Nuit)〉라는 작품에 화려하고 위엄에 찬 태양으로 출연했다. 이로부터 '태양왕'이라는 별명이 생겼다고 한다.

태양왕 루이 14세는 베르사유라는 소우주의 중심이 되어 전국의 귀족들을 불러들였다. 각자의 영지를 떠나 왕 가까이 살면서 왕을 받들라는 것이다. 1천 명이 넘는 귀족, 그 시종들까지 도합 5

루이 14세는 훌륭한 무용가였다고 한다. 그는 1653년 〈밤의 발레〉에 태양으로 출연했으며, 그 뒤로 '태양왕'이라는 별명으로 불리었다.

천 명 이상이 베르사유 궁에 모여들었다.

베르사유 궁에 모여든 귀족들은 왕에게 잘 보이려고 온갖 아첨을 다했다. 영지를 떠난 귀족이 바라볼 것은 왕의 자비뿐이었다. 이들은 왕에게 촛불을 건네준다든가 셔츠를 건네준다든가 하는 자질구레한 시중 들 기회를 얻는 것을 대단한 영광으로 여기고, 그런 기회를 얻고자 전전긍긍했다.

그런데 이는 루이 14세의 고도의 정책이었다. 귀족들을 끊임없이 사치와 낭비에 젖게 해서 그 세력을 약화시키고 왕권을 강화하려는 의도였던 것이다. 루이 14세는 일부러 복잡한 의식을 만들고, 쉴 새 없이 무도회를 열고, 각종 연회, 축제, 연극 공연을 벌였다. 그럴수록 귀족들은 점점 더 가난해지고, 가난해질수록 더 왕 앞에서 비굴해졌다.

베르사유에 얼굴을 내밀지 않는 귀족도 있었다. 루이 14세는 그런 인물에 대해 누가 말할라치면 한마디로 일축했다.

"난 그런 사람 본 적 없네."

그런가 하면 전통 있는 가문의 대귀족들을 멀리하고 신흥 부르주아 출신 혹은 하급귀족 출신을 기용하여 요직을 맡겼다. 후케, 콜베르, 르텔리에, 리온느 등이 그런 인물들이다. 특히 상인 집안에서 태어난 콜베르는 상업을 중시하는 중상주의자로서 절대주의의 경제적 기초를 다진 인물로 유명하다. 그의 정책은 오늘날 '콜베르티즘'이란 이름으로 불리고 있다.

· 절대주의의 현장, 베르사유 궁 ·

루이 14세는 다섯 살 때 왕위에 올랐다. 어머니인 루이 13세의 왕비 안 도트리슈와 재상 마자랭의 섭정 아래 왕위를 지키고 있던 그는 마자랭이 죽자 친정(親政)을 시작했다. 이때가 1661년, 그의 나이 스물세 살이었다.

철학자 볼테르는 루이 14세가 통치한 1661년부터 1715년을 '루이 14세의 시대'라고 이름붙였다. 프랑스 왕 루이 14세가 추구한 절대주의가 반세기 동안 유럽 역사를 지배했다는 뜻이다. 루이 14세의 꿈은 강력한 왕권, 그리고 유럽의 패권이었다.

63세 때의 루이 14세 초상화

루이 14세가 절대주의의 상징이라면, 베르사유 궁은 이전까지 거의 독립적인 지위를 누리면서 왕의 견제 세력으로 존재해오던 귀족과 봉건영주들을 왕의 들러리로 만들고 왕이 절대적인 권력을 손에 넣게 된 역사의 현장이다. 그런 의미에서 베르사유 궁은 건축사상의 대작일 뿐 아니라 정치적 대작이기도 하다.

| 참고문헌 |

생시몽, 이영림 옮김, 《루이 14세와 베르사유 궁정》, 나남, 2009
줄리 L. 호란, 남경태 옮김, 《1.5평의 문명사》, 푸른숲, 1996
타임라이프 북스, 《위대한 음악가 3》, 한국일보타임라이프편집부, 1993
P. Gay · R. K. Webb, 박무성 옮김, 《서양근세사》, 법문사, 1983

개들의 만찬

1890년경 미국에서 있었던 일이다. 어느 날 한 부호의 저택에서 희한한 파티가 열렸다. 넓은 홀에 식탁 대신 1피트 높이의 탁자가 놓이고 그 위에 다진 고기, 다진 비스킷, 동물의 간 등 갖가지 진수성찬이 가득 차려졌다.

이윽고 파티에 초대된 손님들이 등장했다. 그들은 멋진 차림을 한 백여 마리의 암수 개였다. 사람처럼 정장을 한 백여 마리의 개들이 게걸스럽게 음식을 먹어치우는 광경을 상상해보라! 이 '개들의 만찬'은 기발한 파티를 열어 사람들을 놀라게 하려는 어떤 부호의 아이디어였다.

· 벼락부자들의 기발한 만찬 ·

남북전쟁 후 미국에는 짧은 기간 동안 막대한 재산을 모은 벼락부자들이 대거 등장했다. 전쟁으로 남부의 대농장주들은 멸망했지만, 북부에서는 대기업이 발달하여 벼락부자라는 새로운 계급을 탄생시킨 것이다.

철도, 광산, 석유, 증권투자 등으로 부자가 된 이들은 자기 재산이 얼마나 되는지 계산은 고사하고 평가조차 못할 정도였다. 석유로 최초의 억만장자가 된 록펠러, 철강왕 카네기도 그중의 하나다. 하지만 카네기나 록펠러는 다른 부자들에 비해 검소한 생활을 했고 만년에 재산을 사회에 기부했다는 점에서 다른 '졸부'들과는 좀 다른 평을 듣는다.

당시 대표적인 부호로 손꼽힌 인물은 밴더빌트, 아스터, 필드, 고엘렛, 굴드, 모건 등등이다. 카네기의 연간 수입은 약 2천만 달러, 아스터는 2억 5천만에서 3억 달러, 필렛은 1억 달러 정도였고 밴더빌트, 록펠러, 굴드는 그 재산을 가늠할 수조차 없었다. 아직 소득세법이 제정되기 전이었으므로 이들의 막대한 재산에는 세금도 매겨지지 않았다.

이들은 궁전 같은 대저택을 짓고 수백만 달러를 호가하는 가구를 유럽에서 들여오고 실내장식에 돈을 물쓰듯 썼다. 마리 앙투아네트가 쓰던 가구, 유럽 왕실의 문장이 달린 벽걸이, 그리스의 조각품을 비롯해 유럽에서 온 것이라면 무엇이든 값비싸게 사들였다. 뿐만 아니라 유럽의 유명한 예술가들을 초빙해 매일 파티와 만찬을 열었다.

계속되는 파티와 만찬에 싫증이 나자 부호들은 이번엔 남의 이목을 끌 수 있는 기발한 파티, 상상을 뛰어넘는 초호화판 만찬을 생각해냈다. 어떤 만찬에서는 테이블 한가운데로 흐르는 인공 시내에서 형형색색의 물고기가 헤엄치는가 하면, 어떤 파티에서는 테이블 가운데 커다란 모래더미를 쌓고 손님들에게 은으로 만든 삽과 물통을 주어 모래를 퍼내게 했다. 한 삽씩 퍼낼 때마다 모래 속에서 에메랄드, 루비, 사파이어 등 보석이 쏟아져 나오고 손님들은 탄성을 질렀다.

· 대리석의 집 ·

부호들의 재산 자랑이 극에 달한 결과 생겨난 것이 '여름별장'이다. 무더운 여름, 도시를 떠나 피서(避暑)할 수 있는 별장이란 뜻이다. 미국에서 피서지의 역사는 이때부터 시작된 셈이다. 뉴욕 주 북부에 위치한 사라토가 스프링스, 메인 주의 바 하버, 로드아일랜드의 뉴포트 등이 피서지로 각광을 받았는데 그중에서도 뉴포트는 부호들의 여름별장이 밀집된 곳이었다. '바다 위의 성', '벨 나폴리', '부서지는 파도', '대리석의 집', '너도밤나무' 등등 환상적이고 이국적인 이름이 붙여진 여름별장들이 뉴포트에 줄지어 들어섰다. 그중 가장 화려한 것은 윌리엄 밴더빌트의 '대리석의 집'으로, 대문에서 현관까지 이어지는 자동차 길을 대리석으로 깔았다 해서 붙여진 이름이다.

하지만 밴더빌트 부인은 대리석으로 만족하지 못했는지 중국에서 공예가를 데려다가 집 근처 절벽 위에 황금색과 붉은색 칠을 한 중국식 찻집을 짓고는 '대리석의 집'까지 모형철도를 놓았다. 밴더빌트 부인에게 초대된 손님들은 제복 입은 하인이 은제 차 세트를 받쳐 들고 모형기차를 타고서 절벽 위의 찻집과 '대리석의 집'을 오가는 장면을 마음껏 감상할 수 있었다.

다음은 뉴포트의 한 여름별장을 방문한 프랑스 작가 폴 부르제의 소

(위)윌리엄 밴더빌트의 '대리석의 집'. 뉴포트에 들어선 부호들의 여름별장 중 가장 화려하고 아름다운 집으로 손꼽혔다. 현재 박물관으로 공개되어 있다.
(아래) '대리석의 집' 뒤편에 자리 잡은 중국식 찻집. 밴더빌트 부인은 이곳에서 손님들과 차를 마셨다고 한다.

감이다.

"무척 높은 홀의 바닥에는 값비싼 페르시아와 오리엔트 융단이 너무 많이 깔려 있다. 응접실 벽은 벽걸이 융단과 그림들로 가득 찼고…… 진기한 가구가 너무 많다. 식탁에는 꽃, 식물, 수정, 은식기 들이 지나치게 많다."

그런가 하면 소설 《데이지 밀러》, 《나사의 회전》을 쓴 작가 헨리 제임스는 부호들의 대저택을 가리켜 '기묘하고 둔한 흰 코끼리'라고 불렀다.

• 400명의 명사들 •

"뉴욕 사교계에는 약 400명의 명사들이 있다. 그 밖의 사람들은 무도회에서 마음 편히 있지 못하고 남을 편하게 해주지도 못한다."

1888년, 워드 매켈리스터라는 사교계 인물이 저널리스트와의 인터뷰에서 한 말이다. 이때부터 '400명의 명사들'이란 신조어가 유행하기 시작했다. 내로라하는 부자들이 이 '400명'의 명단에 끼기 위해 안간힘을 썼음은 물론이다.

매켈리스터의 후원자인 아스터 부인은 여름별장 '너도밤나무'를 넓혀서 뉴포트 최대의 무도회장을 만들었다. 바로 400명을 수용할 수 있는 규모의 무도회장이었다. 그 후 아스터 부인은 '400명의 명사들의 여왕'으로서 뉴포트 사교계에 군림했다.

'400명'의 명단에 끼기 위해 애쓴 인물 중의 하나인 피쉬 부인은 다른 부호들에 비해 다소 불리한 조건을 지니고 있었다. 우선 재산이 몇백만 달러'밖에' 되지 않았고, 전혀 미인이 아닌데다가 별로 세련되지도, 교양 있지도 못했다. 그의 유일한 무기는 임기응변의 재주였다.

하루는 피쉬 부부가 뉴욕에 다녀왔다. 부인이 기침을 심하게 하자 피쉬 씨가 상냥하게 물었다.

"뭘 좀 갖다 줄까?"

부인은 이렇게 대답했다.

"그래요, 오늘 티파니에서 본 다이아몬드와 진주 목걸이를 갖다 주세요."

'400명의 명사'들과 일반 서민과의 간극은 깊고도 넓었다. 1900년경 카네기의 연간 수입이 2천만 달러였을 때 미국인의 평균 연간 수입은 불과 500달러였다. 요리사 임금이 일주일에 5달러, 가정부는 하루에 1.5달러였던 것이다.

뉴포트의 호화 별장을 방문했던 프랑스 작가 폴 부르제는 같은 때 뉴욕 빈민가에서 굶주림 때문에 얼굴이 쭈글쭈글한 나머지 할머니처럼 보이는 열다섯 살짜리 소녀를 만났다고 기록하고 있다.

· 진짜 귀족이 되기 위하여 ·

이 아메리카 부호들의 꿈은 진짜 귀족이 되는 것이었다. 그래서 유럽의 귀족 가문과 자기 딸을 결혼시키기 위해 안간힘을 썼다. 신부들에게는 막대한 지참금이 주어졌다. 신부들은 배를 타고 대서양을 건너갔다.

콘수엘로와 말버러 공작 가족. 콘수엘로는 막대한 지참금을 갖고 대서양을 건너 영국 귀족 말버러
공작과 결혼했지만 얼마 안가 이혼했다.

윌리엄 밴더빌트 부인은 딸 콘수엘로를 250만 달러와 평생 동안 매
년 10만 달러를 지급한다는 조건으로 영국의 말버러 공작과 결혼시켰
다. 콘수엘로는 자기 집안이 귀족가문이 되는 대가로 팔려간 신부였
던 것이다. 하지만 결혼생활은 불행으로 치달았고 콘수엘로는 공작과

이혼하고 말았다.

이런 식으로 대서양을 건너 유럽으로 간 아메리카 신부들은 대략 50명. 그중에는 낸시 아스터처럼 영국 최초의 여성의원이 된 경우도 있다. 영국 수상을 지낸 윈스턴 처칠의 어머니 제니 제롬도 이 무렵 대서양을 건너간 아메리카 신부다. 제니는 앞서 말한 말버러 공작의 친척인 랜돌프 처칠과 결혼하여 윈스턴 처칠을 낳았던 것.

1901년 테오도르 루스벨트가 대통령에 당선된 뒤, 이 부호들의 사치스런 생활은 벽에 부딪쳤다. 루스벨트 역시 이들 못지않은 유력 가문 출신이었지만, 이들의 지나친 사치와 방종을 못마땅해했다.

게다가 1913년에 소득세법이 만들어져 세금을 징수하게 되면서부터 부호들의 무제한 재산축적에 어느 정도 제동이 걸리고, 이어서 제1차 세계대전이 일어나자 이들의 사치스런 생활은 사회적 지탄과 더불어 점차 쇠락의 길을 걷게 되었다.

| 참고문헌 |

케네스 C. 데이비스, 이순호 옮김,《미국에 대해 알아야 할 모든 것 미국사》, 책과함께, 2004

타임라이프 북스,《위대한 음악가 3》, 한국일보타임라이프편집부, 1993

제 3 부

모험, 그리고 의문과 의혹

중세 유럽을 쓰러뜨린 페스트

그 무서운 역병은 사우샘프턴 해안을 뚫고 들어가 브리스틀까지 퍼졌고, 그 지역 주민들은 거의 몰살당하고 말았다. 마치 앉아서 급살을 당하는 꼴이었다. 일단 병에 걸려 몸져눕게 되면 2, 3일을 버티는 사람이 거의 없었다. 심지어는 한나절을 견디지 못하고 죽는 사람들도 있었다. 이 잔혹한 죽음은 해가 가는 곳이면 어디든 가리지 않고 사방으로 퍼져나갔다.

영국의 성직자이자 연대기 작가인 헨리 나이튼의 증언이다. 계속 들어보자.

역병이 쓸고 간 후, 많은 도시들이나 소도시들, 촌락들에서는 크고 작은 건물들이 폐허로 쓰러져갔다. 거기에 들어서서 거주할 사람들이 없기 때문이었다. 주민들이 모두 세상을 떠나 전체가 폐허가 되어버린 마을들도 수없이 많았다. 모르긴 몰라도 그런 마을들에는 앞으로도 사람들이 다시는 살지 않게 될 것만 같다.

14세기 중엽, 그러니까 1346년부터 1350년경까지 유럽을 강타한 페스트, 일명 흑사병의 참상이다. 흑사병은 전 유럽을 극도의 절망과 공포에 빠뜨렸다.

• 타락한 인간에 대한 신의 노여움? •

흑사병은 대체로 두 가지 종류였다. 임파선이 감염되어 종기처럼 부푸는 선 페스트, 그리고 폐에 병균이 침입해서 발병하는 폐 페스트. 그중 폐 페스트의 전염성이 특히 높았다. 일단 병에 걸리면 갑자기 고열이 나고 피를 토하면서 호흡 곤란을 일으켜 의식을 잃는데, 대개 발병후 24시간 내에 사망한다. 사망 직전 환자의 피부가 까맣게 변하기 때문에 '흑사병(黑死病, the black death)'이라는 이름이 붙여졌다.

흑사병이 언제, 어디서, 왜 발생했는지 정확한 내용은 아직도 의문으로 남아 있다. 단지 1346년경 크림 반도 남부 연안에서 시작되어 서쪽으로는 흑해와 지중해를 거쳐 이탈리아에 상륙하고 이어서 스페인, 프랑스, 영국, 폴란드, 아이슬란드, 러시아로 북상했으며 동쪽으로는 이집트, 중앙아시아를 거쳐 중국까지 퍼졌다고만 알려져 있다. 흑사병의 이동 경로를 보면 당시의 무역항로와 거의 일치하고 있다.

중세 유럽인들은 흑사병의 원인과 치료법을 전혀 알지 못했으므로 극심한 공포와 불안에 사로잡혔다. 때문에 '악마가 공기를 더럽혔다'든지 '하늘이 내린 천벌'이라든지 '누군가 우물에 독을 탔다'든지 하는 소

페스트로 공포에 떠는 런던. 17세기 삽화(ⓒ 이미지클릭).

문이 무수히 나돌았다. 그런가 하면 파리 대학 의학부에서는 '토성과 목성이 겹치면서 일어나는 천체 이변의 결과'라고 나름의 학술적인 설명을 내놓기도 했다.

흑사병은 사람들이 많이 모여 사는 도시를 중심으로 퍼져나갔다. 당시 도시는 오늘날과는 달리 몹시 불결하고 비위생적이었다. 그래서 사람들은 도시를 떠나 한적하고 깨끗한 시골로 피난을 떠났다.

르네상스 시대의 문을 연 대표작의 하나로 손꼽히는 보카치오의 소설 《데카메론》은 바로 흑사병이 난무하는 이탈리아의 도시 피렌체를 무대로 하고 있다. 흑사병을 피해 교외의 별장으로 피신한 열 명의 남녀들이 심심풀이로 돌아가며 이야기를 하는 것이 이 책의 기본 골격이다.

보카치오는 열 명의 입을 통해 성직자, 봉건귀족의 타락과 부패상을 신랄하고 유머러스하게 폭로한다. 그는 피렌체를 《성서》에 나오는 소돔과 고모라처럼 타락한 도시라고 보고, 흑사병이야말로 이런 타락한 인간들에게 내리는 신의 노여움이라고 했다.

"세계 인구의 절반이 죽었습니다."

흑사병은 유럽 인구의 3분의 1을 쓰러뜨렸다. 대체 얼마나 많은 사람이 죽었느냐는 교황의 질문에 '전 세계 인구의 절반'이 죽었다고 대답했다 한다.

실제로 총사망자 수는 6천만 명에 이르렀다. 1348년 한 해 동안 피렌체에서는 약 5만 명이 사망했고, 중국에서는 1346년 한 해 동안 약 1300만 명이 사망했다. 페스트가 절정에 달했을 때, 이집트의 카이로에서는 매일 1만 내지 1만 5천 명이 사망했다.

흑사병은 1348년을 고비로 서서히 고개를 숙이기 시작했다. 하지만 15세기에 들어서도 여러 번 발생했고, 18세기에도 등장했다.

흑사병이 남긴 상처는 매우 깊었다. 우선 급격한 경제적 쇠퇴 현상이 일어났다. 제노아의 전체 수출입은 13세기 말의 20퍼센트에도 못 미쳤고, 피렌체의 직물 생산량은 30퍼센트밖에 되지 않았다. 그리고 3분의 1로 줄어든 인구, 생산의욕 저하와 극도의 좌절감.

흑사병의 뒤를 이어 벌어진 백년전쟁, 장미전쟁 등 장기간에 걸친 전쟁은 이 같은 현상을 더욱 부채질했다. 결국 흑사병은 서양 중세가 몰락하는 중요한 계기를 만들었다.

· 나병에서 에이즈까지 ·

유럽을 휩쓴 전염병의 역사를 살펴보면 13세기는 나병, 14세기는 흑사병, 15세기 말부터 16세기는 매독, 17세기부터 18세기는 천연두, 19세기는 결핵과 콜레라가 창궐했다. 그리고 20세기부터는 전혀 새로운 전염병 에이즈가 확산일로에 있다.

매독은 1492년에 신대륙 아메리카에 도착한 콜럼버스 일행이 원주민 여자들과 성 접촉을 함으로써 감염되어 유럽으로 전해졌다는 것이 정설이지만 사실 여부는 알 수 없다.

매독은 유럽인들 사이에 급속도로 퍼졌다. 이 병은 심한 경우 눈이 멀거나 코가 상하고 커다란 흉터가 남는다. 때문에 귀족을 비롯해 상류층에서는 매독으로 인한 상처를 감추기 위해 가발을 쓰는 것이 유행했다. 지금도 어떤 나라에서는 법관이 법정에서 가발을 쓰는 것이 관습으로 되어 있는데, 그 가발의 유래가 바로 매독 상처를 감추기 위해서였다는 것이다. 화장실용 세척장치 비데가 보급된 것도 바로 이 시기, 매독 예방을 위해서였다.

매독이 신대륙에서 구대륙으로 옮겨간 병이라면, 천연두와 홍역은 구대륙에서 신대륙으로 옮겨간 병이다. 스페인의 정복자 코르테스가 멕시코를 공격할 때, 원주민을 가장 효과적으로 제압한 무기가 바로 천연두였다. 천연두에 대한 면역력이 전혀 없던 원주민들은 속수무책으로 쓰러져갔으며, 유럽인은 아무렇지 않은데 자신들만 병에 걸리는 현상 앞에서 심한 공포를 느꼈다. 신대륙에 상륙한 유럽인들은 천연두를 가리켜 '이교도들을 공격하고 정복하는 데 도움이 되는 천사'라고 찬사를 아끼지 않았다고 한다.

콜레라는 우리나라에도 들어와서 대유행했다. 주로 외국과 통상교역이 시작된 1800년대 말부터 1900년대 초의 일로서 '호열자'라는 이름으로 불린 역병이 그것이다.

그리고 보면 전염병은 인류문명의 발달과 아주 밀접한 관계를 지니고 있다. 무서운 전파력과 높은 치사율 때문에 '현대의 흑사병'이라 불리는 에이즈. 이 병은 인간에게 안겨주는 극도의 공포와 절망감이란 면에서도 흑사병과 맞먹는다. 물론 에이즈도 언젠가는 정복되겠지만, 에이즈와 함께 퍼져나가는 현대인의 불안은 어떻게 치유되어야 할까.

| 참고문헌 |

앨프리드 W. 크로스비, 김기윤 옮김, 《콜럼버스가 바꾼 세계》, 지식의숲, 2006
신동원, 《호열자 조선을 습격하다: 몸과 의학의 한국사》, 역사비평사, 2004
현준만 엮음, 《이야기 세계사 여행 1》, 1994
허정, 《에세이 의료 한국사》, 한울, 1992
보카치오, 한형곤 옮김, 《데카메론》, 동서문화사, 1978

〈모나리자〉는 다 빈치 자신을 그린 것?

일본 법의학계의 권위자 우에노 마사히코(上野正彦)는 평소 잘 알고 지내는 샹송 가수의 부탁을 받았다. 루브르 박물관에서 레오나르도 다 빈치의 〈모나리자〉를 감상하던 그 가수는 〈모나리자〉의 모델이 혹시 다 빈치 자신이 아닐까 하는 생각이 들었다면서 우에노 박사에게 감식을 의뢰해온 것이다.

• 거울에 비친 자기 모습을 그린 것? •

가수는 자신의 생각을 뒷받침하는 몇몇 증거를 제시했다. 첫째, 〈모나리자〉의 왼쪽 눈 안쪽의 콧두덩에는 콩알만한 사마귀 같은 작은 혹이 있는데, 다 빈치의 자화상을 보면 그 반대쪽인 오른쪽 눈 안쪽 콧두덩에 작은 혹이 있다.

〈모나리자〉. 프랑스 루브르 박물관에 소장되어 있는 이 작품은 미소를 머금은 단아한
모습으로 지금도 찬탄의 대상이 되고 있다.

둘째, 〈모나리자〉의 오른손을 보면 엄지와 검지가 갈라지는 부분이
불룩 솟아 있다. 다 빈치는 왼손잡이므로 왼손으로 붓을 들고 그림
을 그린다. 그러니 왼손에 필기도구를 오래 사용할 때 생기는 굳은살
이 혹처럼 솟아 있을 것이다.

셋째, 〈모나리자〉의 가슴은 여자치고는 너무 밋밋하다. 동시대의 미
술작품에 등장하는 여주인공들을 보면 하나같이 풍만하기 이를 데 없

는 몸매를 하고 있다. 지극히 풍만한, 요즘 기준으로 본다면 뚱뚱하다고도 할 수 있는 그런 모습이 '아름다움'으로 여겨지는 시대였던 것이다. 〈모나리자〉의 주인공은 당대 미인의 기준에 걸맞지 않는다.

넷째, 〈모나리자〉는 어느 쪽에서 보아도 보는 이와 시선이 맞닿는다.

그렇다면 혹시 〈모나리자〉는 다 빈치가 거울로 자기 모습을 보면서 자기가 생각하는 이상형의 여인을 그린 것이 아닐까?

• 일치하는 두 장의 그림 •

우에노 박사는 가수의 의뢰를 받고 '기발한 발상에 현기증을 느낄 정도'였다고 털어놓고 있다. 박사는 당장 검사를 시작했다. 그가 사용한 방법은 '슈퍼임포즈(superimpose)'. 이는 사체손상이 매우 심해서 식별이 불가능할 때, 두개골과 생전의 얼굴 사진을 같은 크기로 만들어 두 장을 겹쳐서 모양이 일치하는가 여부를 판별하는 법의학상의 식별방법이다.

우에노 박사는 도서관에 가서 〈모나리자〉와 수염이 무성한 다 빈치의 자화상을 복사한 다음, 얼굴 크기를 같게 조정했다. 그런 다음 두 장의 그림을 겹쳐 불빛에 비춰보았다. 그는 깜짝 놀랐다. '수염이 무성한 모나리자'가 우아하게 미소 짓고 있는 것이 아닌가!

"위화감이 느껴지지 않았다. 너무도 자연스러웠다."

우에노 박사는 그때의 자기 심정을 이렇게 말했다.

우에노 박사의 〈모나리자〉 감식은 텔레비전으로도 방영되었다. 박사는 '이런 정도의 유사성이 있으므로 이후로 검토할 만한 여지가 있다'고 조심스럽게 소견을 발표했지만, 텔레비전은 서둘러 보도했다. '〈모나리자〉는 남자였다!'라고.

지금까지 〈모나리자〉의 모델은 피렌체에 사는 한 관리의 부인 리자라고 알려져 왔다. 당시 리자의 나이는 스물네 살. 〈모나리자〉는 미완성 작품이다. 모델인 리자가 여행을 떠났다가 그만 병사했기 때문이라고 한다.

자, 어느 쪽이 사실일까? 〈모나리자〉는 정말 다 빈치 자신을 모델로한 것일까? 이 의혹은 아직도 풀리지 않고 수수께끼로 남아 있다.

· 새로운 가치관이 형성되는 시기, 르네상스 ·

1452년 이탈리아에서 태어난 레오나르도 다 빈치는 그림뿐 아니라 조각, 건축, 토목, 수학, 과학, 음악에 이르기까지 모든 분야에 재능을 보인 만능인이다. 그가 활동한 시대는 그때까지 유럽인들이 지녀온 세계와 인간에 대한 가치관이 무너지면서 새로운 가치관이 형성되는 시기였다. 역사에서는 이 시기를 '르네상스'라고 부른다.

르네상스는 일반적인 생각과는 달리 풍요로운 시대에 태어난 것이 아니다. 유럽인들은 흑사병이 갖다 준 무시무시한 죽음의 공포를 실컷 맛보았고, 전쟁을 치렀으며, 극심한 생활고와 경제적 파탄을 겪고 있었다. 굶주림, 역병, 전쟁, 거기다가 천 년 동안 이어져온 사회구조와 기독교 신앙이 주던 안락함이 무너지고 있었다. 르네상스는 이렇듯 척

다 빈치의 자화상. 레오나르도 다 빈치는 르네상스 시대를 대표하는 만능인이었다.

박하고 혼란한 토양에서 태어났다.

중세 봉건제도와 교회의 속박에서 벗어나 각자가 지닌 개성을 충분히 발휘하고, 신이 아니라 인간을 중심에 놓고 사고하는 경향이 르네상스의 기본 정신이다. '자유로운 개인'을 추구하는 이 새로운 정신은 고대 그리스와 로마의 문화에서 그 모범을 찾았다. 본래 '르네상스'란 프랑스어로 '부흥', '재생'이란 뜻이다. 잃어버린 고대 문화를 되살린다는 의미인 것이다. 바로 그 부흥운동이 세계와 인간에 대한 새로운 가치관을 탄생시켰다.

로렌초 메디치. 그는 뛰어난 정치가이자 학문과 예술의 후원
자였다. 피렌체의 르네상스는 메디치 가가 있었기에 활짝 꽃
필 수 있었다.

이렇게 르네상스는 '자유롭고 인간적인' 고대 사회를 동경하는 것으로 출발해서, 중세 사회에 남아 있는 고대의 문화유산을 새로운 눈으로 봄으로써 고대로의 회귀가 아니라 근대라는 새로운 미래를 향한 운동이 되었다.

한편 르네상스는 상업과 도시의 발달, 그리고 막대한 부를 기반으로 권력을 손에 넣어 도시의 지배자가 된 대상인 가문과 밀접한 관련을 갖고 있다. 이들 대상인 가문은 도시의 최고 권력자인 동시에 문화, 예술의 후원자였다. 피렌체의 메디치 가(家)가 그 대표적인 경우다.

메디치 가의 한 사람인 로렌초 메디치는 뛰어난 수완을 지닌 정치가, 외교가인 동시에 철학, 건축, 문학에 깊은 조예를 가진 인물이었다. 그가 지은 시 한 편을 감상하기로 하자.

청춘은 얼마나 아름다우며
그 또한 얼마나 덧없는 것인가!
젊음을 찬미하는 이여
내일은 그 무엇도 확실치 않나니

메디치 가는 레오 10세, 클레멘스 7세 두 교황을 배출했다. 프랑스 왕 앙리 2세의 왕비 카트린도 메디치 가문의 딸이다.

'개인'을 중시하는 르네상스의 인본주의는 봉건귀족의 간섭과 견제를 받지 않고 자유롭게 마음껏 이윤을 추구하고자 하는 상인 세력의 속성과 잘 맞아떨어졌다. 대상인들이 르네상스를 아낌없이 후원한 중요한 이유가 거기에 있다.

• 르네상스가 낳은 천재 레오나르도 다 빈치 •

예술사가들은 15세기 말부터 16세기 초를 가리켜 르네상스의 절정기라 부른다. 이 무렵 로마, 밀라노, 베네치아, 피렌체 등 이탈리아의 도시는 위대한 예술가를 대거 배출했다. 그중에서도 레오나르도 다 빈치, 라파엘로, 미켈란젤로 세 사람이 손꼽힌다. 레오나르도 다 빈치는 셋 중 가장 나이가 많다.

1466년 열네 살 소년 다 빈치는 유명한 화가 베로키오 밑에서 공부하기 위해 피렌체로 갔다. 전하는 얘기에 따르면, 스승 베로키오의 작품 〈예수의 세례〉에 다 빈치가 그린 천사가 스승보다 더 뛰어나자, 제자의 천재성을 알아본 베로키오는 다시는 그림을 그리지 않았다고 한다.

그 후 다 빈치는 1482년 밀라노로 가서 밀라노의 지배자 스포르차의 궁정에 머물며 〈바위 위의 마돈나〉, 〈최후의 만찬〉을 비롯해 수많은 걸작을 완성했다. 그러다가 1499년 프랑스가 밀라노를 공격해오자 피렌

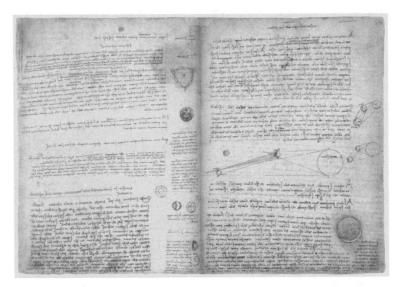

다 빈치의 작업노트 〈코덱스 레스터〉

체로 돌아왔다. 〈모나리자〉를 그린 것이 바로 이즈음, 1503년의 일이
다.

〈모나리자〉는 그 신비한 미소와 함께 차분하게 정돈된 단아한 자태,
맑고 투명한 피부의 아름다운 여인상으로 지금도 찬탄의 대상이 되고
있다. 앞서 소개한 〈모나리자〉에 대한 의혹 역시 그 같은 찬탄에서 비
롯된 것 아닐까 한다.

다 빈치는 밀라노와 로마에서 작품 활동 및 연구를 하다가 프랑스 왕
프랑수아 1세의 초청을 받고 프랑스로 갔으며, 1519년 예순일곱 살의
나이로 프랑스에서 사망했다. 프랑스로 갈 때 다 빈치는 〈모나리자〉를
가지고 갔으며 프랑수아 1세는 이 그림을 사들였다. 〈모나리자〉가 다
빈치의 모국 이탈리아가 아닌 프랑스 파리의 루브르 박물관에 소장되

어 있는 것은 그 같은 사정 때문이다.

다 빈치는 예술가일 뿐 아니라 위대한 과학자, 발명가였다. 그의 머리는 과학적 상상력으로 가득 차 있었다. 자동차, 비행기, 헬리콥터, 비행선, 대포, 전차 등등 현대인이 사용하는 각종 장비들을 그는 이미 생각해내고 상세한 스케치까지 남겼다. 다 빈치는 사람의 몸에 혈액이 흐른다는 사실을 맨 처음 발견한 유럽인이기도 하다. 그가 그린 인체 해부도는 사실적이고 정교하기 이를 데 없다.

그는 자신의 연구 결과를 기록으로 남겼는데, 그 기록은 오랫동안 빛을 보지 못하다가 19세기 말에 들어 주목받으면서 그의 선구자적 면모가 새롭게 조명되기 시작했다. 그 기록은 현재 23권의 책으로 남아 있다.

르네상스가 낳은 위대한 천재 다 빈치는 생전에 이러한 말을 했다고 한다.

"자연은 그대가 세계 도처에서 무언가를 발견하도록 가만히 지켜보고 있다."

| 참고문헌 |

A. 리히터 엮음, 조한재 옮김, 《레오나르도 다빈치의 과학 노트》, 서해문집, 1998
우에노 마사히코, 이규원 옮김, 《시체는 말한다》, 실천문학사, 1994
월터 페이터, 김병익 옮김, 《르네상스》, 종로서적, 1988

황금의 나라 잉카,
30분 만에 무너지다

잉카 제국은 남아메리카 대륙 서쪽의 안데스 산맥 일대에 있었던 나라로 지금의 콜롬비아, 페루, 칠레, 아르헨티나 북부에 걸친 광대한 영토를 갖고 있었다. 지도로 보면 아주 긴 나라다. 수도는 안데스 산중의 쿠스코. 해발 약 3,400미터의 고원 도시로, 쿠스코란 인디오어로 '중앙부'라는 뜻이다.

잉카 제국 하면 까마득한 옛날로 생각하기 쉬운데 실은 그렇지 않다. 기원후 945년부터 1533년까지, 우리나라로 치면 고려 시대부터 조선 시대 전기에 해당하는 시기에 존재했던 나라다.

잉카 제국은 매우 발달한 문화를 지닌 문명국이었다. 그런데 그 잉카 제국이 단 30분 만에 멸망했다면 믿어지지 않을 것이다.

• 황금의 나라 '엘도라도' •

1492년 콜럼버스가 아메리카 대륙에 도착한 뒤, 유럽인들 사이에서는 남아메리카의 안데스 산중에 거대한 황금 도시가 있다는 소문이 나돌았다. 유럽인들은 이 황금 도시를 '엘 도라도(El Dorado)'라고 불렀다. 스페인어로 '황금의 나라'라는 뜻이다.

유럽인들은 엘도라도를 찾아 일확천금하려는 꿈에 너도나도 부풀었다. 그 무렵 유럽인들은 파나마라는 신도시를 세우고 아메리카 정복의 전초기지로

프란시스코 피사로. 그는 잉카인들에게는 냉혹한 정복자였지만 같은 스페인 사람들 사이에서는 신의가 두터운 인물로 여겨졌다.

삼고 있었다. 소설 《돈키호테》를 쓴 스페인 작가 세르반테스의 말을 빌리면 '스페인의 온갖 실패자, 파산자, 사기꾼, 흉악범, 도박꾼, 창녀 등등'이 모두 파나마로 모여들었다.

그중 피사로라는 스페인인이 엘도라도를 찾아 나섰다. 그는 군인의 사생아로 태어나 용병생활을 하다가 1502년에 아메리카로 건너간 야심에 찬 인물이다.

1524년 11월 중순, 피사로가 이끄는 탐험선이 파나마를 출발했다. 첫 번째 항해는 정찰에 그쳤지만 1527년 2월경의 두 번째 탐험에서는

잉카 제국 북쪽 끄트머리의 한 어촌에 상륙하여 두 달 남짓 정보 수집을 했다.

이듬해 피사로는 스페인 왕 카를 5세를 알현하고 잉카 정복의 허락을 얻었다. 정복지에서 얻은 각종 재화의 5분의 1을 왕에게 바치고 피사로는 총독이 된다는 조건이었다.

궁정에서 피사로는 코르테스를 만났다. 코르테스는 멕시코의 아즈텍 제국을 정복하여 막대한 재물을 손에 넣은 장본인이다.

"왕을 생포해야 합니다. 만일 왕을 붙잡지 못한다면 그들은 최후의 일인까지 항거할 겁니다."

코르테스는 피사로에게 이렇게 조언했다.

파나마로 돌아온 피사로는 1532년 1월, 배 3척에 병사 3백여 명과 말 27마리를 태우고 두 번째 탐험 때 상륙했던 경로로 잉카 제국에 침입하여 기회를 엿보기 시작했다. 시간이 흐를수록 피사로는 잉카 제국에 압도당했다. 몇백 명밖에 안 되는 병력으로 대제국을 정복할 방법을 짜내느라 고심을 거듭했다.

그 무렵 잉카 제국은 지배층의 내분을 겪은 직후였다. 이복형제인 와스카르와 아타우알파 간에 황제 자리를 둘러싼 다툼이 있었던 것이다. 싸움은 동생 아타우알파의 승리로 끝났지만 그로 인해 잉카 제국의 내부 결속은 많이 흔들린 상태였다. 피사로는 바로 이 기회를 이용하기로 마음먹었다.

• 30분 만에 무너진 제국 •

1532년 9월 24일, 피사로는 안데스 고원을 향해 진격하기 시작했다. 이때 총병력은 164명이라고도 하고 186명이라고도 하는데, 200명이 채 안 되는 소수였던 것만은 틀림없다. 목적지는 황제 아타우알파가 머무르고 있는 카하마르카. 카하마르카는 해발 3천 미터의 분지에 자리 잡은 작은 도시로 황제는 시 외곽의 온천에서 휴양 중이었다. 3만 명이 넘는 친위군이 황제를 지키고 있었다.

황제 아타우알파는 스페인 군의 침입 보고를 받자 곧 첩자를 파견했다. 피사로는 싸우기 위해 온 것이 아니라 친선방문차 왔다는 소문을 퍼뜨렸다.

소문을 믿은 황제는 사자를 보내 자신은 스페인과의 우호를 바라며 카하마르카에서 기다리겠다는 메시지를 전했다. 피사로는 군대를 이끌고 당당하게 카하마르카로 들어갔다. 1532년 11월 15일의 일이다.

도시 중심부의 광장에 진을 친 피사로는 황제를 자기 숙소로 초대했다. 다음날 피사로는 광장 주변의 건물에 병사들을 매복시키고 황제를 기다렸다. 이윽고 정오 무렵 황제의 행렬이 나타났다. 행렬은 약 800미터 떨어진 곳에 이르러 일단 멈춰 섰다. 황제는 호위병들을 그곳에 머물게 하고 무장하지 않은 신하들만 데리고 가겠다고 알려왔다. 초대에 응할 때는 몸에 무기를 지니지 않는 것이 잉카의 관습이었을까? 아무튼 피사로에게는 다시없는 기회였다.

황제 일행이 위풍당당하게 광장 안으로 들어섰다. 스페인 측에서 신부가 앞으로 나섰다. 그는 통역을 통해 황제에게 자기들은 기독교를

아타우알파와 피사로의 만남을 묘사한 17세기 초 작품.
잉카인들에게 황제는 신처럼 신성한 존재였다.

전파하러 왔으며, 개종하여 스페인 왕의 신하가 되라고 말했다.

"나는 누구의 신하도 되지 않는다. 나는 이 세상의 어떤 왕보다도 위대하다. 종교는 절대로 바꾸지 못한다. 당신 말에 따르면 당신네 신은 죽었다고 하지만 나의 신은 아직 살아 있다."

황제는 이렇게 말하면서 태양을 가리켰다.

신부가 기도서를 건네주자 황제는 그것을 훑어본 다음 던져버렸다. 신부는 분노에 떨며 돌아가 피사로에게 소리쳤다.

"해치워요. 내가 허락합니다."

피사로가 기다렸다는 듯 흰 천을 흔들자 한 발의 총소리가 울리고, 그것을 신호 삼아 매복해 있던 병사들이 쏟아져 나왔다. 삽시간에 광장은 피로 물들었다. 아타우알파는 피사로의 명령에 따라 생포되고 황제를 수행하던 잉카의 고위관리, 귀족 들은 떼죽음을 당했다.

이 황제 생포 작전은 불과 30분 만에 끝이 났다. 잉카 제국은 황제가 정치, 문화, 종교, 기타 모든 것의 중심이었으므로 황제를 사로잡은 것은 곧 잉카 제국 전체를 손에 넣은 것과 마찬가지였다.

· 잉카 제국은 고도의 문명국 ·

잉카 제국은 과연 황금의 나라라고 불릴 만했다. 신전과 궁전의 벽, 천장, 지붕은 물론 그릇과 일용품까지 모조리 황금으로 만들어져 있었다. 잉카인들은 태양을 숭배했다. 여러 신전 중 가장 규모가 크고 웅장한 '태양의 신전' 벽은 500장의 황금판을 이어 만든 것이었다.

잉카인들은 황금을 가리켜 '태양의 땀'이라 불렀다. 그들에게 황금은 신성의 상징이지 유럽인들에게처럼 욕망의 대상이 아니었다. 잉카인들은 금은 세공술이 대단히 뛰어났다. 이들이 만든 세공품을 본 한 스페인 병사는 이렇게 감탄했다.

"마치 꿈의 세계 같아서 도저히 사람 손으로 만든 것이라고는 생각할 수가 없다."

그런데 피사로는 이 금은 세공품을 모두 녹여버렸다. 운반하기 쉽도록 덩어리로 만들기 위해서였다. 잉카의 정교한 세공품들이 이때 상당 부분 녹아 사라졌다. 탐욕만 앞설 뿐 문화유산의 가치라곤 모르는 무지한 행위였다.

이렇게 덩어리로 만들어진 순금이 132만 6,539페소, 순은이 26만 2,259 말코스. 우리 돈으로 환산하면 약 500억 원에 달한다. 당시의 화폐가치와 구매력에 견주어보면 대단한 액수다. 피사로는 그중 5분의 1을 약속대로 스페인 왕에게 바치고 나머지는 부하들과 나눠 가졌다.

그런데 이것은 잉카 제국이 보유하고 있던 황금의 극히 일부분에 불과했다. 전설에 따르면, 지금도 안데스 산중 어딘가에는 잉카인들의 비밀 도시가 있어서 피사로가 약탈한 황금과는 비교도 안 될 만큼 많은 황금이 감추어져 있다고 한다.

잉카인들의 또 하나의 특징은 건축술과 도로 만드는 기술이 뛰어났다는 점이다. 정교한 도로가 광대한 제국을 동서로 누비고, 협곡마다다리가 설치되어 있었다.

잉카의 주요 간선도로는 고원 길과 해안 길 두 갈래였다. 고원 길은콜롬비아 안스카스마요 강변에서 시작되어 수도 쿠스코를 거쳐 티티카카 호수를 지나 아르헨티나의 츠쿠만, 칠레의 마울레 강변에 이르는약 5,600킬로미터의 대로로 안데스 산맥을 종단한다. 해안 길은 에콰도르에서 시작하여 페루 해안을 따라 칠레의 츠쿠만에 이르러 고원 길과 만나는 약 4,000킬로미터의 길이다.

그뿐 아니라 도로 곳곳에는 대략 하루 거리마다 숙소와 식량 비치소를 두고 전령이 항상 대기하고 있었다. 그래서 태평양에서 잡은 싱싱한 생선이 이틀 만에 안데스 산중의 수도 쿠스코에 있는 황제의 식탁에 올려졌다고 한다. 그런데 잉카인들은 도로는 잘 만들었지만 '바퀴'는 알지 못했다. 그들의 운반수단은 사람의 건강한 두 다리 아니면 라마라는 동물이었다.

잉카인들은 관개용 수로를 파고 계단식 밭을 일구어 식량이 풍족했으며, 일종의 사회보장제도가 만들어져 있어서 제국의 신민이면 누구나 생활의 최저선을 보장받을 수가 있었다. 즉 아무리 가난한 사람이라도 '노동'의 형식으로 세금을 내고 필요할 때 국가의 저장품을 사용할 수 있는 권리가 있었던 것이다.

잉카인들은 문자를 사용하지 않았다고 알려져 있다. 그 대신 1미터정도의 굵은 노끈에 가는 노끈을 매는 방식으로 의사소통을 했다. 이를 '키푸'라고 한다.

잉카인들은 정말 문자를 몰랐을까? 성숙한 문명을 지닌 잉카인들이 문자를 몰랐다는 것은 선뜻 납득이 가지 않는 일이다. 혹시 종교적인 또는 정치적인 어떤 이유에서 문자를 사용하지 못하게 한 것은 아닐런지.

• 아타우알파는 정말 개종했을까? •

"아타우알파 황제는 약속에 의해 석방된다. 하지만 스페인 국왕 폐하를 위한 임무 수행과 잉카 제국의 치안 확보를 위해 그는 석방과 동시에 체포되어 감금시킬 것이다."

황제의 몸값으로 막대한 황금을 손에 넣은 피사로는 황제를 어떻게 하느냐 고심하다가 이런 포고문을 발표했다.

얼마 후, 한 무리의 잉카 군이 황제 구출작전을 계획하고 있다는 정보가 들어왔다. 피사로는 급히 재판을 열었다. 황제 아타우알파는 반란음모죄로 사형선고를 받았으며 카하마르카 광장에서 화형에 처해지게 되었다.

이윽고 황제가 끌려나왔다. 신부가 잉카의 종교를 버리고 기독교로 개종하면 영혼이 구원받을 것이라고 말했지만 황제는 침묵으로 거절했다. 마지막으로 신부는 세례를 받으면 화형에서 교수형으로 감형시켜주겠다고 했다. 그러자 무표정하던 아타우알파의 안색이 달라졌다. 그는 정말이냐고 재차 확인하고 나서 즉석에서 세례를 받았다. 세례명은 프란시스코. 결국 잉카 황제 프란시스코 아타우알파는 화형 아닌

루이스 몬테로의 〈아타우알파의 장례식〉. 19세기 후반의 작품이다.

교수형으로 생을 마감했다. 1533년 8월 29일의 일이다.

　이튿날 그의 영혼을 위한 성대한 의식이 베풀어졌다. 스페인 측 기록에 의하면, 참석한 잉카인들은 피사로의 '자비'에 감격하여 눈물을 흘렸다고 한다. 그러나 스페인인들은 잉카인들이 감격한 진짜 이유를 알지 못했다.

　아타우알파는 개종한 것이 아니었다. 잉카인에게 화형이란 중대한 의미를 갖는다. 잉카의 역대 황제들은 죽으면 미라로 만들어져 쿠스코의 태양의 신전에 안치되어 '태양의 아들'로서 영원한 생명과 부활을 약속받는다. 죽더라도 형태가 보존되어 있어야 미라로 만들 수가 있다. 아타우알파가 세례를 받은 이유는 바로 그 때문이었다. 그에게 중요한 것은 사체를 보존할 수 있느냐 없느냐지 개종 따윈 아무래도 좋았던 것이다.

황제를 처형한 피사로는 곧 잉카의 수도 쿠스코로 진격하여 그해 11월에 쿠스코를 점령했다. 그 후 피사로는 모국 스페인과 원활히 교류하기 위해 태평양으로 나가는 바닷가에 식민도시를 건설했다. 이것이 오늘날 페루의 수도 리마다.

피사로는 1541년 동료와의 알력 끝에 피살당했으며, 그의 시신은 자신이 건설한 도시 리마 한복판에 자리 잡은 대성당에 묻혀 오늘날까지 전해 내려오고 있다.

· 정복자의 두 얼굴 ·

유럽인의 입장에서 보면 콜럼버스나 피사로, 코르테스는 아메리카를 정복한 위대한 인물일지 모르지만, 그곳에서 살고 있던 원주민 입장에서 보면 이들은 침입자요 약탈자에 불과하다. 우리는 서양 중심, 유럽 중심의 역사 이해에 익숙해져 있기 때문에 이들이 수천 년 동안 나름의 문화와 역사를 지녀온 한 세계를 파멸시킨 침략자라는 사실을 곧잘 잊어버린다.

실제로 이들은 원주민을 몹시 무자비하게 다루었다. 다음은 양심적인 스페인 선교사 바르톨로메 데 라스 카사스가 쿠바 섬에서 목격한 스페인인의 만행을 증언한 기록이다.

> 그들의 만행은 죽이는 것에서 끝나지 않고 죽은 사람들의 배를 도려내고, 우리에 갇힌 양들을 잡듯이 사람들을 토막 내서 죽였다. 그들은 단칼

에 사람의 창자와 배 한가운데를 뚫을 수 있는지, 사람의 목을 자를 수 있는지를 가지고 내기를 걸기도 하였다……. 그들은 또한 높고 낮은 교수대를 만들어놓고 사람들을 발이 땅에 살짝 닿을 정도로 매달아 묶어놓고 불을 질러 산 채로 태워죽이곤 했다……. 과거 역사에서든 앞으로 다가올 미래의 역사에서든 나처럼 이렇게 끔찍한 잔혹행위를 목격한 사람은 아마도 없을 것이다……. 내가 그곳에 있었던 3, 4개월 동안에만도 6천여 명의 어린아이들이 살해되었다. 스페인 사람들은 인디언 부모들을 광산으로 몰아넣고 남아 있는 어린아이들을 그렇게 처리해버린 것이다.

| 참고문헌 |

에르난 코르테스, 앙헬 고메스 엮음, 김원중 옮김, 《코르테스의 멕시코제국 정복기 1 · 2》, 나남, 2009
마스다 요시오(增田義郎), 신금순 옮김, 《이야기 라틴아메리카사》, 심산, 2003
브라이언 페이건, 김문호 옮김, 《고고학 과거로 들어가는 문》, 일빛, 1998
현준만 엮음, 《이야기 세계사 여행 1》, 실천문학사, 1994
민만식 · 강석영 · 최영수, 《중남미사》, 민음사, 1993
전규태, 《잉카 문명의 신비》, 백문사, 1988

열 다 섯 번 째 이 야 기
마녀사냥

1484년에 교황 인노켄티우스 8세는 다음과 같은 교서를 발표했다.

근래 북부 독일과 라인 지역에 많은 남녀가 신앙으로부터 일탈하여 마녀
가 되어…… 갖가지 요사스런 마술에 의해 논밭의 작물이나 과실을 시들
게 하고 태아나 가축을 죽이고…… 남편을 성적 불능으로 만들고 아내를
불임하게 하는 등 많은 사람들의 재난의 원인이 되고 있음을 우리들은
큰 슬픔과 고통으로 듣고 있다……. 그러므로 우리들은 신문관이 자유
롭게 모든 방법을 다하여 누구라도 교정하고 투옥하고 처벌할 권한을 지
녀야 함을 명한다.

이 교서가 발표된 뒤 유럽은 마녀 콤플렉스에 걸린 것처럼 마녀사냥
에 혈안이 되었다.

마녀사냥은 15세기부터 17세기까지 약 300년 동안 유럽 전역에서

대대적으로 일어났다. 최고조에 달했던 것은 1600년. 그 300여 년 동안 마녀로 지목되어 재판을 받고 처형된 사람의 수는 무려 30여만 명에 달한다. 수백만 명이라고 주장하는 학자도 있다. 그중 대부분이 여자였으며, 서너 살 된 어린아이도 상당수 있었다.

• 마녀사냥의 지침서《마녀의 망치》•

교황 인노켄티우스 8세의 교서를 받은 하인리히 인스티토르, 야콥 스프렝거 두 사람은 《마녀의 망치(The Hammer of Witches)》라는 책을 써서 교황의 지시를 '이론적으로' 뒷받침했다.

이 책은 인간에게 일어나는 온갖 불행한 일들은 모두 마녀의 마법 때문이라고 하면서 마녀 색출 방법, 소추 방법, 재판 방법, 고문 방법, 유죄 판정 방법, 선고 방법을 상세히 설명하고 있다. 그 후 몇백 년 동안 이 책은 마녀사냥의 지침서가 되었다.

마녀의 죄목을 보면 다음과 같다. 악마와 계약을 맺은 죄, 빗자루를 타고 하늘을 날아다닌 죄, 악마 연회에 참석한 죄, 악마에게 예배한 죄, 악마의 꽁무니에 입맞춤을 한 죄, 악마와 성교를 한 죄, 이웃의 암소를 죽인 죄, 우박을 불러온 죄, 농작물을 망친 죄, 아이들을 유괴하여 잡아먹은 죄……

마녀는 이웃의 밀고와 떠도는 소문에 의해 재판에 회부된다. 때문에 사람들은 자기가 마녀로 몰리지 않기 위해서라도 이웃을 고발했다. 개인적인 원한이나 돈 문제가 얽힌 경우도 흔했다.

일단 마녀로 체포되면 성직자들이 재판을 한다. 피고는 자신이 진짜 마녀라고 자백할 때까지 고문을 받는다. 온갖 고문을 당하면서도 자백하지 않으면 그것이 바로 마녀라는 증거요, '마녀란 세상에 없다'고 마녀의 존재 자체를 부인하는 것 또한 이단으로 간주되어 마녀의 증표가 되었다.

16세기 초의 목판화 〈마녀들(Witches)〉. 독일 화가 한스 발둥 그린의 작품이다. 당시 사람들이 생각하고 있는 마녀의 모습이 어떤 것이었는지 짐작하게 해준다.

고문에 못 이겨 자백을 하면 이번엔 같이 악마의 연회에 참석한 다른 사람의 이름을 대라고 고문하며, 처음 자백을 번복하면 다시 고문이 시작된다. 그래서 한번 마녀로 체포된 사람이 할 수 있는 선택이란 고통을 덜 받고 화형대에 서느냐, 아니면 몇 번이고 고문을 당하느냐 둘 중 하나였다.

마녀로 체포되어 3일 동안 고문을 받은 한 노파는 자기가 아는 남자의 이름을 댔다. 잡혀온 그 남자에게 노파가 말했다.

"나는 악마의 연회에서 자네의 얼굴을 본 적이 없어. 하지만 고문을 덜 받기 위해서는 누군가의 이름을 말하지 않을 수 없었네. 마침 그때 자네의 얼굴이 떠올랐네. 이곳에 끌려오는 길에 자네를 보지 않았었나? 그때 자넨 내가 마녀일 리 없다고 말했었지? 용서하게. 그러나 또

마녀로 판결받은 사람들을 화형에 처하는 장면. 마녀로 처형된 사람들은 대부분 여자였다. 여기에는 서양 중세의 성차별 의식이 깔려 있다.

다시 고문을 받게 되면 자네의 이름을 또 말하지 않을 수 없을 거네."

고문 방법은 잔혹하기 이를 데 없었다. 다음은 고문 광경을 직접 목격한 요한 매토이스 메이파르트의 기록이다.

나는 몸통에서 떨어져나온 손발, 머리통에서 빠져나온 눈알들, 다리에서 떨어져나온 발목들, 관절에서 뒤틀린 힘줄, 몸통에서 뒤틀린 견갑골, 부푼 동맥, 밀려나온 정맥, 천장까지 끌어올려졌다가 바닥으로 동댕이쳐지고 빙글빙글 회전시키고 머리를 거꾸로 하여 공중에 매달리는 희생자들을 보았다. 나는 고문자들이 피의자들을 채찍으로 후려치고 회초리로 두들기고 '스크루'로 손가락을 찌부러뜨리고 무거운 물건을 몸에 묶어 공중에 매달고 굵은 밧줄로 꽁꽁 묶고 유황으로 지지고 뜨거운 기름을 온

몸에 바르고 불로 그슬리는 모양들을 보았다. 간단히 말해서, 나는 인간의 육체가 얼마만큼 폭행당할 수 있는가를 목격한 대로 묘사하면서 이에 대해 개탄해 마지않는다.

이렇게 몇 날 며칠에 걸친 고문과 자백이 끝나면 재판정에 선다. 자백서가 낭독되고 수사관이 묻는다.

"○○○는 자유 의지에 따라 고문에 의해 자백한 사실들을 인정하는가?"

그런 다음 최종 판결이 내려지고 그는 산 채로 화형에 처해진다.

1484년, 교황 인노켄티우스 8세의 교서는 '모든 방법을 다하여' 마녀를 처벌하라고 명시하고 있다. 바로 고문을 인정하고 권하는 대목인 것이다.

• 잔다르크는 마녀? •

마녀 사냥이 일어난 시기의 유럽은 중세에서 근대로 넘어오는 과도기에 해당한다. 르네상스 시대라 부르는 바로 그때, 마녀사냥 선풍이 불었음을 우리는 주목할 필요가 있다. 르네상스는 중세 봉건제도와 그를 떠받치는 정신적 기둥인 기독교 세계관이 무너지는 시기다. 경제, 사회, 문화 전반에 걸친 혼란과 변화의 시대인 것이다.

마녀 사냥이 주로 대도시 주변의 시골이나 작은 도시에서 일어난 것도 이 같은 사정과 깊은 관련이 있다고 보아야 한다. 도시에서 멀리 떨

잔 다르크의 초상. 그는 백년전쟁에서 프랑스를 구했지만 마녀로 지목되어 화형당했다.

어진 농촌은 여전히 전통적인 경제구조와 가치관이 사람들 생활의 중심을 이루는 반면, 도시는 재래의 것과 새 것의 갈등이 가장 활발하고 첨예하게 나타나는 지역이기 때문이다.

마녀 사냥은 구질서의 대표적인 지도층인 교황과 성직자, 봉건 영주, 귀족, 왕의 부추김을 받으며 전 유럽으로 퍼져나갔다. 이들은 당면한 사회적 혼란상을 일반인에게 설명하고 납득시켜야 했으며 천 년 동안 지켜져 온 사회질서를 보존해야 했으므로, 기존 질서를 어그러뜨리거나 전통의 가치관과 다른 생각을 품은 사람은 모두 '이단'이요 '마녀'라고 선언했다.

이단 판결을 받은 사람 중에는 오늘날 근대과학의 선구자로 추앙받는 인물이 적지 않다. 코페르니쿠스의 지동설을 지지한 갈릴레이, 그도 이단으로 몰려 재판을 받고서 자신의 주장을 철회했다. 그런가 하면 역시 지동설을 지지한 조르다노 브루노는 자기 주장을 바꾸지 않은 까닭에 이단 판결을 받고 화형당했다.

마녀로 처형된 인물 중 가장 유명한 사람은 아마도 잔 다르크일 것이다. 영국과 프랑스가 1339년부터 1453년까지 벌인 이른바 백년전쟁에서, 시종 불리했던 프랑스를 구한 잔 다르크가 영국의 포로가 되자 당시 영국 세력하에 있던 파리 대학 신학부는 그를 '마녀'라는 죄목으로 재판에 회부했다. 여자인 잔 다르크가 남장을 하고 전투의 선봉에 선 사실이 마녀라는 증거로 채택되었다.

용감한 잔 다르크도 죽음 앞에서는 마음이 흔들렸던 것일까? 재판정에 선 그는 참회하고 반성하는 태도를 보여 사형에서 종신형으로 감형되었다. 하지만 며칠 후 자신의 연약함을 후회하고 화형대에 섰다. 그의 육신은 연기가 되어 하늘로 오르고 뼈는 센 강에 뿌려졌다.

·무너지는 중세를 지키기 위한 대리 희생물·

마녀 사냥은 사람들로 하여금 귀족과 교회에 의지하게 만들었다. 흉년, 굶주림, 질병, 아이들의 죽음, 서민들의 삶을 고통스럽게 하는 모든 것은 바로 마녀의 소행이며 못된 마녀를 잡기 위해 애쓰는 교회와 성직자, 귀족 들은 성스럽고 필수불가결한 존재로 생각되었다.

바로 여기에 마녀 사냥의 감춰진 비밀이 있다. 마녀는 무너지는 중세를 지키기 위해 안간힘을 쓰던 봉건 귀족과 성직자들이 찾아낸 대리 희생물이었던 것이다. 마녀는 사회적 혼란의 책임을 돌리고 사람들의 관심을 집중시키기 위해 만들어낸 정치적 종교적 작품이었다.

지방관리와 성직자들을 마녀 사냥에 적극 끌어들이기 위해 관리에게는 마녀로 기소된 사람의 전 재산을 몰수할 권리를 주었으며, 재판관들의 연회비용과 화형용 나무 값은 마녀로 기소된 자의 가족이 부담하

감옥에서 추기경에게 심문
받는 잔 다르크. 프랑스 화가
폴 들라로슈의 19세기 초 작
품.

게 했다.

　한편 마녀 사냥에는 중세의 뿌리 깊은 성차별 의식이 저변에 깔려 있
다. 1562년부터 1684년까지 독일 남서부에서 일어난 1,258건의 마녀
처형 사건 중 82퍼센트가 여자였다는 사실이 이를 단적으로 증명한다.

　마녀로 지목된 여자들은 대개 눈에 잘 띄는 남다른 특성을 지니고 있
었다. 너무 못생기거나 너무 예쁘거나, 성품이 못되거나 신체적 결함
이 있거나, 병을 잘 고친다든지 하는 남다른 재주가 있거나, 혹은 남편
없이 혼자 사는 과부이거나. 어떤 의미로든 사회적 일탈자였고, 가난
한 하층계급의 여성이었다.

마을에 전염병이 돈다든지 흉년이 든다든지 뭔가 좋지 않은 일이 일어나면 누군가 '마녀가 우리 마을을 해치려 한다'고 소문을 내고, 그러면 마을 전체는 마녀 사냥 열풍에 휩쓸리는데 그때마다 주로 혼자 사는 과부, 가난한 중년 여인이 희생물이 되었다. 과부의 경우, 남편이라는 사회적 보호막이 없기에 희생물로 삼기가 쉽고, '과부는 사회적 일탈자'라는 의식이 일반적으로 퍼져 있었기 때문이 아닌가 한다.

| 참고문헌 |

정현백·김정안, 《처음 읽는 여성의 역사》, 동녘, 2011
이광주, 《유럽사회-풍속 산책》, 까치, 1992
마빈 해리스, 박종렬 옮김, 《문화의 수수께끼》, 한길사, 1982

열 여섯 번째 이야기
사라진 비너스의 두 팔

밀로의 비너스. 여성미를 가장 아름답고 완벽하게 표현한 것으로 손꼽히는 이 조각품은 지중해 그리스 연안의 작은 섬 밀로에서 발견되었기 때문에 '밀로의 비너스'라고 불린다.

그런데 이 절세의 미녀 비너스상은 두 팔이 없다. 어깨 바로 아래쪽에서 잘려나간 것이다. 하지만 밀로 섬에서 처음 발견되었을 때는 분명 두 팔이 다 있었다고 한다. 도대체 어떻게 된 일일까?

• 왼손에 사과를 든 비너스 •

1820년 2월, 밀로 섬의 농부 요르고스는 밭을 갈다가 큼직한 돌에 부딪혔다. 그 돌은 누구라도 탐낼 만한 고급 건축용 석재였다. 요르고스는 좀 더 깊이 파내려갔다. 이윽고 그가 발견한 것은 대리석으로 만든 커다란 여인상과 작은 헤르메스 상 두 개, 그 밖에 대리석 조각품 몇 점 등이었다.

때마침 밀로 섬에 프랑스 해군 함정 한 척이 도착했다. 그 배에는 뒤 몽 뒤르빌이라는 서른 살의 젊은 해군 장교가 타고 있었다. 그는 군인 이지만 고고학에 많은 관심과 지식을 가진 인물이었다. 20년 후, 남극 대륙의 인도양 쪽 해안에 도착해서 그곳을 프랑스령으로 만든 사람이 바로 그다.

밀로 섬 주민들은 뒤르빌에게 요르고스가 발견한 석상에 대해 자문 을 구했다. 요르고스의 집 외양간 한구석에 놓인 석상을 본 뒤르빌은 깜짝 놀랐다. 상반신뿐이었기 때문이다.

"당신이 발견할 때도 이런 모습이었소?"

"물론 아닙니다. 온전한 모습을 하고 있었습니다."

"설마 석상을 부순 건 아니겠지요?"

"그럴 필요도 없었습니다. 석상의 윗부분과 아랫부분이 쇠로 연결되 어 있었으니까 말입니다. 전 그 쇠를 벗겨내기만 했습니다. 말로만 이 럴 게 아니라 직접 가서 보시지요."

두 사람은 옛 성터 안에 있는 농부의 밭으로 갔다. 문제의 석상은 정 말 상반신과 하반신이 따로 분리되어 연결쇠로 잇게끔 되어 있었다, 상반신과 하반신을 연결시켰을 때의 키는 약 180센티미터. 높이 치켜 든 왼손에 사과를 들고, 오른손은 허리띠를 잡고 있었다. 양쪽 귓불에 작은 구멍이 나 있는 것으로 보아 본래 귀걸이가 달려 있었던 것 같았 다.

뒤르빌은 이 석상이 그리스 로마 신화에 나오는 비너스 여신이라고

VENUS VICTRIX,

découverte dans l'Ile de Milo, au mois de Février 1820,
donnée au Roi le 1er. Mars 1821, par Mr. le Marquis de Rivière
son Ambassadeur à Constantinople.

밀로의 비너스상 스케치. 밀로 섬에서 발견된 직후인 1821년경 그려진 것으로 보인다. 현재 프랑스 루브르 박물관에 전시되어 있는 비너스상과는 왼쪽 팔의 상태가 약간 다르다.

확신했다. 그리고 왼손에 든 사과는 헤라, 아테네, 비너스 세 여신이 아름다움을 겨룸으로써 트로이 전쟁의 빌미가 되었다는 그 사과임이 틀림없다고 생각했다.

뒤르빌은 자신이 본 것을 꼼꼼히 기록했다. 그런 다음 밀로 섬을 떠났다.

·사라진 두 팔·

비너스상이 발견된 후, 그것을 둘러싼 치열한 암투가 벌어졌다. 콘스탄티노플 주재 프랑스 대사 리비에르 후작은 어떻게든 석상을 손에 넣으려 마음먹고 비서관 마르셀루스를 밀로 섬으로 급파했다. 한편 그리스의 부호 니콜라스 무루시도 그 석상을 탐냈다. 니콜라스 무루시는 터키 정부의 신임을 받는 자였다. 프랑스와 터키 간의 치열한 외교 전쟁이 시작되었다.

우여곡절 끝에 결국 석상은 프랑스 대사의 비서관 마르셀루스 손에 들어갔다. 감격한 마르셀루스는 비너스상을 이리 만져보고 저리 뜯어보면서 소감을 글로 적었다. 그런 다음 발굴품들을 늘어놓고 목록을 작성하기 시작했다.

> 비너스상의 상반신과 하반신, 헤르메스상 세 개, 따로 분리되어 있는 두 개의 팔, 한쪽 손에는 사과가 들려 있다……

주의 깊은 독자라면 뭔가 이상하다고 느꼈을 것이다. 뒤르빌의 목록과 다른 것이다. 뒤르빌은 헤르메스상이 두 개라고 했다. 그리고 분명 두 팔은 몸통에 달려 있었다! 게다가 마르셀루스는 '비너스상은 원래부터 팔이 없었으며, 현재 분리된 채로 있는 두 팔은 진품이 아니'라고 기록하고 있다. 도대체 어찌 된 일일까?

목록 작성을 마친 마르셀루스는 발굴품을 모두 자루에 넣어 밧줄로 꽁꽁 묶어서 리비에르 대사가 기다리는 콘스탄티노플로 가져갔으며, 리비에르 대사는 그것을 직접 프랑스 파리까지 갖고 가 루이 18세에게 바쳤다. 이렇게 해서 밀로의 비너스는 프랑스의 국가 소장품이 되어 루브르 박물관에 전시되기에 이르렀다.

그런데 전시된 비너스는 두 팔 없이 몸통만 있는 채로였다. 두 팔은 어디론가 사라지고 없었다. 지금도 루브르 박물관을 찾는 사람들은 팔 없는 비너스를 보고 있다.

훗날, 잃어버린 두 팔을 찾기 위해 조사단이 만들어져 박물관 지하실까지 파보았지만 헛수고였다. 자, 비너스의 두 팔은 어디로 갔을까? 누가, 무엇 때문에 두 팔만 가져간 걸까? 독자 여러분의 풍부한 상상력으로 수수께끼를 풀어보길 바란다.

· 강대국의 박물관은 제국주의의 진열장 ·

최근 보도에 따르면 그리스는 170여 년 전 프랑스가 가져간 밀로의 비너스를 돌려달라고 프랑스에 공식 요청했다고 한다. 그리스인의 것

프랑스 루브르 박물관에 전시되어 있는 밀로의 비너스

이니 그리스에 돌려줘야 마땅하다는 주장이다.

　프랑스의 루브르 박물관이나 영국의 대영 박물관에는 세계 각국의 귀중한 문화재, 예술품 들이 가득 전시되어 있다. 이것들은 어떻게 해서 자기 나라 박물관이 아닌 먼 프랑스 혹은 영국의 박물관에 와 있게 되었을까?

　'지리상의 발견' 후 유럽 바깥 세계로 진출한 유럽인들은 아메리카, 아시아, 아프리카에 식민지를 건설하면서 현지의 주요 문화재와 국보급 보물들을 본국으로 실어날랐다. 그러니 루브르나 대영 박물관은 프랑스인, 영국인 들이 세계 도처에서 거둬들인 수집품의 진열장이요 제국주의의 상징인 셈이다.

　우리나라 문화재 가운데도 상당수가 외국에 흩어져 있다. 주로 개항 후 서구 열강과 맞닥뜨리면서 이들에 의해 반출되고, 또 임진왜란 때와 일제강점기 때 일본에 의해 약탈당한 것들이다.

　얼마 전 프랑스 국립도서관에 소장되어 있던 조선시대 외규장각 의궤가 '영구 임대' 형식으로 반환되었다. 의궤는 왕실의 혼례, 상례, 제례를 비롯한 각종 의식 및 행사에 관한 규칙, 격식, 진행과정을 낱낱이 기록한 것이다. 의궤에는 관련 공문서, 동원된 인원, 물자 조달과 배경, 경비 지출, 건물 설계도, 담당관리 명단, 행사 기록화, 행사 유공자에 대한 포상 등등이 모두 기록된다. 의궤는 왕이 직접 열람하는 원본과 관련 기관에 보관하기 위해 만드는 부본 두 종류인데, 원본과 부본은 종이부터 다르다.

　문제의 의궤는 강화도의 외규장각에 보관되어 있던 것으로, 병인양요 때 프랑스 군에게 약탈당한 것이다. 외규장각은 서울 창덕궁 후원,

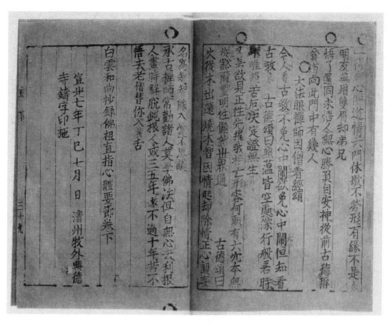

《직지심체요절》. 보통 《직지심경》이라 부르는데 원래 제목은 《백운화상초록 불조직지심체요절》이다. 1377년 고려 때 금속활자로 인쇄한 책으로, 상·하 두 권이었으나 현재 프랑스 파리 국립도서관에 하권만 남아 있다.

세칭 비원이라 불리는 곳에 있던 규장각의 별관에 해당한다. 조선 22대 왕 정조는 즉위하자마자 창덕궁 후원의 주합루에 왕실도서관 겸 학술연구기관인 규장각을 설치했다. 규장각은 곧 정조의 개혁정치를 뒷받침하는 정책연구기관으로 변신하고, 규장각 출신들은 정조의 강력한 친위 세력이 된다. 그와 함께 정조는 강화도에 외규장각을 세우고 의궤를 비롯하여 진귀한 도서와 자료들을 보관시켰다.

1866년, 프랑스 군이 침입하여 강화도를 점거했다. 이를 병인양요라 한다. 석달 뒤, 프랑스 군은 퇴각하면서 외규장각에 보관되어 있던 1천여 종 6천여 책에 달하는 도서 가운데 200종 340점을 약탈해가고 나머지는 건물과 함께 불태워버렸다. 문제의 의궤는 바로 이때 프랑스로

영국의 대영 박물관에 소장되어 있는 엘긴 마블스 중 파르테논 신전 조각상. 엘긴 마블스는 영국 대사로 오스만튀르크 제국에 부임한 엘긴이 당시 튀르크 지배하에 있던 그리스의 문화유적들을 대거 영국으로 실어나른 것을 나중에 대영 박물관이 사들인 것이다. 그리스의 끈질긴 반환 요청을 프랑스는 거절하고 있다.

건너가게 된 것이다.

이 의궤는 베르사유 궁으로 유명한 베르사유 시에 있는 프랑스 국립 도서관 별관 파손 도서 창고에 방치되다가 박병선이라는 한국인 학자에 의해 발견되었다. 프랑스 국립도서관 사서로 근무하던 박병선은 의궤의 반환을 프랑스 주재 한국 대사관에 건의했지만 양국의 외교관계 악화를 염려한 대사관 측으로부터 외면당하고 그 사실이 도서관 측에 알려져 해임당하는 아픔을 겪었다. 1979년의 일이다. 하지만 그는 굴하지 않고 의궤 도서 해제 연구에 평생을 바쳤으며, 그로부터 30여 년 뒤 마침내 문제의 의궤는 한국으로 돌아오게 되었다.

파리 국립도서관에는 그 밖에도 신라 승려 혜초의 《왕오천축국전》, 금속활자본 《직지심경》, 조선 초에 만들어진 천문지도 〈천상열차분야지도〉 등이 소장되어 있다.

한편 현재 일본에 보관되어 있다고 알려진 우리 문화재는 내각문고에 조선시대 전적 250여 점, 도쿄박물관에 도자기, 고고자료 1천여 점, 교토대(京都大)에 전적류 200여 점, 텐리대(天理大)에 안견의 그림 〈몽유도원도〉 등 100여 점, 오구라(小倉) 컬렉션에 1천여 점, 아타카(安宅) 컬렉션에 도자기 20여 점 등등이다. 개인 소장품으로는 가장 우수하다는 오구라 컬렉션은 1903년 남선전기 사장으로 있던 오구라가 수집한 것으로 고고사료 550여 점이 포함되어 있다.

미국에는 주한 미대사관 문정관으로 일하면서 우리 문화재를 대거 수집해간 그레고리 헨더슨의 컬렉션, 워싱턴 스미스소니언 박물관의 고려청자와 금속공예품 1,300여 점, 뉴욕 메트로폴리탄 박물관의 조선 자기 200여 점, 피바디 박물관의 장신구 700여 점이 있고, 영국에는 대영 박물관의 고려청자 100여 점, 빅토리아 앨버트 박물관의 토기 200여 점 등이 있다. 그 밖에 벨기에, 독일, 러시아 등에도 우리 문화재가 많이 흩어져 있지만 아직 충분한 조사조차 되어 있지 않은 실정이다.

| 참고문헌 |

이보아, 《문화재 약탈과 반환의 역사, 루브르는 프랑스 박물관인가》, 민연, 2002

이태진, 《왕조의 유산-외규장각 도서를 찾아서》, 지식산업사, 1994

끌레망 보르갈, 바다저작권회사 옮김, 《금빛 들판 사이에 핀 고고학의 꿈》, 성무, 1991

제 4 부

숨은 이야기

기원후 208년 중국에서는 삼국시대가 시작되고 있었다. 《삼국지》의 무대가 되는 시대다. 중국 천하는 위(魏), 오(吳), 촉(蜀) 세 나라로 갈라져 서로 각축을 벌였다. 위나라는 조조(曹操), 오나라는 손권(孫權), 촉나라는 유비(劉備)가 각각 다스렸는데, 유비에게는 관우(關羽), 장비(張飛)라는 의형제와 제갈량(諸葛亮)이란 뛰어난 참모가 있었다.

지금의 사천성(四川省) 근방에 자리 잡은 촉은 다른 두 나라에 비해 열세였다. 그럼에도 불구하고 독립을 유지할 수 있었던 것은 바로 '소금' 때문이었다.

·소금을 땅 속에서 얻는다?·

촉나라는 바다에서 아주 멀리 떨어진 내륙에 자리 잡은 나라다. 바다에 닿기 위해 동쪽으로 가려면 오나라가 가로막고, 북쪽으로 가려면 위나라가 가로막고, 또 지금의 베트남 일대인 남쪽으로 가려면 밀림이 울창한 오지가 가로막고 있었다.

바다가 없는 나라에서 가장 어려운 문제는 바로 '소금' 공급이다. 알다시피 인간은 소금을 먹지 않으면 생명을 유지할 수가 없다. 생명을 유지할 수 없는 마당에 전쟁에 이길 수 없음은 자명한 사실이다.

1942년 모택동의 팔로군이 연안(延安)에 있을 때의 일이다. 팔로군은 모택동이 이끄는 중국공산당의 주력부대로서 정식 명칭은 국민혁명군 제8로군이다. 일본군 20개 사단 약 40만의 병력이 연안 일대를 에워싸는 봉쇄선을 만들어 고립 작전을 폈다. 너비 20자, 깊이 10자의 구덩이를 파서 감쪽같이 위장한 봉쇄선은 한번 빠지면 절대 살아나올 수 없는 죽음의 구덩이였다.

포위당한 팔로군을 가장 괴롭힌 문제는 식량보다도 소금이었다. 연안 역시 소금이 한 톨도 나지 않는 내륙이었기 때문이다. 팔로군은 이 난관을 어떻게 헤쳐나갔을까? 봉쇄선을 파는 주민들을 비밀리에 포섭하여 그들로부터 소금을 구했다. 주민들의 지지가 없었다면 불가능했을 일이다.

당시 중국인들은 부정부패로 물든 장개석 군대보다 '인민의 군대'를 자임하는 모택동의 팔로군을 더 지지하고 있었다. 하물며 중국을 침입한 일본과 싸우다 위기에 처한 팔로군이니 주민들이 그들을 도운 것은 당연한 일이었으리라. 그런데 이때 주민들이 건네주는 소금 가마니를 한 사람당 백 근 이상씩 메고 하룻밤 새 70, 80리를 달려 팔로군의 생명을 구한 장본인이 독립운동가 무정(武亭) 휘하의 조선의용군이었다는

오늘날에도 산악 지역에서 소금을 만드는 곳이 있다. 타이의 고산지대에서는 샘물을 퍼올려 가마솥에 끓여서 희고 깨 끗한 소금을 얻는다.

사실은 별로 알려져 있지 않다. 조선의용군은 1938년 중국 한구(漢口)에서 약산(若山) 김원봉(金元鳳)을 대장으로 하여 출범한 조선인들의 항일 무장부대로서 그 무렵 팔로군 주둔 지역으로 이동하여 함께 일본과 싸우고 있었다.

촉나라로 다시 돌아가자. 촉나라 사람들은 어떻게 소금을 얻었을까? 땅을 깊이 파내려가면 지하수가 나온다. 아주 맑은 청정수다. 지하수층을 지나 더 깊이 내려가면 이번엔 염수층이 나온다. 지하수는 지하수이로되 소금기를 머금은 지하수다. 염수층은 보통 1킬로미터 이상 파내려가야 도달할 수가 있다. 촉나라 사람들은 바로 이 염수를 퍼올려 큰 솥에 끓여서 소금을 만들었다. 땅속에서 소금을 캐낸 것이다.

그런데 깊은 땅속에 염수가 있다는 것을 촉나라 사람들은 대체 어떻게 알았을까? 중국인들이 땅속에서 염수를 퍼올려 소금을 만들기 시작한 것은 기원전 4세기경부터라고 한다. 맨 처음에는 아마 압력에 의해 염수가 자연 분출되었거나, 광맥을 캐다가 발견했을 것으로 추측된다.

만약 소금을 자급자족할 수 없었더라면 촉나라는 위, 오와 겨루며 천하통일의 야망을 꿈꾸기는커녕 독립을 유지하지도 못했을 것이다.

· '화정'과 '석칠' ·

기원전 1세기, 중국인들은 지하 1킬로미터 이상 땅을 파내려가는 시추기술을 갖고 있었다. 땅을 파내려가는 이유는 앞에서 말했듯이 소금 때문이었다. 그런데 염수를 찾아 땅을 파내려가던 이들은 천연가스와 석유를 발견했다. 서양보다 무려 1900년이나 앞선 일이다.

당시 중국인들은 천연가스와 석유가 나오는 우물을 '화정(火井)'이라 부르고, 석유는 '석칠(石漆)'이라 불렀다. 화정은 '불 우물'이란 뜻이고 석칠은 '돌에서 새어나오는 칠'이란 뜻이다. 6세기에 양신(楊愼)이란 사람이 쓴 책에 이런 기록이 있다.

> 그 액체를 가열하면 불꽃을 내뿜으며 타는 기름이 된다. 사람들은 그것을 가져와서 초와 마찬가지로 램프에 사용한다. 이 기름은 실로 태양의 정기를 축적하고 있는데, 그것은 이상한 일이 아니다.

중국인들은 석유보다는 천연가스를 더 긴요하게 사용했다. 염수를 끓여 소금을 만드는 데 천연가스를 연료로 사용한 것이다. 염수 끓이는 솥은 크기가 여러 가지여서 거대한 것은 무게가 1천여 근까지 나가기도 했다. 보통 한 우물에서 나온 가스로 6백 내지 7백 개의 솥을 끓일 수 있는데 5,100개의 솥을 끓였다는 기록도 있다.

시추된 천연가스와 석유는 대나무로 만든 파이프 라인으로 몇십 리 떨어진 곳까지 운반되었다. 다음은 347년에 상거(常璩)라는 사람이 쓴 《화양국지(華陽國志)》의 한 대목이다.

포복(布濮)에서 발원하는 강이 문정천(文井川)과 합류하는 곳에 화정이 있다. 밤에는 그 빛이 온 하늘에 비친다. 주민들은 불을 원했으며, 가정의 화로에서 사용할 나무를 가져와 가스 분출구에 불을 붙였다. 잠시 후 천둥과 같은 소리가 나더니 불꽃이 대단히 밝게 뿜어져나와 그 주위를 수십 리에 걸쳐 밝게 비추었다. 그리고 그들은 대나무 통에 그 빛을 담아서 흘리지 않고 이곳저곳으로 가져갈 수 있었고, 심지어 하루를 걸어야 할 정도로 멀리 떨어진 곳까지도 불을 꺼뜨리지 않고 가져갈 수 있었다. 그것은 태워도 재가 나오지 않았으며 밝게 빛났다.

이 기록에서처럼 대나무로 만든 휴대용 용기도 사용되었다.

• 서양보다 1900년 앞선 시추술 •

    중국의 시추술이 유럽에 알려진 것은 1828년 앙베르라는 프랑스 선교사에 의해서다. 중국에 온 그는 이 놀라운 시추술을 보고 본국에 편지를 보냈다. 그의 편지는 이듬해 프랑스 과학계에 상당한 흥분을 불러일으켰지만 그것을 사실로 믿는 사람은 아무도 없었다. 조바르라는 기술자만이 앙베르의 말을 믿고 실험에 들어가 만족할 만한 성과를 얻었다고 한다.

    드디어 1834년 중국식 시추기술이 소금물 채굴에 이용되고, 1841년에는 석유 채굴에도 쓰이게 되었다. 미국에서는 그보다 늦은 1859년에 중국식 시추술로 석유 채굴을 했다. 미국인들은 이 기술을 프랑스로부터 배운 것이 아니라 철도건설에 고용된 중국인 노동자들에게서 배웠다. 오늘날 서양의 석유산업은 1900년이나 앞선 중국의 시추술을 토대로 하고 있는 것이다.

| 참고문헌 |

로버트 템플, 과학세대 옮김,《그림으로 보는 중국의 과학과 문명》, 까치, 1993
중국사연구실 편역,《중국역사 상(上)》, 신서원, 1993

화장, 그 신비의 마술

"화장을 하지 않는 것은 너무 자만에 빠져 있기 때문이다."

프랑스의 디자이너 코코 샤넬이 한 말이다. 이 말에 동의하지 않는 사람도 많겠지만, 어쨌든 현대 여성치고 화장에 관심 갖지 않는 사람은 드물 것이다.

그런데 화장은 언제부터 어떻게 시작되었을까? 화장의 변천사를 살펴보기로 하자.

· 주술로 시작한 화장 ·

인간이 화장을 하기 시작한 것은 원시 시대부터다. 그때의 화장은 병, 재앙, 마귀를 쫓는 주술의 의미를 갖고 있었다. 그리고 남녀 모두 화장을 했다.

주술로서의 화장은 차츰 아름다움을 위한 것으로 바뀌어갔다. 고대

기원전 14세기 이집트의 파라오 아크
나톤의 왕비 네페르티티. 아이라인과
입술 화장을 하고 있다.

이집트 여인들은 볼과 입술에 붉은색 염료를 바르고 손바닥과 손톱, 발톱, 머리에는 오렌지색 염료를 발랐다고 한다. 이 염료는 나뭇잎이나 열매에서 채취했다. 눈 둘레에 검게 바르는 아이섀도도 있었는데 이는 원래 이집트의 강렬한 태양광선을 차단하려는 목적에 재액을 막는 주술의 의미가 포함된 것이었다. 또 살갗에 녹색 선을 그려 마치 혈관이 비쳐 보이는 것처럼 하는 화장법도 있었다.

로마 시대 여인들은 횟가루를 얼굴에 발라 미백 효과를 나타냈으며 피부 관리에 특히 신경을 썼다. 네로 황제의 부인 포페아는 매끄러운 피부를 위해 아침저녁 나귀 젖으로 목욕을 했다고 한다. 포페아의 나귀 젖 목욕을 위해 500명의 노예가 500마리의 나귀를 정성껏 길렀는데, 그가 여행할 때면 이 대규모 나귀 군단이 뒤를 따랐다고 한다.

르네상스 시대의 여인들은 피부를 하얗게 보이려고 순은, 수은, 백납, 백반 등을 얼굴에 발랐다. 하지만 이런 것들을 장기간 사용하면 도리어 피부가 나빠진다. 그래서 계란, 포도주, 날개를 반쯤 쥐어뜯은 비둘기, 치즈, 사과 등을 불에 구워서 얼굴에 발랐다. 요즘으로 치면 '영양 팩'을 한 셈이다.

17세기 부르봉 왕조 시대에 들어서면 귀족 여인들 사이에 검은 천 조각으로 별이나 꽃 모양을 오려 얼굴에 붙이는 화장법이 유행했다. 이를 '무슈(mouche)'라고 부른다. 본래 무슈는 얼굴에 생긴 마마 자국이나 기미를 감추기 위한 것이었다. 당시 귀족 여인들은 여러 가지 모양의 무슈를 상자에 담아두었다가 무도회나 파티에 갈 시간이 되면 얼굴에 붙였다.

그로부터 백 년 후인 18세기, 귀족층에서는 남자의 화장이 대유행을 해서 남자들이 하얗게 분을 바르고 립스틱을 칠하고 다녔다.

이렇게 보면 서양의 화장술은 피부 손질과 관리에 역점을 두고 있다는 사실을 알 수 있다. 사실 지구상의 여러 인종 가운데 백인종은 가장 거칠고 윤기 없는 피부를 갖고 있다. 그래서인지 지금까지 남아 있는 가장 오래된 화장술 책이라 할, 로마의 시인이자 《변신 이야기》의 저자 오비디우스가 쓴 《사랑의 기술》 역시 절반 이상이 피부미용에 관한 내용으로 채워져 있다.

· '구리무'와 '박가분' ·

우리나라 여인들 역시 오랜 옛날부터 화장을 했다. 봉숭아 꽃잎을 따서 백반을 섞어 손가락 끝에 실로 칭칭 동여매고 하룻밤 자고 일어나보면 발갛게 물들어 있는 봉숭아 물들이기는 서양의 매니큐어보다 한결 부드럽고 은은한 아름다움을 지닌 데다 매니큐어처럼 벗겨질 때의 흉한 모습도 없다.

이 봉숭아 물들이기에는 미용뿐 아니라 주술의 의미가 담겨 있었다. 봉숭아의 붉은색은 병과 재앙을 물리치는 '호신부'였던 것이다. 그래서 봉숭아 물들이기는 남자아이들도 즐겨 했다. 조선 후기에 쓰인 《동국세시기(東國歲時記)》를 보면 '여랑(女郎)'과 '소동(少童)'이 손톱을 물들인다는 기록이 나온다. 시집가는 신부의 얼굴 화장에 빠지지 않는 연지 곤지 역시 병과 재앙을 쫓는 의미가 담겨 있었다.

1876년 일본과 강화도조약을 맺은 이후 우리나라는 미국, 프랑스, 독일, 영국 등 서양 여러 나라와 차례로 통상조약을 맺었다. 문이 활짝 열린 한반도로 서양의 갖가지 상품들이 쏟아져 들어왔다. 그중에는 크림도 있었다. 사람들은 이를 '구리무'라고 불렀다. 아마 '크림(cream)'의 일본식 발음을 그대로 받아쓴 듯하다. 조선 여인들은 생전 처음 보는 '구리무'에 넋을 잃었다.

그러던 중 1920년대에 들어 '박가분'이라는 화장품이 등장하여 날개 돋친 듯이 팔렸다. '박가분'은 지금의 종로 4가에서 동대문에 이르는 거리에 있던 배오개 시장에서 큰 포목상을 하는 박승직의 부인 정씨가 만든 것이다. 박승직은 지금의 두산 그룹 창업주 박두병의 아버지다.

1946년경 미국의 어느 학교에서 화장법을 가르치고 있다.

부인 정씨는 1915년 재래의 분 제조법에 자신의 아이디어를 곁들여 만든 분에다 '박가분'이라는 이름을 붙여 방물장수를 통해 방문판매하기도 하고, 상점에 와서 포목을 사가는 여인들에게 덤으로 얹어주기도 했다.

부업 삼아 시작한 박가분이 본업인 포목보다 더 유명해지자 박가분은 1918년 상표등록증을 받아 제조업체로 독립, 1920년에는 여직공만 30여 명을 두는 회사로 발전했다. 한창때에는 하루에 스무 갑들이 상자가 500개씩 팔렸다고 한다.

"참 곱기도 합니다. 한번 시험하셔요."

당시 박가분의 신문광고다.

그런데 이 박가분의 주원료 중의 하나인 납이 유독성분을 품고 있다

프랑스 화가 로트레크의 〈화장하는 여인〉. 1899년 작품.

는 사실이 알려지고, 또 일본으로부터 고급 화장품이 대거 들어오면서 박가분은 점차 퇴조하기 시작하여 1937년 폐업하기에 이르렀다.

• 꿈이 있는 한 화장은 계속된다 •

프랑스의 샹송 가수 쥘리에트 그레코가 스무 살 때의 일이다. 막 나치 수용소에서 풀려난 그는 배고프고 갈 데가 없어 생제르맹 거리의 어떤 카페에 무작정 찾아들었다. 그곳은 사르트르, 보부아르 등 당대의 지식인들이 모여드는 곳이었다. 쥘리에트는 그 카페에서 식사를 해결하는 대가로 노래를 부르게 되었다. 그는 옴폭한 눈에 우뚝한 코를 가진 볼품없는 무명가수였다. 어느 날, 무대에서 노래를 부르고 있을 때였다.

"저음을 낼 때 저 아가씨의 눈에서 만 볼트의 전압이 방사된다."

어느 손님의 말소리가 들렸다. 쥘리에트는 이 말에 힘을 얻어 용기를 갖고 노래를 부르게 되었으며 용모에 자신을 얻었다. 그때부터 평생 동안 자신의 검은 눈이 지닌 '전압'을 돋보이게 하는 속눈썹 화장 외엔 어떤 화장도 하지 않았다고 쥘리에트는 훗날 고백하고 있다.

서양인들은 한국 여인들의 타고난 곱고 맑은 피부를 부러워한다. 그래서 그 타고난 피부를 충분히 살리지 않고 짙은 화장으로 도리어 감추는 것을 의아하게 여긴다고 한다. 이 글을 읽은 여성 독자들은 자신의 개성을 한껏 돋보이게 하는 자기만의 화장법을 개발해보기 바란다. 화장은 아름다워지고 싶은 인간의 꿈이 있는 한 계속될 것이니까.

| 참고문헌 |

오비디우스, 김원익 옮김,《오비디우스의 사랑의 기술》, 에버리치홀딩스, 2010
이규태,《이규태 코너》, 조선일보사, 1991

열아홉 번째 이야기
미인 이야기

기원전 770년경 중국 주나라 12대 유왕(幽王)에게는 포사(褒姒)라는 아름다운 후궁이 있었다. 포사는 절세의 미인이지만 절대로 웃질 않아서 아무도 포사의 웃는 얼굴을 본 적이 없었다. 포사를 몹시 사랑한 유왕은 그를 웃게 하려고 별별 수단을 다 썼으나 성공하지 못했다.

• 웃지 않는 미인 포사 •

사방에 제후국을 거느린 주나라는 빈틈없는 군사동원체제를 갖추고 있었다. 그중 하나가 봉화였다. 봉화는 외적이 쳐들어오거나 하는 유사시에 제후국에 긴급동원 명령을 내리는 신호다. 봉화가 올라가면 제후들은 군사를 이끌고 급히 왕궁으로 달려오게 되어 있었다. 그런데 어느 날 실수로 봉화가 잘못 올라가고 말았다. 허겁지겁 달려온 제후들은 봉화가 잘못되었다는 것을 알자, 맥이 탁 풀렸다. 그런데 그 모습이 우스웠는지 포사가 살포시 웃었다. 포사의 웃음을 본 유왕은 뛸 듯이 기뻐했다.

얼마 후, 유왕은 포사의 웃는 얼굴이 보고 싶어 일부러 봉화를 올리게 했다. 숨차게 달려온 제후들은 투덜거리며 돌아갔다. 두 번, 세 번 같은 일이 반복되었다.

기원전 771년 견융(犬戎)이 쳐들어왔다. 유왕은 긴급히 봉화를 올리라고 명령했다. 그러나 제후들은 아무도 나타나지 않았다. 유왕은 결국 견융에게 잡혀 죽고 주나라는 유왕의 아들 평왕(平王)에 의해 수도를 동쪽에 있는 낙양(洛陽) 부근의 성주(成周)로 옮겨 나라의 명맥을 이어가지만, 이후 주 왕실은 사실상 통치력을 잃고 중국 대륙은 제후들 간의 군웅할거 시대로 들어간다. 춘추전국시대가 시작되는 것이다.

포사는 어찌 되었을까? 그도 견융에게 잡혔다고 하는데 그 뒤의 일에 대해서는 아무 기록도 남아 있지 않다.

• '와신상담'과 미인 서시 •

춘추시대 말, 월(越)나라 왕 구천(句踐)과 오(吳)나라 왕 부차(夫差)는 서로 원수처럼 싸우는 사이였다. 오왕 부차의 아버지가 월왕 구천과 싸우다 패하여 죽자, 부차는 편안한 잠자리를 마다하고 섶 위에서 자면서 아버지의 복수를 다짐했다. 이로부터 '와신(臥薪)'이란 말이 생겨났다. '와신'은 '섶 위에 눕다'라는 뜻이다.

2년 뒤 오나라와 월나라 사이에 또 싸움이 벌어졌을 때, 이번엔 월나라가 패했다. 그 후 월왕 구천은 쓸개를 항상 옆에 두고 틈날 때마다 혀로 핥으면서 복수심을 불태웠다. 이로부터 '상담(嘗膽)'이란 말이 생겨났다. '쓸개를 맛보다'라는 뜻이다. 그래서 '와신상담'이란 원수를 갚으려고 온갖 괴로움을 참고 견딘다는 의미를 지니고 있다.

쓸개를 핥으며 복수의 칼을 갈고 있는 구천에게 오왕 부차가 새 궁전을 짓는다는 소문이 들렸다. 구천은 좋은 목재와 미녀 50명을 선물로 보냈다. 부차가 사치와 방탕에 빠져 나라를 돌보지 않게 되기를 바라는 구천의 은근한 계략이었다. 그 미녀들 중 한 사람이 바로 서시(西施)다.

서시는 본래 장작을 팔던 미천한 신분의 여인이었다. 구천의 계략대로 부차는 서시에게 빠져 정사를 소홀히 하다가 마침내 월에 패해 자결했다. 서시의 뒷이야기는 확실하지 않다. 나라가 망한 데 분노한 오나라 사람들 손에 죽었다고도 하고, 월왕 구천의 부하 범여(范蠡)와 더불어 일생을 마쳤다고도 한다.

중국 역사책을 읽다 보면 왕조 말기에는 항상 절세의 미인이 나타나 왕의 총명을 흐리게 하여 마침내 나라를 멸망시키고 있다. 앞에서 말한 포사와 서시 외에도 하(夏)나라 마지막 왕 걸(桀)의 총희인 말희(末喜, 매희 妹喜라고도 한다)가 그렇고, 은(殷)나라 마지막 왕 주(紂)의 총희 달기(妲己)가 그렇다. '경국지색(傾國之色)'이란 말이 그래서 생긴 것인지도 모른다.

물론 이는 한 나라의 멸망이란 사건이 지니는 복잡한 배경과 과정, 의미를 십분 왜곡시키는 비합리적인 역사 서술임에 틀림없다. 국가 혹은 왕조의 흥망은 정치, 경제, 사회, 문화상의 여러 요인들이 일으킨 결과이지 한 인간, 더구나 미모의 한 여인 때문에 일어나는 일이 아니기 때문이다.

그런 의미에서 망국의 책임을 뒤집어쓴 중국 역사상의 미인들은 대부분 정치적 희생물이라 할 수 있다. 웃지 않는 미인 포사는 본디 길에 버려진 고아였다고 한다. 우여곡절 끝에 포나라 왕의 눈에 든 그는 주 유왕에게 잘못을 저지른 포왕에 의해 사죄의 선물로 바쳐진 여인이다. 포사가 웃지 않은 이유는 그의 서글픈 삶 어딘가에 숨어 있을 것이다.

은나라 마지막 왕 주왕과 달기. 후대에 쓰인 소설책에 실린삽화다. 주왕은 달기의 마음을 사려고 쾌락에 빠져 정사를 돌보지 않다가 주나라 무왕에게 나라를 잃었다고 한다.

• 맹광의 아름다움 •

결코 미인은 아니지만 그 어느 미인보다 더 사랑받으며 살았던 여인이 있다. 중국 후한 때의 맹광(孟光)이 그 주인공이다.

맹광은 제멋대로 생긴 얼굴에 군살투성이의 커다란 몸집, 검은 피부를 지닌 못생긴 여자였다. 하지만 힘이 장사여서 무거운 돌절구를 거뜬히 들어 올리고 언행이 아주 착실했다. 도처에서 혼담이 들어왔지만 맹광은 번번이 거절했다.

걱정하는 아버지에게 맹광은 양홍(梁鴻)이란 동네 젊은이에게 시집가겠다고 자청했다. 양홍은 소문난 가난뱅이에다가 돼지치기였다. 왜 하필 그런 사람에게 시집가려 하느냐는 아버지의 물음에 맹광은 대답했다.

"기개가 있는 분입니다."

사실 양홍은 평범한 돼지치기가 아니었다. 높은 학식을 갖추었으나 어지러운 세상에서 벼슬하기가 싫어 숨어 사는 은둔자였던 것이다.

혼례를 올린 두 사람은 아주 가난하게 살았다. 남편은 맷돌질하는 인부로 일하고, 맹광은 베를 짰다. 그래도 매일 저녁 남편이 일을 마치고 돌아올 무렵이 되면 맹광은 정성 들여 몸단장을 했다.

그 몸단장이란, 머리를 곱게 빗어 가시나무 가지로 만든 비녀를 꽂고 무명치마를 손질해 입는 것이 전부였다. 그러고는 정성껏 차린 저녁상을 눈높이까지 들어 올려 남편에게 권했다. 이로부터 '거안제미(擧案齊眉)'란 말이 유래했다. '거안제미'란 '밥상을 들어 눈썹에 가지런히 맞춘다', 즉 남편을 지극히 섬긴다는 뜻이다.

'형처(荊妻)'라는 말도 유래했는데, 이는 맹광이 가시나무(荊)로 비녀를 만들어 꽂은 데서 비롯되었다. '형처'는 자기 아내를 남에게 낮춰 이야기할 때 쓰는 말로 소박한 아내, 가난한 아내란 뜻을 지닌다.

양홍은 그 같은 아내를 몹시 사랑해서 '난세를 헤쳐나갈 동반자'라고 아껴 마지않았다고 한다. 맹광은 참한 아내의 전형으로 황보밀(皇甫謐)이 쓴 《열녀전》에 기록되었다.

맹광은 비록 외모는 못생겼지만 지혜와 인품을 닦아 자신만의 아름다움을 꽃피웠고, 스스로 원하는 남편을 선택하여 평생 사랑하면서 역사에 이름을 남긴 그 어느 미인보다도 행복하게 살았던 것이다.

• 미인의 기준은 시대에 따라 변한다 •

동서고금을 통틀어 역사에 이름을 남긴 미인이 여럿 있지만, 미인도 몇 가지 유형으로 나눌 수가 있다. 옛 중국인들은 미인의 유형을 나누어 '연수환비(燕瘦環肥)'라 했다. 조비연(趙飛燕)처럼 날씬하고 청초한 미인, 양귀비처럼 살찌고 풍만한 미인이란 뜻이다.

조비연은 한나라 성제(成帝)의 황후로서 이름 그대로 나는 제비처럼 날렵한 여인이었다. 양귀비는 당나라 현종

조비연. 제비처럼 날렵한 몸매와 뛰어난 춤 솜씨로 황제의 눈에 들어 황후 자리에까지 올랐지만, 황제 사후 몰락하여 결국 스스로 목숨을 끊었다.

의 후궁으로 이름은 옥환(玉環)이다. 본래 현종의 열여덟째 아들 모(瑁)의 아내였으니, 현종과는 시아버지와 며느리 사이다. 양귀비는 조비연과는 반대로 풍만하게 살찐 몸매의 소유자여서 여름만 되면 땀을 많이 흘려 특별한 피서법을 쓰지 않으면 안 되었다고 한다.

미인의 기준은 시대에 따라 변한다. 서양 르네상스 시대의 미술작품을 보면 등장하는 미인들은 하나같이 풍만하기 그지없는, 오늘날의 기준으로는 '뚱뚱'하다고 할 몸매를 지니고 있다. 터질 듯한 유방과 커다

란 엉덩이, 살찐 허리를 지닌 '당당한' 여성이 르네상스 시대 미인의 조건이었다.

동서양을 막론하고 과거에는 바싹 마른 형보다는 둥근 얼굴에 둥근 어깨, 풍만한 몸매를 가진 여인을 미인이라고 생각했다. 현대인은 몸에 살이 없고 여윈 형을 미인으로 생각한다. 시대에 따라 미인의 기준이 바뀌는 것도 인간의 생활양식, 문화수준과 밀접한 관련이 있을 것이다. 그렇다면 미래사회의 미인은 과연 어떤 유형일까?

| 참고문헌 |

유향, 이숙인 옮김, 《열녀전》, 글항아리, 2013
황보밀, 김장환 옮김, 《고사전: 중국 고대의 은군자(隱君子) 91인의 이야기》, 예문서원, 2000
진순신, 황인 옮김, 《이야기 중국사 1》, 시대정신, 1992

대학이야기

유럽에서 가장 먼저 생긴 대학은 중세 이탈리아의 볼로냐 대학으로 알려져 있다. 볼로냐 대학은 특히 법학으로 유명했다. 그와 쌍벽을 이룬 것은 프랑스의 파리 대학. 이곳은 신학으로 유명했다.

· 학생조합과 교수조합 ·

볼로냐 대학이 유명해지자 유럽 각지에서 학생들이 몰려들었다. 이들은 대부분 학교 주변에 방을 얻어 생활했다. 그러자 주민들은 방세를 대폭 인상했다. 예나 지금이나 학생들의 호주머니는 그리 두텁지 못하므로 방세 인상은 학생들에게 큰 고민거리가 아닐 수 없었다.

학생들은 조합을 만들어 볼로냐 시 당국에 방세 인상 금지조치를 취해달라고 요청했다. '만일 들어주지 않으면 모두 다른 도시로 가버리

유럽에서 가장 오래 된 대학으로 손꼽히는 볼로냐 대학이 자리 잡은 마조레 광장 전경.

겠다'고 학생조합은 으름장을 놓았다. 결과는 학생들의 승리였다.

다음으로 학생조합이 문제 삼은 것은 교수들의 수업내용이었다. 이들의 요구사항을 들어보자.

"학생들의 동의 없이 교수 마음대로 휴강하지 말라."

"강의시간을 정확히 지켜 달라."

"교수는 강의를 대충 하지 말라."

"어려운 문제라고 설명을 제대로 하지 않고 넘어가지 말라."

"폭넓은 강의 내용을 원한다."

학생들이 이런 요구를 하게 된 데는 이유가 있다. 당시는 인쇄술이 발달하지 않았기 때문에 오늘날과 같이 인쇄된 책이 없고, 책이란 모두 손으로 직접 베껴 쓴 필사본이었다. 그런데 그 값이 매우 비쌌다. 책 한 권 값이 교수 한 사람 연봉의 절반가량이었으니 학생 신분으로 책을 산다는 건 꿈도 꾸지 못할 일이었다. 때문에 학생들은 교수의 강의를 들으며 열심히 받아 적는 수밖에 없었다. 그런데 교수들이 학생들이 원하는 만큼 충실한 강의를 하지 않는 데서 문제가 생긴 것이다.

학생들은 요구를 관철시키기 위해 등교 거부, 수업 거부 등 단체행동을 불사했다. 당시 대학은 오늘날처럼 재단이나 국가보조 없이 순전히 학생들이 내는 수업료로 유지되고 있었으므로 학생들의 단체행동은 곧바로 대학의 운영과 교수의 생계를 위협했다. 그런 까닭에 교수들은 학생조합의 힘을 절대 무시할 수가 없었다.

학생조합의 힘이 커지자 교수들도 조합을 만들어 대응했다. 이 교수조합을 콜레지아(collegia)라 부르고, 학생조합을 우니베르시타스(universitas)라 불렀다. 오늘날 단과대학을 뜻하는 칼리지(college), 종합대학을 뜻하는 유니버시티(university)의 어원이 바로 이것이다.

당시 대학생들의 공부 과목은 문법, 수사학, 논리학, 산수, 기하, 천문, 음악의 일곱 가지였다. 그중 문법, 수사학, 논리학을 마치면 대학 졸업장을 받고 산수, 기하, 천문, 음악을 마치면 석사학위를 받았으며 박사학위는 법률, 의학, 신학 셋 중 하나를 택해 공부해야 했다. 그중에서도 신학이 가장 어렵고 권위 있는 학문으로 간주되었다. 이는 당시 기독교가 절대적 권위를 누리고 있었기 때문이다.

대학을 졸업하면 전문직으로 나갈 수가 있었다. 문학 전공자는 행정가 혹은 교수, 법학 전공자는 법률가나 관리, 신학 전공자는 신학 교수

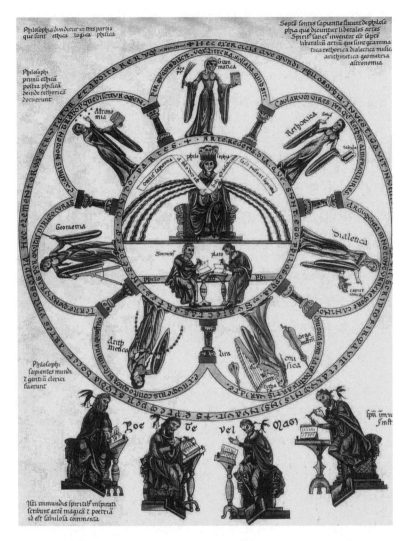

12세기의 백과사전 《호르투스 델리키아룸(Hortus Deliciarum)》에 실려 있는 삽화 '교양7과'. 이 백과사전은 호헨부르크 수녀원 원장 헤라트(Herrad)가 1180년경 완성한 것으로 '호르투스 델리키아룸'은 '기쁨의 정원'이라는 뜻이다.

나 성직자가 되었다.

학생들은 공부를 열심히 했지만 늘 점잖고 정숙한 행동만 한 건 아니었다. 술을 마시고 춤을 추고 사랑에 빠지기도 했으며 패싸움도 곧잘 했다.

• 대학의 자치권 •

중세 유럽의 대학은 교회와 도시 당국으로부터 자율권을 얻고자 무척 애를 썼다. 파리 대학에서 있었던 일이다. 한 독일 유학생이 술집에서 어떤 사람과 사소한 시비 끝에 심한 모욕을 당했다. 두 사람 사이에 벌어진 싸움은 대학생과 파리 시민 간의 싸움으로 확대되었다. 경찰이 출동했다. 시민 편을 든 경찰이 학생들을 강제진압하다가 그만 학생 다섯 명이 목숨을 잃는 사태가 벌어졌다. 파리 대학 교수와 학생들은 왕에게 항

중세 파리 대학의 모습. 파리 대학은 특히 신학으로 이름을 떨쳤다.

의했다. 학생을 죽인 경찰을 처벌하지 않으면 모두 즉시 파리를 떠나겠다고 경고했다.

파리 대학은 유럽 전역에 명성을 갖고 있을 뿐 아니라 이 대학 출신

의 유력 인사들이 왕 주위에 포진하고 있었다. 왕은 하는 수 없이 문제의 경찰을 처벌하고 책임자를 문책했다. 그리고 '현행범이 아니면 파리 대학 학생에게는 절대로 손대지 말라'라고 엄명을 내렸다. 뿐만 아니라 재판권을 비롯한 일체의 권한을 대학에 맡겨 자치를 허락했다.

• 거자칠변 낙자칠변 •

우리나라에는 삼국시대부터 국가가 설립한 고등교육기관이 있었다. 고구려의 태학, 고려의 국자감, 조선의 성균관이 그것들이다. 여기서는 유학을 가르치고 관리를 양성했다. 그와 함께 과거제도를 두어 인재를 뽑았다. 이 과거제도는 중국에서 들어온 것이다.

중국에서는 과거를 보는 수험생을 '거자(擧子)'라 했다. 영화 〈천녀유혼〉의 원작이 수록된 괴이소설집 《요재지이(聊齋志異)》의 저자 포송령(蒲松齡)에 따르면, 거자는 과거를 치르면서 일곱 번 몰골이 바뀐다고 한다. 이른바 거자칠변(擧子七變)이다.

시험장에 들어갈 땐 발이 무거운 거지 몰골, 몸수색(부정을 방지하기 위한 조치) 받을 땐 죄지은 죄수 몰골, 칸막이한 방에 들어앉으면 바깥을 기웃거리는 벌새끼 몰골, 시험이 끝나면 조롱 밖에 나온 병든 새 몰골, 합격자 방을 기다릴 때는 안절부절못하는 잔나비 몰골, 낙방이 확인되면 약 먹은 파리 몰골, 홧김에 세간을 부수고 나면 제 알 깨버린 비둘기 몰골.

한편 중국의 문학가 임어당(林語堂)은 과거에 낙방한 사람도 경우에 따라 일곱 가지로 변할 수 있다는 이른바 낙자칠변(落者七變)을 말했다.

첫 번째, 만재(晩才). 이는 재능이 늦게 피어나는 대기만성형이다. 상대성 이론을 세운 과학자 아인슈타인은 고등학교 시절 수학 말고는 모두 낙제점을 받았던 사람이다. 그는 대학 입학시험에서도 낙방한 경력이 있다.

두 번째, 은재(隱才). 숨은 재능을 시험관이 발견하지 못한 경우다. 20세기의 가장 뛰어난 두뇌로 일컬어지는 프랑스 시인 폴 발레리는 스물네 살 때 육군성 시험에 낙방했다. 시험관은 그가 제출한 논문을 보고 '수험생의 정신에 일맥상통함이 없다'는 평가를 내렸다. 그런데 이듬해, 바로 그 논문이 잡지에 발표되자 '유럽에 전무후무한 지성이 탄생했다'는 찬사가 쏟아졌다.

세 번째, 반재(反才). 낙방을 계기로 비약적인 발전을 하는 사람이다. 독일의 시인 하이네는 고등학교와 대학 시절 시험만 치렀다 하면 떨어져서 어머니로부터 '제발 남들에게 바보 소리만 듣지 않게 해 달라'는 애원을 들었다. 그 후 심기일전한 하이네는 세계적인 시인이 되었다.

네 번째, 상재(商才). 자신의 재능이 어디 있는지 일찍 발견하는 사람. 중국 역대 최고 부자로 손꼽히는 석숭(石崇)이란 인물은 과거시험에서 떨어지자 자신의 적성이 학문이나 벼슬보다 장사에 알맞다고 판단, 재빨리 진로를 바꿔 거부가 되었다.

다섯 번째, 예재(藝才). 예술가로 성공한 사람. 화가 피카소는 초등학교 때부터 퇴학당한 낙방 5관왕이다.

여섯 번째, 역재(逆才). 과거에 낙방한 뒤 반골이 되는 사람. 중국 태평천국 운동의 지도자 홍수전(洪秀全)이 그에 해당한다.

일곱 번째, 빈재(貧才). 도저히 가망 없는, 영락없는 진짜 낙자.

· 공자의 낙방 ·

대학 입시는 오늘날 우리 사회가 안고 있는 커다란 사회문제 중의 하나다. 해마다 입시철이 되면 시험의 중압감에 못 이겨 자살하는 학생들이 늘어가는 것이 그 문제의 심각함을 단적으로 입증한다.

다음은 중국의 《세설신화(世說新話)》라는 책에 실려 있는 이야기 한 토막이다.

공자 하면 세상의 이치를 가장 많이 깨치고 있는 사람으로 꼽힌다. 하지만 제아무리 공자라 해도 세상의 이치를 전부 알진 못하는 법이다. 세상의 모든 이치를 100이라 하고 공자가 아는 것을 99개, 모르는 것을 딱 1개라고 치자. 그 공자가 과거시험을 보는데 공교롭게도 모르는 딱 1개가 문제로 나왔다면 공자는 틀림없이 낙방한다. 그런가 하면 99개를 모르고 딱 1개만 아는 사람이 용케 같은 시험을 보았다면 틀림없이 합격한다.

좀 극단적인 이야기인지 모르나, 한 번의 시험이 그 사람의 실력을 100퍼센트 가늠하는 잣대가 되지 못하며 더군다나 생명과 맞바꿀 만큼 의미심장한 건 아니라는 뜻으로 이해하면 될 성싶다.

| 참고문헌 |

포송령, 김혜경 옮김, 《요재지이 1》, 민음사, 2002

이광주, 《유럽사회−풍속 산책》, 까치, 1992

이규태, 《이규태 코너》, 조선일보사, 1991

스 물 한 번 째 이 야 기
어린이날이야기

어린이날. 아이들에게 뭔가 해줘야 한다는 생각에 공원으로 극장으로 다니는 날이다. 복닥거리는 사람들, 교통지옥, 이런 게 싫어서 그냥 집에 있으려 해도 아이들의 성화 때문에 가만있을 수 없는 날이기도 하다. 아이들은 일 년 중 생일 다음으로 손꼽아 이날을 기다린다. 아무튼 그냥 지나갈 수 없는 어린이날. 도대체 언제, 어떻게 생긴 것일까?

· 5월 5일이 아니라 5월 1일 ·

"자네 출세하면 뭘하나. 우리 세대는 말과 노래를 잃고 이렇게 울며 지내더라도 다음 세대에게는 우리나라, 우리 문화, 우리 역사를 다시 찾아주도록 해야 하지 않겠나."

일본 도요(東洋) 대학 철학과에서 아동예술, 아동심리를 공부하는 방

1954년 5월 5일 어린이날, 창경궁에서 어린이들이 모여 놀이를 하고 있다. 일제강점기에 일본은 창경궁에 동물원과 식물원을 만들고, 창경궁의 이름을 창경원이라고쳐 불렀다. 그 후로 이곳은 어린이들의 소풍 장소로 큰 인기를 끌었다.

정환(方定煥)은 동료 유학생들을 이렇게 설득하고 다녔다. 일본의 식민지가 된 조국의 현실을 가슴 아파하던 그는 나라와 민족을 구하기 위해서는 무엇보다 어린이들을 잘 가르치고 키워야 한다고 생각했다.

당시의 조선 총독 사이토 마코토(齋藤實)는 이른바 문화통치를 표방하면서 이렇게 공언하고 있었다.

"이 땅의 어린이들을 일본인으로 교육하겠다. 일본 천황의 은혜에 감읍하도록 조선인들을 세뇌시켜야 한다."

1923년 3월 16일 방정환, 윤극영(尹克榮), 조재호(曺在浩), 손진태(孫晉泰), 정순철(鄭順哲) 등은 소년운동을 위한 단체를 만들기로 합의했다. 단체 이름은 색동회.

색동회 회원들은 어린이들에게 우리나라, 우리 민족을 가르쳐주는 운동의 일환으로 어린이날을 정해 기념행사를 열기로 했다. 그 결과,

일본에서 색동회 창립식이 열리는 5월 1일, 서울의 천도교 강당에서 조선소년운동협회 주최로 제1회 어린이날 기념행사를 열게 되었다. 그러니 어린이날은 본래 5월 5일이 아니라 5월 1일이다.

조선소년운동협회는 천도교소년회, 불교소년회, 반도소년회 등 소년 단체들이 모여 이룬 단체다. 중심 인물은 방정환과 김기전(金起田), 이정호(李定鎬) 등.

• 돋는 해와 지는 해를 보자 •

"젊은이나 늙은이는 일의 희망이 없다. 우리는 오직 나머지 힘을 다하여 가련한 우리 후생(後生) 되는 어린이에게 희망을 주고 생명의 길을 열어주자."

방정환은 어린이날의 취지를 이렇게 말했다. 그가 쓴 '소년운동의 기초조건', '어른에게 드리는 글', '어린 동무들에게', '어린이날의 약속'을 보자. 이 중 '소년운동의 기초조건'은 김기전이 쓴 '소년운동선언'을 그대로 옮긴 것이다.

소년운동의 기초조건

첫째, 어린이를 재래의 윤리적 압박으로부터 해방하여 그들에 대한 완전
　　　한 인격적 예우를 허하게 하라.

둘째, 어린이를 재래의 경제적 압박으로부터 해방하여 만 14세 이하의
　　　그들에 대한 무상 또는 유상의 노동을 폐하게 하라.

셋째, 어린이, 그들이 고요히 배우고 즐거이 놀기에 족한 각양의 가정 또는 사회적 시설을 행하게 하라.

어른에게 드리는 글

1. 어린이를 내려다보지 마시고 쳐다보아주시오.

1. 어린이를 가까이하시어 자주 이야기하여주시오.

1. 어린이에게 존대말을 쓰시되 늘 부드럽게 하여주시오.

1. 이발이나 목욕·의복 같은 것을 때맞춰 하도록 하여주시오.

1. 잠자는 것과 운동하는 것을 충분히 하게 하여주시오.

1. 산보와 원족 같은 것을 가끔 시켜주시오.

1. 어린이를 책망하실 때에는 쉽게 성만 내지 마시고 자세자세히 타일러주시오.

1. 어린이들이 서로 모여 즐겁게 놀 만한 놀이터와 기관 같은 것을 지어주시오.

1. 대우주의 뇌신경의 말초는 늙은이에게 있지 아니하고 젊은이에게도 있지 아니하고 오직 어린이들에게만 있는 것을 늘 생각해주시오.

어린 동무들에게

1. 돋는 해와 지는 해를 반드시 보기로 합시다.

1. 어른에게는 물론이고 당신들끼리도 서로 존대하기로 합시다.

1. 뒷간이나 담벽에 글씨를 쓰거나 그림 같은 것을 그리지 말기로 합시다.

1. 꽃이나 풀을 꺾지 말고 동물을 사랑하기로 합시다.

1. 전차나 기차에서는 어른에게 자리를 사양하기로 합시다.
1. 입은 꼭 다물고 몸은 바로 가지기로 합시다.

'어린이날의 약속'은 제1회 어린이날 기념행사 때 전단에 실려 뿌려졌다.

오늘 어린이날, 희망의 새 명절 어린이날입니다. 우리들의 희망은 오직 한 가지 어린이를 잘 키우는 데 있을 뿐입니다……. 어린이는 어른보다 더 새로운 사람입니다. 내 아들놈, 내 딸년 하고 자기의 물건같이 알지 말고, 자기보다 한결 더 새로운 시대의 인물인 것을 알아야 합니다……. 어린이를 어른보다 더 높게 대접하십시오……. 어린이를 결코 윽박지르지 마십시오…….

1924년 제2회 어린이날 기념행사는 5월 1일부터 4일까지 천도교 강당에서 어린이 천여 명이 모인 가운데 열렸으며, 이듬해 제3회 어린이날에는 오색의 선전물을 수만 매 뿌리고 '우리 희망은 어린이', '내일을 위하여 어린이를 잘 키우자'라고 쓴 플래카드를 들고 소년군악대를 앞세워 시가행진을 벌였다. 방정환이 지은 '어린이날 노래'도 발표되었다. 이날 행사에는 무려 30만 명이 모여들어 일대 성황을 이루었다고 한다.

그런데 1927년 어린이날은 5월 첫째 일요일로 바뀌었다. 5월 1일이 노동자들의 기념일인 메이데이(노동절)와 겹친다는 이유로 경찰이 집회 허가를 해주지 않으려 들었기 때문이다.

• 늙은이, 젊은이, 그리고 어린이 •

방정환의 어린이 존중 사상에는 '사람이 곧 하늘'이라는 동학의 인내천(人乃天) 사상이 짙게 깔려 있다. 1860년 최제우가 창시한 동학은 1905년 천도교로 이름을 바꾸었는데, 방정환은 바로 천도교 3대 교주 손병희의 셋째 사위다.

방정환은 '어린이'란 말을 널리 보급한 장본인이기도 하다. 그전까지는 아동 혹

방정환. 어린이 운동에 헌신하던 그는 서른두 살의 나이로 세상을 떠났다. 그의 호는 소파(小波). '작은 물결'이라는 뜻 이다.

은 소년이란 말을 썼다. 방정환은 늙은이, 젊은이 하는 것과 마찬가지로 아동을 한 인격체로 인정한다는 의미에서 어린이라는 말을 쓰자고 했다. 그는 1920년 8월 《개벽》 제3호에 '불 켜는 이'라는 시를 번역, 소개하면서 '어린이 노래'라는 타이틀을 달아놓았다.

그리고 1923년 3월, 잡지 《어린이》를 창간했다. 처음에는 무료로 준다고 해도 열여덟 명밖에 안 가져갈 만큼 《어린이》에 대한 반응은 냉담했지만, 갈수록 독자가 늘어 1930년 7월호 통권 76호에 이르자 3만 부 이상이 팔려나갔다. "씩씩하고 참된 소년이 됩시다. 그리고 늘 사랑하며 도와갑시다"라는 슬로건이 매번 실렸다. 색동회 회원 거의가 《어린

이》의 집필진이었으며, 매월 합평회를 열어 그 결과를 반영시키곤 했다. 《어린이》는 1934년 7월에 종간했다.

당시 학교에서는 일본의 탄압과 감시 때문에 우리 동요를 가르치지 않고 일본의 창가만을 가르쳤다. 《어린이》는 우리말로 쓴 창작 동요, 동시, 동화가 발표되는 중요한 창구가 되어 윤석중, 이원수, 강소천, 마해송 등 우리나라 아동문학의 중심인물들을 대거 배출시켰다.

지금 어린이들이 즐겨 부르는 동요 중 상당수가 바로 이 무렵 만들어졌다. '나의 살던 고향은 꽃피는 산골'로 시작되는 〈고향의 봄〉을 비롯하여 '푸른 하늘 은하수……'의 〈반달〉, 그리고 〈설날〉, 〈산토끼〉, 〈퐁당퐁당〉, 〈짝짜꿍〉, 〈오빠 생각〉, 〈할미꽃〉, 〈따오기〉, 〈고드름〉 등등이 이때 탄생한 노래들이다.

잡지 《어린이》를 통해 맺어진 아름다운 사랑 이야기도 있다. 〈고향의 봄〉의 노랫말은 1926년 열다섯 살의 소년 이원수가 잡지 《어린이》에 발표한 동시다. 여기에 홍난파가 곡을 붙였다. 그런가 하면 '뜸북뜸북 뜸북새 논에서 울고'로 시작되는 〈오빠 생각〉은 1925년 열세 살의 소녀 최순애가 역시 《어린이》에 발표한 동시다.

이원수와 최순애는 《어린이》를 통해 펜팔 친구가 되었다. 편지를 나누던 두 사람 사이에 차츰 사랑이 싹텄고, 10년 뒤인 1935년에 두 사람은 처음으로 만났다. 바로 그날, 이원수는 일본 경찰에 체포되었다. 독서회를 만들어 불온한 사상을 퍼뜨렸다는 죄목이었다.

하지만 두 사람의 사랑은 더욱 단단해졌고 1년 후, 이원수가 감옥에서 풀려나자 두 사람은 결혼을 했다.

• 어린이날은 민족의식을 일깨우는 날 •

어린이운동에 헌신하던 방정환은 1931년 서른두 살의 젊은 나이로 세상을 떠났다. 지나친 과로로 인한 신장병과 고혈압이 사망 원인이었다. 그 후 소년운동은 일본의 탄압으로 겨우 명맥을 유지하다가 1937년 무렵부터는 어린이날 행사조차 금지당하고 말았다. 어린이날은 해방 후 다시 부활했고, 1946년부터 5월 5일로 바뀌었으며 1970년에 공휴일로 지정되었다.

어린이날은 일제강점기에 우리 어린이들에게 민족의식을 일깨우고, 천진난만한 어린이들을 굴종하는 서글픈 식민지인이 아니라 진취적이고 건강한 꿈을 지닌 민족의 동량으로 키워내기 위해 만든 날이다.

해마다 어린이날이 되면 지나치게 사치와 향락으로 흐른다는 비난이 반복되곤 한다. 그렇다면 어린이날, 아이들에게 값비싼 선물과 현란한 구경거리를 제공해주는 것으로 그치지 말고 한 번쯤 어린이날이 만들어진 이유와 의미를 설명해주면 어떨까? 듣는 어린이나 말해주는 어른 모두 숙연해지지 않을 수 없을 것이다.

| 참고문헌 |

민윤식, 《소파 방정환 평전, 청년아, 너희가 시대를 아느냐》, 중앙M&B, 2003
손인수, 《한국교육사상가 평전 2》, 문음사, 1992
정인섭, 《색동저고리: 한국어린이운동 60년 기념출판》, 지하철문고, 1982

〈목포의 눈물〉과 〈홍도야 우지 마라〉

사공의 뱃노래 가물거리며

삼학도 파도 깊이 숨어드는데

부두의 새악시 아롱 젖은 옷자락

이별의 눈물이냐 목포의 설움

삼백연 원안풍은 노적봉 밑에

님 자취 완연하다 애달픈 정조

유달산 바람도 영산강을 안으니

님 그려 우는 마음 목포의 노래

깊은 밤 조각달은 흘러가는데

어찌타 옛 상처가 새로워진다

못 오는 님이면 이 마음도 보낼 것을

항구의 맺은 절개 목포의 사랑

문일석 작사, 손목인 작곡, 이난영 노래의 〈목포의 눈물〉은 1935년 발표되자마자 공전의 히트를 쳤다. 레코드는 5만 장 이상 팔려나갔는데, 이 숫자는 당시 인구와 경제 사정을 고려할 때 일본에서의 30만 장과 맞먹는 것이었다.

앞에 소개한 〈목포의 눈물〉 노랫말은 오케 레코드사와 《조선일보》가 개최한 전국 6대 도시 애향가 응모전에서 3천여 편의 경쟁을 물리치고 당선된, 문일석이라는 목포 청년의 작품이다. 가수 이난영 역시 목포 출신. 이난영은 이 노래로 일약 '가요계의 여왕'이 되었다.

그런데 목포 청년이 작사하고 목포 출신 가수가 노래한 〈목포의 눈물〉이 선풍을 일으킨 데는 그만한 이유가 있었다.

· 유행가가 유행하는 이유 ·

1930년대 중반, 조선의 항구도시 목포는 호남지방에서 생산된 쌀과 목화가 대거 일본으로 실려나가는 창구였다. 1931년 만주사변을 일으킨 일본은 중국 대륙으로 진출할 기회를 노리면서 전쟁을 준비하고 있었다.

일본은 식민지 조선에서 쌀을 대량으로 실어갔다. 일 년 내 농사지은 쌀을 다 빼앗긴 농민들은 잡곡으로 연명했다. 더 이상 농촌에서 버틸 수 없게 된 농민들은 고향을 떠나야 했다. 이들이 가는 곳은 만주, 연

목포 유달산에 세워진 〈목포의 눈물〉 노래비. 1969년 목포항이 내려다보이는 곳에 들어섰다.

해주, 혹은 일본. 그런 까닭에 목포항은 이별의 현장이기도 했다. 가족, 연인, 친구, 사랑하는 사람들이 이별하지 않으면 안 되는 가슴 아픈 일이 연일 목포항에서 벌어졌다.

사실 목포뿐이 아니었다. '부두의 새악시 아롱젖은 옷자락' 그대로의 이별 장면이 전국 도처에서 일어나고 있었다. 〈목포의 눈물〉은 당시 식민지 조선이 겪어야 했던 삶의 애달픔을 그대로 드러내고 있었다.

〈목포의 눈물〉보다 먼저 발표된 〈타향살이〉라는 노래가 있다. 김능인 작사, 손목인 작곡, 고복수 노래의 이 곡 역시 나오자마자 대유행을 했다. 다음은 고복수가 만주에서 공연했을 때의 일화다. 만주 용정은 일제 치하에서 더 이상 살 수 없어 고향을 떠난 사람들이 대거 모여 사는 곳으로 독립운동의 근거지이기도 했다.

"타향살이 몇 해던가 손꼽아 헤어보니……."

청중도 울고 가수도 울었다. 극장은 온통 울음바다. 공연이 끝나고 삼십대 여인이 무대 뒤로 고복수를 찾았다. 고향이 부산이라는 그 여인은 고향 떠난 지 10년이 되는데 남편은 용정에서 세상을 떠나고 생활은 어렵고, 그렇다고 고향에 돌아가자니 여비도 없고 해서 울산 출신인 고복수에게 자기 고향에 소식 좀 전해달라고 부탁하러 찾아왔다 했다. 그로부터 며칠 뒤, 여인은 고향을 그리면서 스스로 목숨을 끊었다고 한다.

이런 가슴 저런 이야기는 당시 만주뿐 아니라 시베리아, 중국, 일본 등 우리 민족이 모여 사는 곳이면 어디서든 들을 수가 있었다.

한편 〈홍도야 우지 마라〉는 본래 1936년 발표된 연극 〈사랑에 속고 돈에 울고〉의 주제가다. 오빠를 공부시키려고 기생이 된 홍도는 대학생인 광호와 열애 끝에 결혼하여 시어머니의 구박을 참아가며 현숙한 며느리로 변신한다.

그러나 남편의 전 약혼녀에 의해 궁지에 빠지고 기생이라는 전력이 드러나면서 깊은 좌절을 맛본다. 분노와 절망에 사로잡힌 홍도는 순간적으로 살인을 하여 결국 수갑을 차게 되는데, 나타난 순사가 다름 아닌 오빠였다는 것이 연극의 줄거리다.

자기 한 몸 희생하여 오빠 혹은 남동생을 공부시켜 출세시키는 여성의 이야기는 일제강점기뿐 아니라 얼마 전까지도 쉽게 찾아볼 수 있는 일이었다. 이 노래를 들은 어떤 기생은 한강에 몸을 던져 박복한 청춘을 마감했다고 한다. 홍도의 일생이 자신의 것으로 여겨졌기 때문이리라.

• 트로트의 역사 •

대중가요만큼 당시의 사회상과 사람들의 감정을 적나라하게 반영하는 것도 드물다. 이른바 '유행가'가 유행하는 데는 파고들어 가보면 그만한 이유가 있는 것이다.

1970년대까지만 해도 우리 가요의 대명사였던 트로트, 일명 뽕짝은 본래 일본의 창가에 그 뿌리를 두고 있다. 쿵짝쿵짝 하는 박자와 독특한 선율, 장식음이 특징인 트로트는 그래서 '왜색 가요'라는 비판을 받기도 했다.

사실 일본은 자기들의 노래를 통치술의 일환으로 의도적으로 보급시켰다. 총독부가 《보통교육 창가집》, 《보통학교 창가집》을 만들어 학교에서 사용하게 한 것이 그 단적인 예다. 조선인의 정서를 알게 모르게 일본인의 정서에 종속시키려 한 것이다.

트로트가 우리 사회에 완전히 정착한 것은 일본이 한반도를 전쟁기지로 만들기 시작한 1930년대부터다. 〈목포의 눈물〉, 〈홍도야 우지 마라〉, 〈타향살이〉, 〈황성옛터〉, 〈애수의 소야곡〉, 〈눈물 젖은 두만강〉, 〈알뜰한 당신〉 등이 모두 이때 쏟아져 나온 노래들이다.

1940년대에 들어서면 일본은 민족말살정책의 하나로 우리말 사용을 금지하고 한반도와 조선인들을 모조리 전쟁으로 내몬다. 정신대라는 이름하에 꽃다운 조선 처녀들을 20여만 명이나 위안부로 끌어간 시기도 바로 이 무렵이다.

이때 일제의 침략정책에 동조하는 친일가요들이 대거 등장했다. 대표적인 것이 '달 실은 마차다, 해 실은 마차다……' 하는 〈복지만리〉.

일제강점기 일본의 최고 식민통치기구였던 조선총독부. 경복궁의 일부 건물을 헐어내고 경복궁의 정문인 광화문 바로 뒤편에 들어섰다. 해방 후 이 건물은 미군정청, 중앙청, 국립박물관으로 쓰이다가 1996년 철거되었으며, 훼손되었던 경복궁 건물들은 복원되었다.

1941년에 발표된 이 노래는 일제의 대륙침략정책을 그대로 반영하고 있다. 그 밖에 〈지원병의 어머니〉, 〈결사대의 아내〉, 〈아들의 혈서〉, 〈장렬 이인석 상등병〉 등 본격적인 친일가요가 수없이 등장했다. 그중 조명암 작사, 박시춘 작곡의 〈혈서 지원〉이란 노래를 보자.

무명지 깨물어서 붉은 피를 흘려서
일장기 그려놓고 성수만세 부르고
한 글자 쓰는 사연 두 글자 쓰는 사연
나라님의 병정되기 소원입니다

해군의 지원병을 뽑는다는 이 소식
손꼽아 기다리던 이 소식은 꿈인가
감격에 못 이기어 손끝을 깨물어서
나라님의 병정되기 지원합니다
......
대동아공영권을 건설하는 새 아침
구름을 헤치면서 솟아오는 저 햇발
기쁘다 반가워라 두 손을 합장하고
나라님의 병정되기 소원입니다

· 유행가의 두 얼굴 ·

일제강점기에 유행한 대중가요는 두 개의 얼굴을 갖고 있다. 일제의
지배정책에 동조하여 사람들을 체념하고 순응케 하는 측면과 그 속에
서도 우리 민족의 정서와 생활을 담아내는 측면이 그것이다. 비록 부
르는 노래는 일본식일지라도 조선인만이 느끼고 생각할 수 있는 내용
이 그 속에 들어 있다는 말이다. 당시 사람들은 나라 잃은 설움과 생활
상의 어려움을 트로트의 조금은 청승맞고 애잔한, 체념적인 멜로디와
박자에 실었는지도 모른다. 슬픔을 슬픔 그대로 노래할 수 있는 것만
도 다행한 일일 테니까.

그래도 일본은 조금만 트집 잡을 구석이 있으면 물고 늘어졌다. 그저
남녀의 별리를 노래했을 뿐인 〈목포의 눈물〉이 발표되었을 때, 총독부

는 이 노래를 발매금지시켰다. 그러고는 작곡자 손목인을 잡아갔다. 2절 가사 첫줄의 '삼백연 원안풍'이란 구절을 사람들이 '삼백 년 원한 품은'이라고 부르는 데 문제가 있었다. 손목인은 원한과 원앙의 발음이 비슷한 데 착안하여 '원앙새처럼 서로 깊이 사랑하는 사람들이 헤어지는 것을 원망한다는 뜻'이라고 둘러대고 풀려났다고 한다.

요즘의 대중가요는 트로트, 발라드, 록 등 무척 다양하다. 그 다양한 장르와 그 속에 담겨 있는 역시 다양한 의미가 바로 현대인의 정서다.

| 참고문헌 |

박찬호, 안동림 옮김, 《한국 가요사》, 현암사, 1992
이영미, 〈대중가요〉, 《역사비평》 1993 봄호, 역사비평사, 1993

제 5 부

가려진 사실들

스 물 세 번 째 이 야 기

자기 땅에서 유배당한 사람들,
인디언

콜럼버스가 아메리카 대륙에 도착하기 훨씬 전부터 그곳에는 사람들이 살고 있었다. 콜럼버스는 자신이 도착한 곳이 인도라고 굳게 믿었다. 아메리카 원주민을 인디언이라고 부르게 된 것은 콜럼버스의 잘못된 확신에서 비롯된 것이다.

보통 인디언 하면 야만스럽고 미개한 종족으로 알려져 있지만 실제는 그렇지 않다. 이들은 수천 년에 걸친 고유의 문화와 역사를 지니고 있었다.

유럽인과 마찬가지로 인디언도 자기들의 신화와 전설을 아주 많이 갖고 있다. 주로 세계가 어떻게 만들어졌나, 인간은 어떻게 생겨났나, 그리고 주변의 자연과 사물에 관한 내용들이다. 그중 체로키족 사이에 전해 내려오는 지구 탄생에 관한 전설을 소개한다.

· 지구의 탄생 ·

태초에는 물이 모든 것을 덮고 있었다. 생물이 살고는 있었지만 그들의 집은 무지개 위에 있어서 비좁았다.

"우리는 모두가 짓눌려 있어. 넓은 곳이 필요하다구!"

그들은 물방개를 첩보병으로 보내어 물밑에 무엇이 있는지 살펴보게 했다. 물방개는 미끄러지듯 돌아다니다가 물속으로 잠수해 들어갔다. 얼마 후 물방개는 부드러운 진흙을 조금 가지고 나왔다. 그 진흙은 이상한 힘을 발산하며 사방으로 번져나갔고 결국 섬, 즉 우리가 사는 지구가 되었다. 이것을 본 초강력자는 단단한 수정으로 된 하늘의 천장에 밧줄로 지구를 매달았다. 그 후 지구는 네 개의 생가죽 밧줄에 매달려 물 위에 떠 있게 되었다.

태초에 지구는 평평하고 부드럽고 습기로 가득 차 있었다. 모든 동물들은 땅 위에 내려와 살기를 갈망한 나머지 새를 보내 땅이 마르고 굳어져서 그들의 체중을 지탱할 수 있는지 알아보게 했다. 그러나 새들은 돌아와서 그들이 앉을 만한 곳은 아직 없다고 알려줬다.

그러자 이번에는 말똥가리를 지상으로 보냈다. 말똥가리가 가까이 내려가 본 땅은 역시 아직 물렁물렁했다. 그런데 지금 체로키족의 영토가 된 곳으로 내려가 보았더니 거긴 땅이 다소 단단한 것 같았다. 여기저기 돌아다니다가 지친 말똥가리는 질질 끌려가듯 걷기 시작했다. 지친 그의 날개가 아래로 활개를 치면 두 날개가 닿은 땅엔 계곡이 생기고, 그의 날개가 위로 활개를 치면 산이 하나씩 솟았다. 무지개 위에서 내려다보고 있던 동물들은 걱정이 되었다.

"말똥가리가 저렇게 계속하면 산만 생기겠어."

그들은 말똥가리를 불러올렸다. 체로키족이 사는 지역에 산이 많은 것은 이 때문이다.

마침내 지구가 단단해지자 동물들은 땅으로 내려왔다. 하지만 그들에겐 해와 달이 없었기 때문에 세상을 환하게 볼 수가 없었다. 누군가가 말했다.

"저 무지개 뒤 높은 곳에 있는 해를 잡아옵시다. 해를 끌어내립시다!"

그들은 해를 끌어내리고 해에게 동쪽에서 서쪽으로 가는 길을 가르쳐주었다. 그런데 해는 너무나 뜨거웠다. 지나치게 지구 가까이에 있었기 때문이다. 가재는 물 위로 등을 내밀자마자 빨갛게 타 딱딱해져 버렸다.

사람들은 마법사와 무당들에게 해를 높이 올려달라고 애원했다. 그들은 사람 키만큼 해를 밀어 올렸지만 여전히 뜨거웠다. 네 번이나 밀어 올린 끝에 겨우 네 사람 키만큼 높아지자 알맞게 뜨거웠다. 사람들은 만족해했다.

인간을 창조하기 전에 조물주는 초목과 동물들을 창조하고 그들에게 7일 동안 밤낮으로 깨어 있으면서 자기에게 감사하라고 말했다. 하지만 대부분의 초목과 동물들은 이 말을 지키지 못하고 며칠 못 가 포기했다. 동물 중 부엉이와 사자만이 7일 동안 깨어 있었다. 부엉이와 사자가 밤에도 사냥할 수 있고 어둠 속에서도 사물을 볼 수 있는 눈을 갖게 된 것은 바로 이런 연유에서다.

초목들 중에는 삼목과 소나무, 감탕나무, 월계수만이 8일째 되는 날 아침까지 깨어 있었다.

"너희들은 내 말대로 감사하며 깨어 있었으므로 겨울에도 너희들은 색

깔을 잃지 않을 것이다."

그래서 이 나무들은 사시사철 푸르게 살 수 있게 되었다.

그 뒤 조물주는 남자 한 사람과 그의 여동생을 창조했다. 남자는 물고기로 하여금 여동생을 건드려 아이를 낳게 했다. 7일 뒤 여동생은 아이를 하나 낳았다. 그 뒤에도 7일마다 아이를 낳았다. 사람의 수가 엄청나게 늘어났다.

조물주는 지구가 사람으로 가득 차리라는 걱정이 들었다. 생각 끝에 여자의 수태기간을 열 달로 고치고 그 기간을 채워야 아이를 낳을 수 있게 만들었다. 그래서 지금도 여자들은 임신 후 열 달 만에 아이를 낳는다.

우리가 살고 있는 세상 지하에는 또 하나의 세상이 있다. 샘물의 구멍을 타고 내려가면 그곳에 도달하지만, 그곳 사람이 길을 안내해주어야 한다.

지하에 있는 세상도 우리 지구와 똑같은데 다른 점이 있다면 여기가 여름일 때 그곳은 겨울이라는 것이다. 우리는 그것을 쉽게 알 수가 있다. 봄의 물이 겨울의 물보다 따뜻하고, 여름철의 물보다 서늘하다는 것으로 증명되기 때문이다.

• 자기 땅에서 유배당한 사람들 •

지금으로부터 약 1만 5천 년 전 북아메리카 대륙에는 인간이 살고 있었다. 이들은 어디에서 온 것일까? 이 질문에 답하기 위해 학자들은 지금도 연구를 거듭하고 있다. 현재까지 밝혀진 바에 따르면, 약 2만 년

전에는 시베리아와 알래스카가 지금처럼 바다를 사이에 두고 있지 않고 육지로 연결되어 있어서 아시아로부터 건너온 사람들이 북아메리카 대륙에 정착하기 시작했고, 그중 일부는 더 남쪽으로 내려가 중앙아메리카, 남아메리카로 퍼져갔다고 한다.

백인의 옷차림을 한 체로키족 추장 존 로스. 1866년에 사망했다.

아메리카에는 놀랄 만큼 다양한 문화를 지닌 다양한 사회가 존재하고 있었다. 아주 민주적인 사회가 있는가 하면 철저한 계급사회도 있고, 재판제도를 갖춘 사회도 있고 그렇지 않은 사회도 있었다. 동굴에서 사는 집단도 있고 들소 가죽으로 만든 천막에서 사는 집단, 통나무 오두막에서 사는 집단도 있었다. 들소를 숭배하는 사회가 있는가 하면 옥수수를 숭배하는 사회도 있었다. 전쟁을 한 번도 해본 적 없는 집단도 있고 몇 세기 동안 전쟁을 치른 집단도 있었다. 이들이 사용하는 언어는 500종류가 넘었다.

1492년에 콜럼버스가 이곳에 도착함으로써 아메리카 대륙은 유럽에 널리 알려졌다. 그 후 스페인, 포르투갈, 프랑스가 차례로 신대륙 탐험과 정복에 나섰고 마지막으로 영국이 가세하여 아메리카 대륙은 백인들의 각축장으로 변했다.

수천 년 동안 이어져온 아메리카 인디언의 사회와 문화는 백인들에

'눈물의 길' 표지판. '눈물의 길'은 촉토족, 체로키족 등 수많은 인디언들이 서쪽으로 강제 이주당한 길을 말한다. 미시시피 강이 흐르는 미국 남부 아칸소 주에 있다.

의해 무너져갔다. 잉카나 마야의 몰락이 그 대표적 예다. 그 외에도 백인들이 남북아메리카 대륙에서 벌인 잔혹한 행위는 차마 입에 담기 어려울 정도다.

영국으로부터 미국이 독립한 이후 북아메리카 인디언은 더욱 살기가 곤란해져 갔다. 미국 제7대 대통령 앤드루 잭슨은 모든 인디언 부족을 미시시피 강 서쪽으로 강제 이주시켰다. 체로키족은 이를 거부하며 최고재판소에 소송을 제기하여 승소했지만, 잭슨은 최고재판소의 결정을 '너무나도 비상식'이라며 무시해버리고 군대를 파견하여 체로키족을 몰아냈다. 3만 명이 넘는 체로키족이 쇠사슬과 채찍 아래 멀리 서쪽의 오클라호마까지 쫓겨났으며, 도중에 4분의 1이 죽었다.

미시시피 강 서쪽에서 살게 된 인디언들은 서부에서 금광이 발견되자 다시 쫓겨났다. 하지만 더 이상 갈 곳이 없었다. 남은 길은 백인에게 서부를 다 내주고 보호구역에서 근근이 생명을 이어가든지, 아니면 싸우다 죽든지 둘 중 하나였다.

백인이 도착하기 전, 인디언은 아메리카 대륙의 주인이었다. 콜럼버스 이후의 신대륙 개척의 역사는 곧 인디언이 자기 땅에서 쫓겨나 유배당하는 역사이기도 하다.

오늘날 인디언의 고유문화는 파괴되어 남아 있는 것이 거의 없다. 입에서 입으로 전하는 전설 혹은 신화가 남아 있는 정도다. 그럼 인디언의 한 부족인 페놉스콧(Penobscot)족의 전설을 하나 더 듣기로 하자. 사냥을 하던 인디언이 어떻게 옥수수와 담배를 재배하게 되었는지에 대한 설명이 담겨 있는 전설이다.

· 옥수수 엄마 ·

조물주 클로스쿠르베는 애초에 무미건조한 세상에서 살고 있었다. 자기 외에는 아무것도 없었다. 어느 날 해가 중천에 뜨자 한 젊은이가 그를 불렀다.

"삼촌, 외삼촌!"

젊은이는 파도의 포말에서 태어났다. 포말이 하늬바람에 의해 생명체를 얻고 태양에 의해 체온을 얻은 것이다. 그에게 생명을 준 것은 물과 태양이었다. 그중 태양의 온기가 중요한데, 태양의 따스함이 곧 생명이기 때문이다. 젊은이는 조물주와 함께 살며 그의 조수가 되었다.

1914년의 이로쿼이족. 이로쿼이족이 살던 지역은 오늘날 미국의 뉴욕 주로 바뀌어 있다.

둘은 세상의 만물을 창조하기 시작했다. 세상은 더할 나위 없이 아름다워져 갔다. 어느 날 어여쁜 소녀가 그들을 찾아왔다. 소녀는 신성한 땅에서 자라는 식물에 이슬 한 방울이 떨어지고 그 위에 태양의 온기가 내려앉아 태어난 사람이었다. 소녀가 입을 열었다.

"전 사람이에요. 저는 힘을 주고 자양분을 주는 역할을 하며, 사람과 동물을 보살피는 역할도 하죠."

얼마 후 소녀는 젊은이와 결혼하여 아이를 낳아 최초의 어머니가 되었다. 조물주는 태어난 아이에게 살아가는 방법을 가르쳤다. 조물주는 이제 휴식을 취하기 위해 조용한 북쪽으로 옮겨갔다.

세월이 흐르고 사람 수가 점차 늘어갔다. 사람들은 사냥을 해서 먹고 살았는데 숫자가 늘어나자 점차 사냥감이 줄어들어 굶주림이 닥쳐왔다. 어린아이들은 배고픔을 견디다 못해 최초의 어머니에게 호소했다.

"배가 고파요, 먹을 걸 주세요."

그러나 어머니는 아무것도 줄 게 없었다. 어머니는 아이들 앞에서 그만

울음을 터뜨리고 말았다.

"얘들아, 조금만 참으렴. 내가 먹을 것을 준비하마. 너희들 작은 배쯤이야 부르게 못하겠니."

어머니는 계속 눈물을 흘렸다. 걱정스러워진 그의 남편이 물었다.

"어떻게 해야 당신을 웃게 할 수 있겠소? 어떻게 해야 당신을 행복하게 할 수 있겠소?"

"내 눈물을 그치게 할 방법이 딱 한 가지 있지요. 그건 당신이 날 죽이는 거예요."

"뭐라구? 절대로 그런 짓은 못 하오."

"난 꼭 죽어야만 해요. 그렇지 않으면 이렇게 영원히 울며 슬퍼할 거예요."

최초의 어머니는 남편을 설득했다.

"내일 정오에 나를 꼭 죽여야 해요. 나를 죽인 뒤 우리 두 아들들로 하여금 내 머리채를 잡고 빈 땅 위를 끌고 다니라고 하세요. 반드시 내 시체를 끌고 다녀야 해요. 내 살이 다 떨어져나갈 때까지 땅 위를 왔다갔다해야 합니다. 그런 다음 내 뼈를 모아 빈 땅 한가운데 묻으라고 하십시오. 그리고 그곳을 떠나세요. 일곱 달 후 다시 그곳으로 가보세요."

남편은 하는 수 없이 그가 시킨 대로 했다. 일곱 달이 지났다. 남편과 자식들, 그 자식의 자손들이 모두 그곳으로 갔다. 놀랍게도 천지가 푸른 술이 달린 키 큰 나무들로 뒤덮여 있었다. 그 나무의 이름은 '옥수수'였다. 최초의 어머니는 자손들을 먹이기 위해 자기 살로 열매를 맺게 한 것이다. 그들은 열매를 먹어보았다. 말로 표현할 수 없을 만큼 고소했다. 그들은 어머니의 말씀대로 옥수수를 몽땅 먹어치우지 않고 다시 땅 속에 씨앗을 심었다. 그렇게 해서 어머니의 살과 영혼은 일곱 달 만에 한 번씩 새로 태어나게 되었다.

그들은 어머니의 뼈가 묻혀 있는 곳으로 가보았다. 거기에는 또 다른 나무가 자라고 있었다. 잎이 넓고 향기가 좋은 나무였다. 바로 어머니의 입김으로 만든 나무였다. 어머니의 영혼이 이렇게 말했다.

"그 잎에 불을 붙여 피우렴. 이것은 신성한 풀이다. 이 잎은 너희들의 기도를 도와주고, 또한 너희들의 마음을 맑게도 해주고 기쁘게도 해줄 것이다."

남편은 이 풀에 '담배'라는 이름을 붙였다. 그는 자손들에게 말했다.

"너희들은 최초의 어머니의 살을 잘 간수해야 한다. 어머니의 거룩한 마음이 식물로 변한 것이기 때문이다. 그리고 어머니의 입김도 잘 간수해야 된다. 어머니의 참사랑이 연기로 변한 것이기 때문이다. 너희들은 이 옥수수를 먹을 때와 이 담배를 피울 때 언제나 어머니를 기억해야 한다. 어머니는 너희들을 먹여 살리기 위해 자신의 생명을 희생했기 때문이다.

따라서 어머니는 죽은 것이 아니라 항상 우리 곁에 살아 계신 거다. 어머니는 죽지 않는 사랑 속에서 영원히 자신을 새롭게 하실 것이다."

| 참고문헌 |

디 브라운, 최준석 옮김, 《나를 운디드니에 묻어주오》, 한겨레출판, 2011

케네스 C. 데이비스, 이순호 옮김, 《미국에 대해 알아야 할 모든 것 미국사》, 책과함께, 2004

알폰소 오티즈 · 리차드 엘도즈 엮음, 백승길 옮김, 《무엇이 그들의 신화이고 전설인가—미국 본토박이들의 신화와 전설》, 이가책, 1993

비행기와 낙하산의 시조는 중국

'하늘을 난다'는 것은 인간의 오랜 꿈이었다. 새처럼 자유롭게 하늘을 훨훨 날아다니기를 소망한 인간은 까마득한 옛날부터 비행 방법을 연구했다. 그 최초의 기록은 아마도 그리스 신화에 나오는 이카로스의 비행일 것이다.

이카로스는 새의 깃털을 이어 붙여 커다란 날개를 만들어 달고 하늘로 날아올랐다. 하지만 흥분한 나머지 너무 높이 올라가지 말라는 아버지의 충고를 깜박 잊고 높이높이 날아오르다가 날개를 붙인 밀랍이 태양열에 녹는 바람에 그만 바다로 떨어져 죽고 만다. 신화에 나오는 이야기이므로 사실 여부는 알 수 없지만, 수천 년 전의 그리스 사람들 역시 하늘을 몹시 날고 싶어 했다는 것을 알려주는 이야기다.

· 죽음의 비행을 하는 죄수들 ·

서양에서 처음으로 비행기
를 고안해낸 사람은 레오나
르도 다 빈치다. 하지만 그
도 비행에 성공하지는 못했
다. 그로부터 약 400년 뒤인
1903년에 미국의 라이트 형
제가 최초로 비행에 성공했
다.

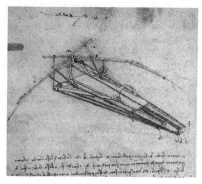

다 빈치의 스케치 '하늘을 나는 기계'. 그는 지금의 헬리콥터
와 매우 비슷한 스케치도 남겼다.

그런데 다 빈치보다 무려 천 년이나 먼저 중국에서는 하늘을 날았다.
중국 사람들이 하늘을 나는 도구로 사용한 것은 바로 연이다. 중국 송
나라 때의 역사가 사마광이 쓴 《자치통감》을 보면 다음과 같은 기록이
나온다.

고양(高洋)은 원황두(元黃頭)와 다른 수인(囚人)들을 금봉대(金鳳臺) 위
에서 올빼미 모양으로 된 종이연에 태워 날게 했다. 원황두만이 용케 자
맥(紫陌)까지 날아가 무사히 착지했다.

고양은 기원후 550년부터 577년까지 존재한 북제(北齊)라는 나라의
초대 황제다. 그는 황제가 되자 정적인 탁발(拓跋)씨와 원(元)씨 일가를
멸족시켰다. 559년 한 해 동안 두 가문에서 그의 손에 죽어나간 사람
이 721명에 달했다. 그가 정적을 죽이는 방법으로 사용한 것이 바로

'비행'이었다.

고양은 죄수들의 몸에 대나무로 만든 커다란 거적을 날개처럼 달아
준 다음 백 척의 단 위에서 뛰어내리게 했다. 뛰어내린 사람은 대부분
목숨을 잃었다.

황제는 이번엔 커다란 올빼미 모양의 연을 만들어 죄수들을 시험비
행사로 태웠다. 그중 위나라 태자 원황두는 꽤 먼 거리를 날아갔다. 그
가 비행한 거리는 2.5킬로미터 정도. 그는 죽음의 비행에서 멋지게 살
아남았지만 황제의 명에 의해 결국 굶어죽었다.

· 서양보다 1,335년 앞선 비행 ·

서양 사람들이 연을 처음 안 것은 16세기의 일이다. 1589년에 과학
자 지암바티스타 델라 포르타가 《자연의 마술》이란 책에서 '나는 연'에
대해 쓴 것이 유럽 최초의 기록이다.

그런데 중국 사람들은 기원전 4~5세기경 이미 연을 만들어 사용했
다. 기원전 4세기에 활약한 사상가로 제자백가 중 묵가(墨家)의 창시자
인 묵자(墨子)는 3년 이상 걸려 특별한 연을 만들었다고 한다.

연은 처음에는 주로 군사적 목적으로 사용되었다. 다음은 7~8세기
경 쓰인 것으로 추정되는 책 《독이지(獨異志)》의 한 대목이다.

> 양무제(梁武帝)의 태청(太淸) 연간에 후경(侯景)이 모반을 일으켜서 태
> 성(台城, 남경)을 포위하고, 곳곳에 있던 황군(皇軍)을 마을로부터 고립

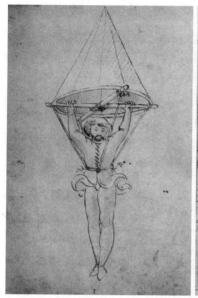

(좌) 다 빈치의 낙하산보다 앞선 것으로 알려진 이탈리아의 낙하산 그림. 다빈치의 낙하산에 비해 훨씬 단순한 형태다.
(우) 베네치아의 파우스트 베란치오가 1595년 고안한 낙하산

시켰다. 간문(簡文)과 황태자 대기(大器)는 다수의 연을 하늘에 띄워서 멀리 있는 군의 지휘관들에게 위급함을 알리려고 했다. 후경의 장교들은 황군들이 미술을 꾸미고 지령을 보내고 있다고 후경에게 보고했다. 그러자 그는 사수들로 하여금 연을 쏘도록 명령을 내렸다. 맨 처음에 그것들은 전부 떨어지는 것처럼 보였으나, 이윽고 새로 모습을 바꾸어 날아가 버려 보이지 않았다.

연은 이렇게 편지를 전달하거나 선전물을 뿌리거나 신호용으로 사용되었다. 그런가 하면 낚시에도 이용되었다. 미끼를 단 낚싯바늘을 연에 매달아 강 혹은 호수에서 아주 멀리 날린 것이다.

연은 주로 새 모양을 본떠 만들었다. 지네, 너구리, 나비, 용 모양을 한 것도 있고, 눈동자가 빙글빙글 돌거나 꼬리나 발이 움직이게 만든 것도 있었다.

1894년 유럽인으로서 최초로 베이든 파월이란 사람이 연 비행에 완전히 성공했다. 원황두보다 1,335년 뒤의 일이다.

·우산을 이용한 낙하산·

중국 사람들은 연을 이용해 하늘을 날았는가 하면 우산을 이용해 낙하산을 만들어 썼다. 기원전 90년 무렵에 완성된 중국의 대표적인 역사책 사마천의 《사기》에 따르면, 중국의 전설적인 황제 순(舜)이 자기를 죽이려 하는 아버지를 피해 높은 곡물창고로 도망치자 아버지가 창고에 불을 질렀고, 순은 커다란 원추형의 밀짚모자를 잔뜩 몸에 묶고 뛰어내려 무사히 땅에 닿았다고 한다. 이 이야기는 당시 누군가가 실제로 그 같은 경험, 즉 원추형의 커다란 모자를 낙하산으로 이용했다는 사실을 반영하고 있다.

다음은 1214년에 악가(岳珂)라는 사람이 쓴 《정사(桯史)》에 실린 기록이다. 1180년에 광동에서 일어난 사건이다. 당시 광동에는 아랍 상인들이 자주 드나들어 아랍인 사회가 형성되고 이슬람 사원도 몇 개 세워져 있었다. 그중 한 사원에는 '은으로 된 뾰족한 펜과 같이 잿빛 구름을 찌르는 탑'이 있었는데, 탑 꼭대기까지 나선형 계단이 놓여 있고 꼭대기에는 금으로 만든 닭이 서 있었다.

어느 날 도둑이 닭의 한쪽 다리를 훔쳐 도망쳤다. 우쭐한 그 도둑은 이런 말을 남겼다고 한다.

"나는 손잡이도 없는 두 개의 우산에 매달려 내려왔다. 공중으로 뛰어내리니 강한 바람을 받고 그것이 활짝 펼쳐져 날개처럼 되었고, 덕분에 나는 상처 하나 없이 땅으로 내려올 수 있었다."

그로부터 약 500년 뒤인 1687년경, 프랑스 왕의 사절

르노르망의 낙하산 실험을 묘사한 그림. 르노르망은 이 낙하산에 '파라슈트'라는 이름을 붙였다. 오늘날에도 서양에서는 낙하산을 '파라슈트'라고 부른다.

로 태국에 간 시몬 드 라 루베르는 우산을 몸에 달고 높은 탑에서 뛰어내려 비행하는 곡예사의 곡예를 보았다. 그는 자신이 본 것을 저서 《역사 이야기》에 이렇게 기록해놓았다.

그 인물은 두 개의 우산만으로 몸을 지탱한 채 탑 위에서 뛰어내렸다. 그는 우산 자루를 자신의 허리띠에 단단히 붙들어 맸다. 바람이 부는 방향에 따라 그는 땅 위, 나무, 지붕, 때로는 강으로 날아갔다. 그는 태국 왕을 대단히 기쁘게 했으며, 대영주로 떠받들렸다. 또한 왕은 얼마 동안 그를 궁전에 머물게 하였고, 위대한 칭호―그들의 표현방식으로는 위대한 이름―를 내렸다.

약 100년 뒤, 이 책을 읽은 프랑스인 세바스티앵 르노르망은 똑같은 실험을 하여 대성공을 거두었다. 1783년 르노르망은 자신이 만든 낙하산에 '파라슈트'라는 이름을 붙였으며, 기구 비행가인 몽골피에 형제에게 자신의 성공담을 말해주었다. 드디어 1797년, 앙드레 자크 가른느렝이 몽골피에 형제의 기구를 타고 올라가 파라슈트를 타고 멋지게 뛰어내렸다. 지금도 서양에서는 낙하산을 파라슈트(parachute)라고 부른다.

유럽에서 처음으로 낙하산을 생각해내고 스케치를 남긴 사람은 레오나르도 다 빈치다. 《사기》에 기록된 '순임금의 낙하'를 그 시대에 누군가가 경험한 사실, 혹은 누군가가 고안해낸 방법으로 인정한다면, 중국인의 낙하산 발명은 서양보다 무려 1,500년 정도 앞선 셈이다.

우리는 보통 오늘날 널리 사용하는 문명의 이기들이 거의 다 서양에서 만들어졌을 거라고 생각한다. 우리가 서양 중심의 사고방식에 젖어 있기 때문이다. 실은 동양에서 만들어져 서양으로 전해졌다가 다시 동양으로 재수입된 것들이 상당히 많다. 인쇄술, 종이, 화약, 나침반 등이 그 대표적인 예다.

| 참고문헌 |

사마천, 《사기》

로버트 템플, 과학세대 옮김, 《그림으로 보는 중국의 과학과 문명》, 까치, 1993

동화, 그 숨은 뜻 —
늑대와 일곱 마리 새끼 양

어미 양이 먹을 것을 구하러 간 사이에 마음씨 나쁜 늑대가 새끼 양들을 속여서 잡아먹었다. 집으로 돌아온 어미 양은 잠든 늑대의 배를 가르고 새끼 양들을 구해낸 다음 돌을 가득 채워놓았다. 잠에서 깬 늑대는 물을 마시러 우물에 갔다가 배가 너무 무거운 나머지 우물에 빠져 죽었다.

너무도 잘 알려져 있는 동화 '늑대와 일곱 마리 새끼 양'의 줄거리다. 이 동화는 독일인 야콥 그림, 빌헬름 그림 형제가 쓴 《어린이와 가정을 위한 옛날이야기》에 실려 있다.

우리에게는 《그림 동화》라는 제목으로 더 친숙한 이 책은 창작동화가 아니라 독일에서 옛날부터 전해 내려오는 여러 민담, 전래동화 들을 수집하여 그를 토대로 정리, 개작한 것이다. 그래서 그림 형제의 동화는 구전 그대로의 모습과는 상당히 다르다. 새로 고쳐 쓴 부분이 있는가 하면 아예 빼버린 부분도 있다.

그림 형제. 형 야콥과 동생 빌헬름은 둘 다 뛰어난 언어 학자였다.

최근 독일의 한 저명한 민속학자가 여러 텍스트를 비교 검토한 끝에 구전동화에서 빠진 부분을 복원해내는 데 성공했다. 바로 우리가 알고 있는 '늑대와 일곱 마리 새끼 양'의 앞부분에 해당하는 이야기다. 간추리면 이러하다.

· 늙은 양과 일곱 마리 새끼 늑대 ·

옛날에 아주 행복하게 살고 있는 늑대 가족이 있었다. 아빠 늑대, 엄마 늑대, 그리고 일곱 마리의 새끼 늑대였다. 새끼 늑대들은 일곱 쌍둥이로 세상에 태어났는데 아직은 숲으로 나갈 수 있는 나이가 아니었다.

어느 날 아빠가 일하러 나가고 없을 때 엄마 늑대가 아이들에게 말했다.

"얘들아, 오늘은 엄마가 침구 가게 '이끼'에 가서 너희들 새 요와 이불을 사 가지고 와야겠구나. 요가 너무 낡아서 편안하지 않단다. 내가 없는 동안 동굴 밖으로 나가지 말고 착하게 잘 있어라. 숲속에 누가 나타날지 아무도 모른단다. 점심때쯤 돌아올게."

"예, 엄마. 그리고말고요."

한 시간쯤 지났을 때, 동굴 밖에서 조그만 목소리가 들렸다.

"얘들아, 이리 나오너라. 엄마가 맛있는 것을 갖고 왔단다. 밝은 태양빛에 볼 수 있도록 빨리들 나오너라."

그 목소리는 "매─" 하는 양의 목소리였다.

"아니야. 우리는 안 나갈 거야. 넌 우리 엄마가 아니야. 넌 늙은 양이지. 우리 엄마는 깊고 아름다운 목소리를 갖고 있어."

화가 난 양은 숲 속에서 가장 현명하다고 소문난 부엉이를 찾아가서 양젖 2리터를 주고 가창 수업을 받았다. 30분 후, 양은 늑대처럼 깊고 우렁찬 목소리를 내게 되었다. 양은 다시 동굴로 갔다.

"얘들아, 엄마 왔다. 이리 나오너라."

새끼 늑대들은 그만 속아서 동굴 밖으로 나갔다. 굴 입구가 좁았기 때문에 한 마리씩 줄서서 나가야 했다. 새끼 늑대들은 굴 밖으로 나서자마자 차례로 양의 뿔에 받혀서 높은 나무 위로 내던져졌다. 늑대는 나무를 탈 줄 모르기 때문에 새끼들은 죽어라 하고 가지에 매달렸다. 맨 뒤에 나오던 새끼 늑대 한 마리만 얼른 몸을 숨겼다. 양은 그런 줄도 모르고 만족해서 유유히 사라졌다.

얼마 후, 엄마 늑대가 돌아왔다. 새끼들은 높은 나뭇가지에 매달려 울고 있었다.

"엄마, 우릴 내려주세요."

하지만 엄마 늑대 역시 나무를 탈 수 없었다. 엄마 늑대는 이웃에 사는 곰에게 도움을 청했다. 곰은 친절하게도 여섯 마리 새끼 늑대를 나무에서 무사히 내려주었다.

저녁, 집에 돌아온 아빠 늑대는 낮에 있었던 일을 듣고는 으르렁거리며 화를 냈다.

"두고 보자. 복수하고 말 테다."

엄마 늑대는 말렸지만 소용없었다.

다음날 아침, 아빠 늑대는 양의 집으로 갔다. 그러고는 똑같은 방법으로 복수극을 펼쳤다. 여기서부터 우리가 아는 '늑대와 일곱 마리 새끼 양'의 이야기가 시작된다.

• 악의 전형이 된 늑대 •

지금까지 우리는 늑대는 교활하고 사악한 존재의 대명사로 알아왔다. 그런데 원본에서 삭제된 앞부분은 늑대가 그렇게 되기까지의 과정을 설명해주고 있다.

여기서 독자들은 몇 가지 의문이 떠오를 것이다. 어째서 양은 아무 죄도 없는 새끼 늑대들을 괴롭혔을까? 그리고 그림 형제는 왜 하필 앞부분을 삭제했을까?

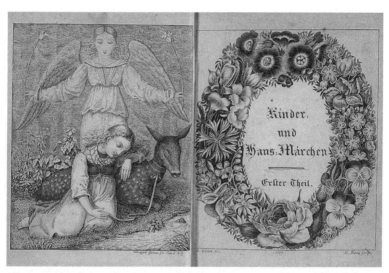

《어린이와 가정을 위한 옛날이야기》. 우리에게는 《그림 동화집》으로 널리 알려져 있는 이 책은 구전동화, 민담을 수집하여 개작한 것이다.

동화의 원형을 찾아낸 민속학자는 이렇게 대답한다. 양은 우리 속에 갇혀 인간에게 사육되는 존재다. 반면 늑대는 자유롭게 산에서 사는 존재다. 양은 자유와 해방을 갈망한 나머지 자기에게 없는 것을 가진 늑대를 시기하고 미워하게 된 것이다. 비록 늑대가 자기에게 아무런 해를 입히지 않았을지라도.

그림 형제의 동화집은 독일에서 자본주의가 발달하고 시민사회가 형성되는 시기에 태어났다. 그림 형제는 전래동화를 모아 책으로 펴내되, 당시의 사회적 변화와 분위기에 걸맞지 않다고 생각되는 내용에 손질을 했다. 그 결과 그림 동화는 구전동화 고유의 모습과는 상당히 달라졌다.

'늑대와 일곱 마리 새끼 양'의 경우, 원형 그대로는 늑대를 악한이라고 욕할 수가 없다. 오히려 자기와 '다르게 사는 죄'밖에 없는 늑대, 그것도 힘없는 어린것들에게 분풀이를 하는 양이 더 비열하고 잔인하게 느껴진다. 늑대의 잘못은 악을 악 그대로 되돌려주려는 복수심에 불탔다는 점이다. 늑대들 사이에도 사건에 대응하는 태도에 차이가 있다. 어미 늑대는 화해와 용서를 구하지만 아빠 늑대는 그렇지 않다.

이 이야기에서 앞부분이 잘린 것은 우연이 아니다. 그림 형제는 앞부분을 잘라버림으로써 늑대를 악의 전형으로 만들었고, 그 결과 늑대는 '천성적으로 악한' 존재가 되었다. 선의 전형인 양은 악을 없애기 위해 늑대를 죽인다. 선을 지키기 위해서 벌인 살생은 정당방위이지 비난받을 일은 아니라는 것이다.

치열한 경쟁사회인 자본주의 사회에는 늑대처럼 '천성적으로 악한' 인간이 존재한다고 그림 형제는 말하고 싶었던 모양이다.

· 낭만주의 시대의 동화 ·

그림 형제보다 100여 년 먼저, 프랑스의 시인이자 비평가인 샤를 페로는 유럽에서 전해 내려오는 민담을 모아 문학적 표현을 가미하여 동화집을 펴냈다. 우리에겐 《페로 동화집》으로 널리 알려져 있는 바로 그 책이다.

이 동화집에는 '푸른 수염', '빨간 모자', '상드리용(신데렐라)', '장화 신은 고양이', '잠자는 숲속의 미녀', '머리털이 곤두선 리케', '선녀' 등 8편의 동화가 실려 있다. 당시 페로는 저명한 시인이자 비평가가 하찮은 동화 따위를 쓴다는 세간의 비난을 받게 되자, 열 살 난 아들의 이

(좌) 독일 낭만주의 문학가인 클레멘스 브렌타노와 아힘 폰 아르님의 《소년의 마적(Des Knaben Wunderhorn)》. 독일의 구전문학작품을 수집해놓은 이 책은 그림 형제에게 깊은 영감을 주었다.
(우) 샤를 페로의 '장화 신은 고양이'. 《페로 동화집》에 실려 있는 이 이야기는 비슷한 여러 판본이 존재한다.

름으로 책을 간행했다고 한다.

하지만 그림 형제의 시대에 이르러서는 동화는 하나의 문학 장르로 자리 잡으면서 관심을 끌게 되었다. 그림 형제가 활약한 시대를 문학사에서는 낭만주의 시대라고 부른다. 괴테, 노발리스, 슐레겔, 브렌타노 등이 이 무렵의 대표적인 작가들이다. 사실 동화만큼 낭만주의 정신을 잘 담을 수 있는 장르도 없을 것이다. 독일의 문호로 추앙받는 괴테도 동화에 깊은 관심을 갖고 세 편의 창작동화를 발표했다.

그림 형제는 1807년부터 독일을 비롯한 유럽의 구전동화, 민담을 수집하기 시작하여 1812년에 그중 86편을 묶어 《어린이와 가정을 위한 옛날이야기》 1권을 간행하고, 3년 뒤인 1815년에 70편을 묶어 2권을 간행했다. 그 후 판을 거듭하면서 여러 차례 수정보완하여 1857년의 제7판에는 200편의 동화가 실리게 되었다. 앞서 말한 '늑대와 일곱 마리 새끼 양'을 비롯해 '빨간 모자', '백설공주', '헨젤과 그레텔', '잠자는 숲속의 미녀', '브레멘의 음악대', '엄지 공주', '황금거위' 등등이 실려 있다.

그림 형제는 둘다 본래 언어학자다. 형 야콥은 《독일어 문법》, 《독일 법률 고사지(古事誌)》, 《독일어의 역사》 등의 저서가 있고, 동생 빌헬름 은 전설 연구에 몰두하여 《독일의 영웅전설》을 썼다. 두 사람은 《독일 어 사전》 편찬에 심혈을 기울이다 완성을 보지 못하고 세상을 떠났는 데, 그 작업은 후대 학자들에 의해 1961년 32권으로 완성되었다.

야콥은 평생을 독신으로 지냈으며, 빌헬름은 도로테아 빌트와 결혼 해 세 명의 자녀를 두었다. 살아서 함께 일한 형제는 죽어서도 베를린 의 마테이 묘지에 나란히 묻혔다.

| 참고문헌 |

이링 폐처, 이진우 옮김, 《누가 잠자는 숲속의 공주를 깨웠는가》, 철학과현실사, 1991
조철제, 《독일문학사》, 경북대출판부, 1990

다윈보다 먼저
진화론을 정리한 월리스

100여 년 전까지만 해도 유럽 사람들은 《성서》에 나오는 천지창조 이야기를 당연한 사실로 믿고 있었다. 그런데 1859년 영국의 생물학자 찰스 다윈이 출간한 《종(種)의 기원》은 지구상에 살고 있는 여러 종의 생물이 각기 따로따로 창조된 것이 아니라 오랜 세월에 걸쳐 다른 종으로부터 진화해온 것이라는 '진화론'을 주장하여 유럽인들을 깜짝 놀라게 했다. 이 주장은 코페르니쿠스의 지동설만큼이나 유럽인들에게 엄청난 충격을 던졌다.

그런데 진화론을 다윈보다 먼저 정리한 사람이 있었다. 앨프리드 러셀 월리스(Alfred Russel Wallace)라는 영국의 박물학자가 그 주인공이다.

• 이틀 만에 정리해낸 월리스의 진화론 •

다윈이 한창 연구에 몰두하고 있을 무렵인 1858년. 평생 동안 심혈을 기울여온 진화론 연구가 막 완성을 눈앞에 두고 있을 때, 멀리 말레이 군도에서 생물 연구를 하고 있는 월리스라는 젊은 학자가 다윈에게 편지를 보냈다.

편지를 읽던 다윈의 얼굴이 새파랗게 질렸다. 거기에는 다윈이 연구 중인 내용이 그대로 적혀 있는 게 아닌가! 더더구나 연구결과를 정리한 논문까지 첨부되어 있었다.

다윈의 진화론의 핵심은 적자생존과 자연선택의 법칙이다. 환경에 가장 잘 적응하는 생물만이 살아남고 나머지는 자연히 소멸함으로써 지구상의 생물이 진화해왔다는 그의 이론은 바로 맬서스의 《인구론》에서 힌트를 얻은 것이다.

맬서스의 《인구론》은 1798년에 쓰인 것으로, 먹을 것의 양이 늘어나는 속도보다 인구가 더 빨리 늘어나기 때문에 인구는 굶주림, 질병, 전쟁으로 줄어들 수밖에 없다는 주장을 담고 있다.

다윈은 사람뿐 아니라 모든 생물에게 이런 일이 일어났을 테고, 결국 환경에 가장 잘 적응한 생물들만 살아남았을 거라고 생각했다. 바로 이것이 자연선택의 법칙이다.

그런데 월리스 역시 《인구론》에서 암시를 얻었다고 편지에 적고 있었다. 월리스는 1848년에 아마존 강 일대를 탐험하고, 1854년부터 말레이 열도를 탐사하여 이듬해 보르네오에서 《새로운 종의 도입을 조절하는 법칙에 관하여》라는 소론을 출판했다. 그는 이 글에서 '모든 종은

(좌) 찰스 다윈. 그의 진화론은 오랫동안 서양 세계를 지배해온 가치관을 뒤흔들어놓았다.
(우) 말년의 월리스. 그는 말레이 군도에서 영국으로 돌아와 말년을 보냈으며, 다윈이 죽을 때까지 친분을 유지했다.

시간적 공간적으로 밀접하게 연관된 종에서 기원했다'고 주장하고, '10년 동안 종의 변화방법에 관한 의문이 내 마음을 떠난 적이 없었다'고 말했다.

1858년 2월, 월리스는 맬서스의 《인구론》을 읽다가 적자생존의 개념을 떠올렸다. 그는 그동안의 연구내용을 덧붙여 단 이틀 만에 논문을 완성했다. 그런 다음 다윈에게 보낸 것이다.

편지는 6월 3일 다윈에게 도착했다. 다윈의 충격은 정말 대단했다. 월리스가 진화론을 세우기까지의 과정과 결론이 다윈과 똑같았다. 더욱이 다윈은 몇 가지 미심쩍은 문제가 있어 최종결론을 아직 내리지 못하고 있었는데 월리스는 논문까지 완성시킨 것이다.

사실 다윈이 진화론을 생각하기 시작한 것은 20여 년 전부터였다. 그는 1831년부터 1836년까지 비글호라는 배를 타고 남아메리카, 남태평양 일대를 여행하면서 동물들의 생활 형태를 조사, 관찰한 끝에 여러 종류의 동물들은 신이 일거에 창조해낸 것이 아니라 오랜 세월에 걸쳐 진화해온 것이라는 생각을 굳히게 되었다. 그리고 진화를 일으키는 원인과 그 방법을 생각하다가 1838년 맬서스의 《인구론》을 읽고 자연선택 법칙을 발견한 것이다.

그 후 다윈은 자신의 생각을 뒷받침해 줄 증거를 착실히 수집하기 시작했다. 조사, 실험, 관찰을 반복하기를 수없이 하며 이제 20여 년간의 연구를 막 끝내려는 참이었다. 그런데 자신이 20여 년간 싸워온 문제를 열네 살이나 어린 젊은 학자가 단 이틀 만에 정리해냈다니, 그때 다윈의 심경이 어떠했을까?

•"만약 당신이 나처럼 시간이 있었더라면"•

월리스는 편지에서 자신의 논문을 지질학자 라이엘에게 보내달라고 부탁하고 있었다. 라이엘은 다윈에게도 큰 영향을 준 지질학의 권위자다. 양심적인 다윈은 라이엘에게 사실을 알리고 월리스의 부탁대로 그의 연구논문을 전달했다.

다윈이 얼마나 오랫동안 끈질기게 연구해왔는지를 잘 아는 라이엘은 다윈과 월리스 두 사람의 연구가 다 훌륭하므로 공동명의로 발표할 것을 제의했다. 그리하여 1858년 영국 린네 학회에서 두 사람의 이론이 공동명의로 발표되었다. 하지만 당시 이 연구발표는 별로 큰 주목을

1859년 초간된 《종의 기원》

받지 못했다.

1년 뒤, 다윈은 자신의 연구결과를 묶어 《종의 기원》이란 제목의 책으로 출간했다. 전년과 달리 이 책은 나오자마자 충격적인 반응을 불러일으켰다.

다윈은 《종의 기원》 머리말에서 그간의 사정을 솔직하게 털어놓고 있다.

지금 나의 연구는 거의 끝나가지만 마무리까지 2, 3년은 더 걸릴 것이다. 그러나 나의 건강상태가 그리 좋은 편이 아니어서 이 초본을 간행하지 않을 수 없게 되었다.

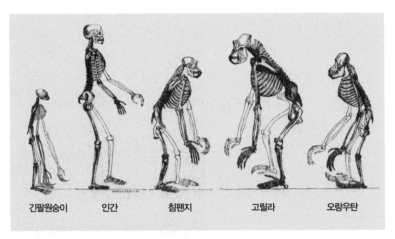

긴팔원숭이   인간   침팬지   고릴라   오랑우탄

영국의 생물학자 토머스 헨리 헉슬리의 저서 《자연계에 있어서의 인간의 위치》(1863)에 실린 인간과 유인원의 비교.

그 밖에도 이 책을 간행하게 된 특별한 동기가 있는데, 그것은 말레이 군도에서 박물학을 연구하고 있는 월리스 씨가 종의 기원에 대해 나와 거의 똑같은 결론에 도달하고 있기 때문이다…….

다윈의 겸허한 태도에 월리스도 점잖게 대응했다. 그는 《종의 기원》이 나오자 이렇게 자신의 견해를 밝혔다.

다윈이 나보다 훨씬 전부터 연구해왔습니다. 내게 《종의 기원》 같은 책을 쓸 여지가 남아 있지 않다는 사실에 불만이 없고 지금도 그렇습니다. 나는 나 자신의 능력을 알고 있으므로 그 일을 내가 감당할 수 없음을 너무나 잘 압니다. 다윈은 아마 현재 살고 있는 사람들 중 그 일에 가장 적합한 인물일 것입니다.

다윈은 월리스에게 감사의 편지를 보냈다.

당신이 제 책을 크게 칭찬했다는 말을 듣고 깊은 감명을 받았습니다. 대부분의 사람들은 만약 당신의 입장이었다면 얼마간 원망과 질투를 느꼈을 겁니다. 그런 인간 공통의 약점이 당신에겐 전혀 없는 것 같습니다. 당신이 자신에 대해 한 말은 지나치게 겸손합니다. 만약 당신이 나처럼 시간이 있었더라면, 내가 한 일을 똑같이 했을 겁니다. 아니, 더 잘했을 겁니다.

• 진화론이 '다윈의 진화론'인 이유 •

다윈의 《종의 기원》은 초판 1,250부가 출간 첫날 다 팔릴 정도로 세간의 관심을 모았다. 우리에게는 《종의 기원》으로 알려져 있지만 원제는 《자연선택에 의한 종의 기원에 관하여(On the Origin of Species by Means of Natural Selection)》이다. 진화론을 월리스가 아닌 다윈의 공로로 인정하는 것은 바로 이 책이 던진 충격파 때문이다.

다윈은 《종의 기원》에서 인간에 대해서는 쓰지 않았다. 인간이 신의 창조물이 아니라 원숭이로부터 진화한 동물이라는 주장이 불러일으킬 어마어마한 충격파를 염려했기 때문이다. 마침내 1871년 다윈은 《인간의 족보》라는 책을 발표하여 인간의 진화에 대해 설명했다.

월리스도 1870년에 《자연선택설에의 기여》라는 책을 펴냈다. 그런데 이 무렵부터 월리스는 다윈과는 다른 주장을 하기 시작했다. 다윈이 인간의 정신 역시 자연선택에 의해 생겨난 것이라고 본 반면, 월리스는 비생물학적인 어떤 작용에 의해 주어진 것이라고 하여 인간을 진화론이 적용되지 않는 특별한 존재로 보았다. 또 화려한 색을 띤 수컷만이 암컷에게 선택된다는 다윈의 '성 선택' 이론에 대해서도 월리스는 반대했다.

월리스는 사회주의 사상과 여성참정권 운동의 옹호자였다고 하며, 강신술에 빠지기도 하고 예방주사 반대운동에 참여하기도 했다고 한다.

월리스는 1913년 아흔 살의 나이로 사망했다.

| 참고문헌 |

김기윤, 〈다윈과 월리스의 성선택: 진화론적 상상력의 힘과 한계〉,《한국과학사학회지》31권 2호, 한국과학사학회, 2009
에이드리언 데스먼드 · 제임스 무어, 김명주 옮김,《다윈 평전》, 뿌리와이파리, 2009
찰스 다윈, 홍성표 옮김,《종의 기원》, 홍신문화사, 1988

아인슈타인만큼 천재였던
첫 부인 밀레바

상대성 이론의 창시자 아인슈타인, 그는 결혼을 두 번 했다. 두 번째 부인 엘사에 대해서는 잘 알려져 있지만, 첫 번째 부인이 아인슈타인 못지않은 재능을 지닌 과학자였으며, 그럼에도 재능을 살리지 못하고 쓸쓸히 생을 마감할 수밖에 없었던 사정에 대해서는 아는 사람이 거의 없다.

· 물리학자가 되려는 천재 소녀 ·

그의 이름은 밀레바 마리치(Mileva Marić). 1875년 오스트리아—헝가리 제국의 작은 마을 티텔에서 태어났다. 아버지는 세르비아인으로 군인이었으며, 부유하고 교육 정도가 높은 집안이었다.

1남 2녀의 맏딸로 태어난 밀레바는 부모의 사랑을 듬뿍 받았다. 선천성 좌골통으로 한쪽 다리를 절었지만 총명하기 이를 데 없는 아이였다. 특히 수학에 탁월한 재능과 흥미를 가졌으며 음악과 미술에도 뛰어났다.

여자에게는 고등교육을 시키지 않는 것이 당시의 일반적인 사회 분위기였지만, 딸의 재능을 아낀 아버지는 세르비아 왕실인문고등학교를 거쳐 스위스 취리히로 밀레바를 유학시켰다. 당시 유럽에서 여자가 대학을 다닐 수 있는 곳은 취리히뿐이었다.

밀레바는 물리학자가 되는 것이 꿈이었다. 1896년 그는 취리히의 스위스 국립공과대학에 입학했다. 그 학교가 생긴 이래 다섯 번째 여학생이었으며, 그해 입학한 학생 중에는 유일한 여학생이었다. 밀레바는 여기서 아인슈타인을 만났다.

아인슈타인은 밀레바의 탁월한 지적 능력에 감탄하고, 밀레바 역시 아인슈타인의 기발한 생각에 매료되었다. 두 사람은 함께 강의를 듣고 함께 과제를 해결했다. 두 사람은 점차 사랑하는 사이가 되었다.

> 사랑스런 나의 보물! 또다시 흐릿하고 황량한 며칠이 내 졸린 눈가를 스쳐 지나갔소. 당신도 이런 기분을 알고 있소? ……나의 전부인 사랑스런 당신, 당신이 없으면 생의 의미는 물론 일할 의욕도 삶의 즐거움도 사라져버린다오─간단히 말해서 당신 없는 삶은 삶이 아니오.

1900년 여름, 아인슈타인이 밀레바에게 보낸 편지다. 그해 9월에 쓴 편지는 이러하다.

우리가 새로운 작업을 하게 되어 나 역시 매우 기쁘오. 이제 당신은 당신의 연구를 계속해야만 하오─내 자신은 아직도 평범한 인물인데, 박사 애인을 갖는다면 나는 얼마나 자랑스러울지 모르겠소!

밀레바 역시 아인슈타인을 깊이 사랑했다.

내 사랑 요호내슬! 당신을 이토록 사랑하고 있는데 당신은 너무 멀리 있어 키스해줄 수가 없군요. 그래서 이렇게 짤막한 편지로 묻게 되었어요. 내가 당신을 좋아하듯 당신도 나를 좋아하나요? 즉시 답장해주세요. 천 번의 키스를 보내며. 당신의 도크셀.

·"넌 여자를 가져야 해."·

두 사람은 결혼을 결심했다. 그러나 아인슈타인 어머니의 강력한 반대에 부딪쳤다. 이유는 밀레바의 나이가 너무 많고(그때 밀레바는 스물다섯, 아인슈타인은 스물한 살이었다), 여자가 똑똑하면 못쓴다는 것이었다.

"그 여자는 책이다, 너처럼. 넌 여자를 가져야 해. 네가 서른 살이 되면 그 여자는 늙은 마녀가 될 게다. 그 여잔 점잖은 집안에 시집올 수 없어."

게다가 다리를 저는 장애인이요, 세르비아인이라는 점도 마음에 들지 않아 했다. 게르만족인 독일인은 슬라브족인 세르비아인을 적대시하고 있었다. 아인슈타인 집안은 유대인이지만 세르비아인에 대해서

밀레바 마리치와 아인슈타인. 두 사람이 뜨겁게 사랑하던 1900년 무렵의 사진.

는 독일인과 같은 태도를 갖고 있었던 것이다.

그러나 1902년 사랑에 빠진 두 사람 사이에서 아이가 태어났다. 밀레바는 석사학위 논문을 중단하고 몰래 고향에 돌아가 아이를 낳았다. 귀여운 여자아이였다. 두 사람은 아이에게 리저렐이란 이름을 붙였다. 하지만 드러내놓고 아이를 키울 수 있는 처지가 아니었기에 밀레바는 혼자 스위스로 돌아왔다.

나중에 정식으로 결혼식을 올리고 난 뒤에도 밀레바는 무슨 이유에서였는지 리저렐을 데려오지 못했다. 훗날 밝혀진 바에 의하면, 리저렐은 베오그라드의 어느 가정에 입양되었다고 한다.

• '특수 상대성 이론', '광양자 이론'을 공동연구하다 •

1903년 1월 두 사람은 결혼식을 올렸다. 공동연구도 다시 시작되었다. 2년 뒤, 두 사람은 '특수 상대성 이론'을 비롯해 5편의 논문을 발표했다. 결혼 전에는 두 사람의 공동저작에 '아인슈타인–마리치'라고 공동서명을 했지만 결혼 후에는 그냥 '아인슈타인'으로 대신했다. 밀레바는 '우리는 이제 하나'라며 별다른 불만을 표시하지 않았다.

사실 논문의 원본이나 메모가 남아 있지 않기 때문에 밀레바가 공동작업에서 어느 만큼 비중을 차지했는지 정확히 가려낼 수는 없다. 하지만 여러 증언과 아인슈타인 자신의 말을 미루어볼 때, 수학적 문제를 해결한다든지 아인슈타인의 착상을 수학적으로 체계화시킨 것은 밀레바였음이 분명하다.

1904년 첫아들 한스가 태어나고, 1910년에는 둘째아들 에두아르트가 태어났다. 이때부터 부부 사이는 차츰 변질되기 시작했다. 에두아르트는 매우 섬세하고 병약한 아이여서 끊임없이 돌봐주어야 했기에 밀레바는 예전처럼 아인슈타인과 공동연구를 할 수가 없었다.

한편 아인슈타인의 명성은 날로 높아져서 이곳저곳 대학을 옮겨다니며 강의를 했다. 밀레바는 이제 유명인사가 된 남편의 아내로서 파티와 공식석상에 어울리는 화려한 안주인 역할을 해야 했다. 하지만 세르비아 출신에다가 다리를 저는 밀레바에게 그 역할은 잘 어울리지 않는 것이었다.

1914년 밀레바는 아이들을 데리고 스위스에 잠시 머물렀다. 바로 그때 세르비아 청년이 오스트리아 황태자 부부를 저격하는 사건이 발생하고 유럽 전역은 전쟁의 불길에 휩싸였다. 제1차 세계대전이 벌어진 것이다.

아인슈타인은 밀레바에게 '스위스에 그대로 있으라'고 편지를 띄웠

1927년 세계적인 물리학자, 화학자 들이 모인 5차 솔베이 회의. 아인슈타인이 앞줄 한가운데 앉아 있다. 마리 퀴리의 모습도 보인다.

다. 겉으로는 스위스가 안전한 중립국이라는 이유를 내세웠지만, 실은 아인슈타인이 다른 여인을 가까이하고 있었기 때문이다. 두 번째 아내가 된 사촌 엘사가 그 주인공이다.

얼마 지나지 않아 아인슈타인은 이혼을 요구했고, 1919년에 두 사람은 마침내 이혼했다. 아홉 살, 열다섯 살짜리 두 아들만이 밀레바에게 남았다. 그때 밀레바의 나이는 마흔네 살. 밀레바는 피아노 레슨과 수학 지도로 생계를 꾸렸다.

3년 뒤인 1922년 아인슈타인은 '광양자 이론'으로 노벨 물리학상을 받았다. 바로 신혼 초, 밀레바와 공동연구하여 발표한 논문이다. 아인슈타인은 상금을 밀레바에게 주었다. 미안함의 표시였을까? 밀레바는 그 돈으로 집을 세 채 사서 생활고로부터 벗어날 수 있었다.

• 이혼, 쓸쓸한 죽음 •

에두아르트의 병세는 날로 악화되었다. 그는 대학입학 자격시험에 합격한 직후, 발작을 일으켜 자살을 시도했다. 그는 말리는 밀레바의 목을 졸랐다. 한동안 정신병원 신세를 진 에두아르트는 병원의 감독 아래 어머니와 은둔 생활을 시작했다. 엄청난 치료비를 감당하기 어려웠던 밀레바는 아들을 간호하는 틈틈이 피아노 레슨과 수학 지도를 했고, 집도 모두 팔아야 했다.

에두아르트의 정신병의 근원은 아버지에게 있었다. 아인슈타인은 과학자로서는 훌륭했지만 아버지로서는 그렇지 않았던 모양이다. 큰아들 한스는 아버지를 몹시 싫어했고 일찌감치 독립하여 자기 길을 걸었지만, 보다 섬세했던 에두아르트는 아버지의 망령을 떨쳐버리지 못했다.

이런 에두아르트의 병세를 잘 알면서도 아인슈타인이 그의 치료를 위해 어떤 조치를 취한 흔적은 보이지 않는다. 에두아르트를 끝까지 책임지고 보호한 것은 밀레바였다.

20년이 흘렀다. 지칠 대로 지친 밀레바는 어느 날 에두아르트가 또 발작을 일으키자 그만 정신을 잃고 말았다. 깨어났을 때는 한쪽을 못 쓰는 반신불수가 되어 있었다. 그는 아들과 같은 병원에 있으려고 애를 썼지만 수포로 돌아갔다.

1947년 8월 4일, 밀레바는 병상에서 홀로 눈을 감았다. 일흔두 살의 늙고 초라한 노파가 되어. 그가 죽은 뒤에도 아인슈타인은 7년을 더 살았고, 에두아르트는 정신병원에서 17년을 더 살았다.

세르비아의 노비사드 대학에 서 있는 밀레바 마리치의 흉상.

에두아르트가 사망하자 미국 버클리 대학 수력학 교수가 된 큰아들 한스는 짤막한 부고를 냈다. 부고에는 '고 앨버트 아인슈타인의 아들'이라고만 되어 있을 뿐 그를 헌신적으로 보살핀 어머니 밀레바에 대해서는 씌어 있지 않았다.

물리학자가 되는 것이 꿈이었던 밀레바는 이렇게 학문적으로도, 한 남자의 아내로도, 어머니로서도 철저히 묻혔다.

밀레바와 아인슈타인이 뜨겁게 사랑하던 시절, 아인슈타인은 밀레바를 동등한 파트너로 생각했다. 그 무렵 아인슈타인은 이렇게 편지를 쓰고 있다.

우리 둘이서 운동의 상대성에 관한 연구를 성공적으로 끝마치게 된다면 나는 얼마나 기쁘고 자랑스러울지 모르겠소.

그러나 아인슈타인의 생각은 변했다. 그는 학문상으로는 시대의 벽을 뛰어넘었지만 개인생활에서는 그렇지 못했던 것 같다.

아인슈타인 사망 후, 한스는 아버지와 주고받은 편지를 비롯해 아버지에 대한 갖가지 자료를 모아 출판하려 했으나 아인슈타인의 명예가 실추될 것을 염려한 유언 집행자들이 소송을 제기하여 이를 막았다. 1958년의 일이다.

지금껏 아인슈타인은 인류문화에 기여한 위대한 과학자로 남아 있다. 그러나 그 신화적 명성의 그늘 아래 비틀린 삶을 산 사람들이 있다는 사실은 가려져 있다. 밀레바, 한스, 에두아르트가 바로 그들이다.

떠난 사랑에 대한 원망, 병든 자식에 대한 애절한 아픔과 책임감, 생활고, 그 모두보다 더한 외로움. 이런 짐을 지고 산 밀레바가 죽음의 병상에서 느낀 것은 도리어 평온과 해방감이었을지도 모른다.

| 참고문헌 |

데산카 트르부호비치 규리치, 모명숙 옮김, 《아인슈타인의 그림자: 밀레바 마리치의 비극적 삶》, 양문, 2004

로저 하이필드 · 폴 카터, 오동현 옮김, 《아인슈타인의 사생활》, 동아일보사, 1995

잉에 슈테판, 이영희 옮김, 《재능있는 여자의 운명》, 전원, 1991

거짓말, 실수 또는 오해

서 대감의 뒤바뀐 사윗감

서거정(徐居正)은 조선 세조 때부터 성종 때까지 23년에 걸쳐 홍문관, 예문관 양관의 대제학을 지낸 학자요 문장가요 정치가다. 그는 너그럽고 유유자적한 성품으로 이름나 있는데, 다음은 그의 집안에서 벌어진 일이다.

• 박 서방과 민 서방 •

어느 날 서거정은 가까운 일가의 혼사에 참석했다. 일설에는 조카딸의 혼사였다고 한다. 그날, 한동네의 내수사 별제 벼슬을 하는 집에도 혼사가 예정되어 있었다. 그 집의 사윗감은 공주에 사는 박 서방이요, 서 대감 댁의 사윗감은 민 서방이었다.

박 서방이 먼저 동네 어귀에 도착했다. 박 서방은 마중나와 있는 종

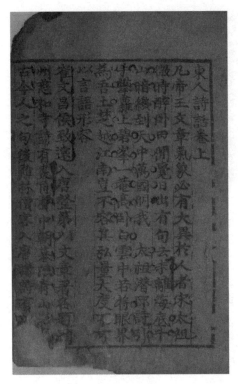

《동인시화》. 서거정이 쓴 시 평론집. 신라의 최치원부터 조선 초기 시인에 이르기까지 역대 시인들의 작품을 평하고 있다. (연합포토 제공)

들에게 호령했다.

"어서 모셔라."

서 대감 댁에서 혼례를 마친 박 서방은 재빨리 신방에 들어갔다. 그러던 차, 손님 중 누군가가 신랑의 얼굴이 다르다고 말했다. 뒤늦게 신랑이 바뀐 것을 안 서 대감 댁에서는 박 서방을 내보내고 진짜 신랑 민 서방을 맞아들였다.

그런데 이번엔 서 대감 댁 신부가 민 서방을 완강히 거절했다. 한 번 결혼하였으니 다른 남자를 받아들일 수 없다는 것이었다. 하는 수 없이 민 서방은 내수사별제 집으로 쫓겨났다. 그런데 거기서도 박 서방은 이미 신방을 치른 후였다. 이렇게 하여 박 서방은 하루 만에 두 신부를 얻고 대감 댁 사위가 되었다고 한다.

서거정이 1477년에 쓴 《태평한화골계전(太平閑話滑稽傳)》을 보면 이와 비슷한 이야기가 실려 있다. 장가든 첫날, 신랑이 술에 취해 변소에서 그만 곯아떨어졌다. 때마침 지나던 과객이 배가 고파 혼인집에 들렀는데, 신랑을 기다리다 찾아 나선 그 집 종들이 이 과객을 신랑으로 잘못 알고 신방에 들여보내 그 집 사위가 되었다는 얘기다. 아마도 서거정이 자기가 직접 겪은 일을 바탕으로 쓴 글이 아닌가 한다.

'골계'란 익살이란 뜻의 한자어다. 《태평한화골계전》은 고려 말부터 조선 초까지의 우스개, 해학, 음담패설을 모아놓은 책으로 우리나라 최초의 골계집으로 꼽힌다. 위엄 넘치는 대제학 벼슬을 23년이나 맡아 한, 육순을 바라보는 점잖은 선비가 골계집이라니 어울리지 않는다고 독자는 생각할 테지만, 사실 이야말로 서거정의 진면목을 알게 해주는 예다.

그럼 《태평한화골계전》에 실려 있는 이야기를 몇 개 더 보기로 하자.

김가 성을 가진 어느 샌님이 우스갯소리를 잘했는데, 그가 어느 날 친구 집을 찾아갔다. 주인이 술상에 나물만 내오면서 말했다.

"집은 가난하고 저자는 멀어 맛있는 음식을 준비하지 못해서 보잘것없는 안주가 매우 부끄럽네."

마침 뜰에서는 닭들이 모이를 쪼고 있었다. 그 광경을 물끄러미 바라보던 샌님이 말했다.

"대장부는 천금도 쓸 데는 써야 하는 것이니 내 타고 온 말을 잡아 안줏감을 만들리라."

"말을 잡수면 무엇을 타고 돌아가려는가?"

"저 닭을 빌려 타고 가겠네."

입으로 체면만 차리는 자들에게 일침을 가하는 해학이다. 또 다른 이야기에서는 계집종을 훔치는 주인의 몰골을 익살스럽게 묘사하고 있다.

첫째, 주린 호랑이가 고기를 탐하는 꼴. 이는 주인이 계집종을 낚아채는 모습을 말한다. 둘째, 여우가 언 물을 건너면서 얼음 깨지는 소리를 듣는 꼴. 주인 아내가 발소리를 죽여 감시하는 모습이다. 셋째, 가을 매미가 껍질 벗는 꼴. 계집종의 옷과 이불을 벗기는 모습이요, 넷째, 물건 훔친 이리가 뒤밟는 소리 듣는 꼴. 일을 끝낸 주인이 아내가 두려워 살금살금 방에 기어드는 모습이다. 다섯째, 백로가 물고기를 엿보는 꼴. 이는 계집종을 엿보는 모습이요, 여섯째, 솔개가 꿩을 낚아채는 꼴은 계집종을 낚아채는 모습, 일곱째, 옥토끼가 약을 찧는 꼴은 계집종과 방사를 즐기는 모습, 여덟째, 닭들이 싸우는 꼴은 질투하는 아내와 싸우는 모습을 말한다.

· 김시습과의 우정 ·

서거정은 1420년 경북 대구에서 태어났다. 그의 외할아버지는 성리학자 양촌(陽村) 권근(權近)이다. 어려서부터 신동이란 칭찬을 받고 자란

창경궁 명정전. 창경궁의 전각 이름은 서거정이 지은 것이다. 그러나 창경궁의 전각들은 임진왜란 때 불타 없어졌고, 나중에 다시 복원되었다.

그는 세종 치하에서 집현전 학사가 되었다.

수양대군이 조카 단종을 밀어내고 왕위에 올라 세조가 된 뒤 성삼문, 박팽년 등 여섯 명의 학자들은 단종의 복위를 도모하다 형장의 이슬로 사라졌다. 이들을 사육신이라 부른다. 사육신 외에도 김시습, 이맹전, 남효온 등 여러 기개 있는 사람들이 벼슬을 버리고 은둔과 방랑생활을 했다. 이들은 생육신이라 불린다.

그러나 서거정은 세조 치하에서도 벼슬을 계속했다. 대사헌, 형조판서를 거쳐 1467년에 예문관 대제학이 되고 얼마 후 홍문관 대제학을 겸했다. 홍문관과 예문관 양관의 대제학을 겸한 것은 조선 왕조가 시작된 이래 최초의 일이었다. 그 후 서거정은 6조 판서를 두루 거치고 예종, 성종 때까지 공직을 맡아보았다.

그와 김시습의 우정은 유명하다. 생육신의 한 사람인 김시습은 세조 치하에서 벼슬하는 위인들을 지독히 경멸하여 대면조차 싫어했지만, 서거정만은 달리 대했다. 김시습이 서울에 오면 서거정은 그를 찾아가 함께 술잔을 기울이곤 했다 한다.

서거정은 탁월한 문장가였다. 그가 중국에 사신으로 갔을 때의 일이다. 사신 가는 벼슬아치에게는 한 등급 벼슬을 올려주는 것이 관례였으므로 그는 이조 참의로 승진했다.

이조 참의는 다른 참의보다 한 등급 높은 종2품이다. 종2품은 허리에 금띠를 두른다. 서거정은 서둘러 은띠를 벗고 금띠를 빌려 두른 다음 중국으로 떠났다. 일을 마치고 다시 국경에 도착한 그에게 마중 나온 관리가 전갈을 했다. 그의 관직이 예조 참의로 바뀌었다는 것이다. 서거정은 금띠를 벗고 다시 은띠를 둘렀다. 그런 다음 거나하게 취해 읊조렸다.

일찍이 귤이 북쪽 물을 건너면
탱자가 된다는 말은 들었지만
금이 물을 건너서 은이 되는 것은 처음 보았네

· 자유로운 정신의 소유자 ·

서거정은 조선을 대표하는 법전인 《경국대전(經國大典)》과 우리나라 역대 시문을 모은 《동문선(東文選)》을 편찬했으며, 역사책 《동국통감(東

國通鑑)》, 인문지리서 《여지승람(興地勝覽)》, 시평론집 《동인시화(東人詩話)》, 시문집 《사가집(四佳集)》, 《필원잡기(筆苑雜記)》 등을 남겼다. 그는 또 풍수, 역학에도 깊은 관심을 가졌고 의학서인 《향약집성방(鄕藥集成方)》을 한글로 번역하는 데 심혈을 기울였다.

문인으로서 벼슬아치로서 최고의 지위에 올랐음에도 형식과 명분에 구속되지 않는 자유로운 정신의 소유자였던 서거정은 1488년에 세상을 떠났다.

| 참고문헌 |

서거정, 박경신 대교(對校) · 역주, 《태평한화골계전 1 · 2》, 국학자료원, 1998
허경진 편역, 《사가 서거정 시선》, 평민사, 1994

가마고개의 비극

가마고개는 경남 하동 옥종면에 있는 고개다. 가마고개에는 다음과 같은 전설이 전해 내려온다. 조선시대의 일이다. 고개를 사이에 두고 종화골, 안계골 두 마을이 자리 잡고 있었다. 어느 날, 종화골의 한 명문 집안 따님이 시집을 가느라 가마를 타고 고개를 넘고 있었다. 마침 안계골의 명문 집안 따님도 혼례를 마치고 고개를 넘는 중이었다.

· 가마고개의 비극 ·

두 대의 가마는 고갯마루에서 딱 마주쳤다. 한쪽이 비켜야 다른 쪽이 간신히 비켜갈 수 있는 좁다란 고갯길이었다. 밑에는 천 길 낭떠러지 아래 시퍼런 강물이 도도히 흐르고 있었다.

그런데 어느 쪽 가마도 먼저 비키려 하지 않았다. 두 집안은 오랫동안 서로 적대시해온 사이였다. 두 집안은 속한 학파가 달랐다. 안계골 신부 집안은 퇴계 이황 학파, 종화골 신부 집안은 남명 조식 학파였다. 당파로 치면 이황 학파는 남인, 조식 학파는 북인이다.

학파와 당파의 명예와 전통을 생명보다 중히 여기는 두 집안은 상대 편 가마에 양보한다는 것은 곧 자파의 굴욕이요 수치라고 생각했다. 그래서 두 가마는 버티기 시작했다. 먼저 양보하라고 호통을 치며.

소식을 들은 양쪽 집안에서 사람들이 달려오고 신부를 기다리던 신 랑 집에서도 달려왔다. 나중에는 각지에서 퇴계 문하생, 남명 문하생 들까지 모여들었다. 모여든 사람들은 초막을 치고 버텼다.

이렇게 팽팽히 맞서기를 무려 사흘, 한 치의 양보도 할 수 없던 두 집 안은 마침내 가문과 당파의 명예를 손상하지 않고도 문제를 해결할 수 있는 방법을 생각해냈다.

이윽고 두 신부의 가마 안에 커다란 돌멩이가 넣어졌다. 두 신부는 어른들이 시키는 대로 그 돌멩이를 치마에 싸안고 시퍼런 강물로 뛰어 내려야 했다. 두 신부에겐 죽음의 혼례 길이었다.

그 후 이 고개는 당파 간 대립의 상징이 되었으며 가마고개라는 이름 을 얻었다 한다.

· 일본인이 만든 말, '당쟁' ·

조선시대 하면 독자들은 얼핏 당쟁을 떠올릴 것이다. 그리고 사리사 욕에 눈먼 벼슬아치들의 싸움이라면 지긋지긋하다고 고개를 내저을 것이다. 그러나 실인즉 조선시대 정치는 당쟁으로 일관한 파쟁의 연속은 아니다. 뿐만 아니라 본래 조선시대의 당파는 사리사욕으로 모인 집단이 아니라 나름의 철학적 기반을 갖춘 정파였다.

조선시대 정치를 그 부정적 측면만 강조하여 조선조 정치 하면 '당쟁'이라고 여기게끔 만든 것은 바로 일제강점기의 일본 식민사학자들이다. 우선 '당쟁'이란 말부터가 일본 식민사학자에 의해 만들어진 것이다. 본래 조선조 정치가들은 '붕당(朋黨)'이라고 불렀다. 그런데 1900년 학정참여관으로 조선에 온 시데하라(幣原坦)란 인물이 1907년 《한국정쟁지》라는 책을 펴내면서 '당쟁'이란 말을 처음 사용했다. 그는 조선조의 정파는 '주의를 가지고 상립하는 공당이 아닌, 이해를 가지고 상호 배제하는 사당'이라고 규정하고 있다.

조선조 정치사에 붕당이 처음 등장하는 것은 대략 15세기 말부터다. 이때의 붕당은 일종의 정치여론 집단이었다. 이들은 붕당을 공도(公道)의 실현을 추구하는 '군자의 당'과 사리 도모를 일삼는 '소인의 당'으로 구분 짓고 각각 진붕(眞朋), 위붕(僞朋)이라 불렀다. 옳은 정치란 임금이 진붕의 승세를 유지시킬 때 이루어진다는 것이 이들의 주장이다.

붕당은 대체로 학연으로 이루어졌다. 퇴계 이황의 학통을 따르는 자들은 남인, 남명 조식의 학통을 따르는 자들은 북인, 율곡 이이의 학통을 따르는 자들은 서인, 화담 서경덕의 학통을 따르는 자들은 동인, 이런 식이다. 물론 그에 구애받지 않은 자들도 있었다.

본래 붕당정치는 여러 개의 붕당이 서로 비판하면서 상호 공존하는 것을 이상으로 삼는다. 그러나 이 이상은 시간이 흐르면서 무너져, 갈수록 배타적인 성향을 띠고 대립과 정쟁이 격렬해졌다.

· 붕당정치에 대한 비판 ·

붕당정치의 폐단에 대한 비판은 일찍부터 제기되었다. 1890년 이건 창(李建昌)의 《당의통략(黨議通略)》은 조선조 붕당정치를 정리하면서 다음 과 같은 비판을 싣고 있다. 첫째 도학(道學)이 태중(太重)한 것, 둘째 명의 (名義)가 태엄(太嚴)한 것, 셋째 문사(文詞)가 태번(太繁)한 것, 넷째 형옥(刑 獄)이 태밀(太密)한 것, 다섯째 대각(臺閣)이 태준(太峻)한 것, 여섯째 관직 이 태청(太淸)한 것, 벌열(閥閱)이 태성(太盛)한 것, 승평(承平)이 태구(太久) 한 것.

이건창은 조선조 정치의 가장 큰 문제는 도학을 지나치게 중시하고 명분과 의리에 치중했으며 양반 중심으로 이루어진 점 등이라고 지적 하고 있는 것이다. 그 후 박은식, 신채호도 조선의 유교문화와 양반 중 심의 사회구조를 신랄히 비판했다.

그러나 이들의 비판은 일본 식민사학자들과는 논지가 전혀 다르다. 일본의 식민사학이 우리 역사를 연구한 목적은 일본의 식민지 지배를 정당화하고 그에 도움을 주기 위해서였다. 그래서 조선 민족은 분열과 파쟁밖에 모르는 열등 민족이요 조선 역사는 발전 없이 정체되어 있는 역사이므로 보다 우수한 일본의 지배를 받아 마땅하다는 논리가 그 밑 바닥에 깔려 있다. 이와 같은 논지의 역사연구를 통틀어 식민사관 혹 은 식민사학이라고 한다. 시데하라는 식민사학의 선구자적 인물이다.

조선조 정치가 붕당 간의 배타적인 대립으로 수많은 굴절을 겪은 것 은 사실이다. 정쟁의 희생양 또한 셀 수 없이 많았다. 앞서 소개한 가 마고개 전설의 가엾은 두 신부 외에도 왕위에서 쫓겨난 광해군, 선조 때의 개혁사상가 정여립, 서구 문물을 이 땅에 소개한 소현세자, 치열한 정쟁에 휘말려 비운의 일생을 산 숙종의 두 여인 인현왕후와 장희빈, '노론 제거'를 발설했다가 뒤주에 갇혀 죽은 사도세자 등등. 조식과 서경덕의 학풍이 이단시되고 이황과 이이의 학풍이 정통처럼 여겨지는 것도 정쟁과 무관하지 않다. 조식과 서경덕의 학풍은 정쟁 패배자의 학풍이기 때문이다.

조선조 정치에 대한 건강한 비판은 얼마든지 해도 좋다. 그러나 민족 말살을 꾀하는 식민주의 사학의 근거 없는 주장과는 반드시 구별되어야 한다.

| 참고문헌 |

이건창, 이덕일 · 이준녕 해역,《당의통략》, 자유문고, 1998
이태진, 〈당쟁을 어떻게 볼 것인가〉,《조선시대 정치사의 재조명》, 범조사, 1985
이규태,《민속한국사 2》, 현음사, 1983

콜럼버스의 거짓말,
나폴레옹의 거짓말

1492년 8월 3일 새벽, 콜럼버스는 3척의 배를 이끌고 스페인의 팔로스 항을 떠났다. 목적지는 인도. 유럽인들에게 꼭 필요한 향료인 후추를 찾아가는 길이었다.

이들은 인도가 그렇게 멀리 있다고 생각지 않았다. 7백 리그(1리그는 약 3마일), 즉 3,200킬로미터쯤 항해하면 도착할 거라고 믿었다. 그렇지만 콜럼버스는 내심 불안했다. 혹시 항해가 길어질 경우, 선원들이 동요하거나 폭동을 일으키면 어쩌나 하는 걱정 때문이었다.

고심 끝에 콜럼버스는 거짓말을 하기로 마음먹었다. 선장인 그는 매일 항해일지를 쓰도록 되어 있었다. 그는 이 항해일지를 두 권 만들어서 하나는 그날의 항해 거리, 배의 현재 위치 등을 정확하게 기록하여 몰래 감춰두고, 다른 하나는 실제 항해한 거리보다 훨씬 짧게 기록해서 선원들이 언제든 볼 수 있도록 공개했다.

때문에 선원들은 아메리카 대륙에 도착할 때까지 자기들이 얼마만한

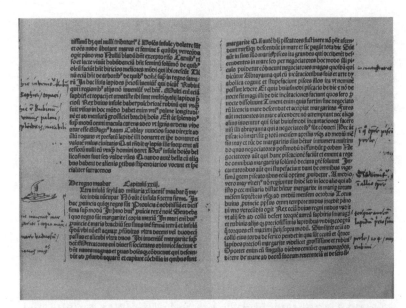

(위) 콜럼버스는 마르코 폴로의 여행기 《동방견문록》을 읽으며 여백에 메모와 스케치를 남겼다.

(아래) 아메리카에 도착한 크리스토퍼 콜럼버스, 19세기 말의 작품이다.

제6부∷거짓말, 실수 또는 오해

거리를 항해했는지 아무도 정확히 알지 못했다. 이들이 실제 항해한 거리는 약 7,000킬로미터, 예상 거리의 2.5배였다.

• 나폴레옹의 거짓말 •

중세의 신학자 아우구스티누스는 거짓말을 7가지 유형으로 나누었다. 첫 번째는 종교적인 가르침에 반하는 거짓말, 두 번째는 아무에게도 도움이 되지 않고 누군가에게 해가 되는 거짓말, 세 번째는 한 사람에게 이익을 주는 반면 다른 사람에게 해를 주는 거짓말, 네 번째는 거짓말하는 즐거움으로 하는 진짜 거짓말, 다섯 번째는 매끄러운 화술로 남을 즐겁게 만들기 위해 하는 거짓말, 여섯 번째는 아무에게도 해가 되지 않고 누군가에게 이익을 주는 거짓말, 일곱 번째는 아무에게도 해가 되지 않으며 물리적인 더럽힘으로부터 누군가를 보호하는 정도의 거짓말.

사실 우리는 수없이 많은 거짓말 속에서 살고 있다. 아우구스티누스가 설파했듯 거짓말에도 여러 종류가 있다. 물론 어떤 거짓말이든 진실보다는 못하다.

역사에 이름을 남긴 인물들도 거짓말을 많이 했다. 그중엔 거짓말이 역사를 뒤바꾸는 전기가 된 경우도 있다. 다음은 나폴레옹이 한 거짓말이다.

콜럼버스보다 약 400년 뒤의 사람인 나폴레옹은 전쟁영웅이다. 프랑스 혁명 직후, 혁명의 불꽃이 자기 나라로 튈까 걱정한 유럽 각국은 동맹을 맺고 프랑스를 쓰러뜨리려 했다. 이때 나폴레옹은 전투마다 승리를 거두어 프랑스 국민을 열광시켰다. 바로 이 무렵 일어난 일이다.

1800년 9월, 지중해의 작은 섬 몰타를 지키고 있던 프랑스 수비대는 영국군의 물샐틈없는 포위작전으로 궁지에 몰렸다. 무엇보다 식량이 부족했다. 프랑스 군 병참 장교 두블레는 나폴레옹에게 급히 편지를 보냈다.

지원병과 식량을 가지고 서둘러 몰타를 구해주십시오. 지체할 시간이 없습니다.

장교가 보낸 편지는 프랑스 정부가 발행하는 신문 《모니퇴르(Moniteur)》에 실렸다. 그런데 이상하게도 내용이 전혀 다르게 바뀌어 있었다.

각하의 존함은 몰타의 용맹스런 수비대에게 새로운 용기를 불어넣어 주었습니다. 수비대에는 현재 충분한 병사와 식량이 있습니다.

몰타에 지원병도 식량도 가지 않았음은 두말할 나위도 없다. 결국 몰타를 지키던 수비대는 굶주림을 견디다 못해 항복하고 말았다.

· 나폴레옹의 전황보고 위조는 필수 ·

2년 뒤, 그 장교가 나폴레옹을 찾아왔다. 나폴레옹의 비서 부리엔을

나폴레옹. 1812년 자크 다비드의 작품. 나폴레옹은 전쟁영웅으로서 프랑스 황제가 되었다.

만난 그는 대체 어찌 된 일이냐고 캐물었다. 그 신문기사 때문에 자신이 동료, 부하 들로부터 받은 비난과 불신은 이루 말할 수가 없노라고 호소했다.

부리엔은 문제의 편지 사본과 장교의 호소를 나폴레옹에게 전했다. 그러자 나폴레옹은 어깨를 한 번 으쓱한 다음 웃으며 대답했다.

"신경 쓰지 마라. 그놈은 바보 같은 녀석이니. 그대는 더 이상 그것 때문에 골치를 썩일 필요가 없느니라."

사실 나폴레옹은 이번뿐 아니라 공문서, 각종 전황보고서를 수없이 변조했다. 그의 비서인 동시에 전기작가이기도 한 부리엔은 이렇게 고백한다.

> 나폴레옹은 전황 보고서를 대단히 중시하여 그것들을 손수 작성하거나 혹은 다른 사람이 작성하는 경우 그 내용이 마음에 들지 않으면 직접 수정하곤 하였다……. 전황 보고서는 언제나 나폴레옹이 국민들로부터 믿어지기를 바랐던 내용대로 발표되었다……. 승리에 관한 것은 부풀려진 반면에 패배나 사상자 수에 관한 것은 발표되지 않거나 혹은 줄여서 발표되었다……. 편지나 보고서들이 원래의 내용대로 활자화되는 것을 나는 거의 보지 못했다. 그리고 이러한 변조행위를 정당화시키기 위하여 얼마나 기막힌 이유가 내세워질 수 있는지 나는 안다. 정직과 성실의 길에서 벗어나게 되면 나쁜 행위를 정당화시키기 위하여 어떤 구실이라도 내세울 수 있기 때문이다. 그렇지만 누군가가 《모니퇴르》지만 참고로 하여 역사를 쓴다면 그것은 도대체 어떤 종류의 역사가 되겠는가?

영국의 역사가 토머스 칼라일에 따르면, 나폴레옹의 허위 전황 보고
는 거의 필수적인 일이었다고 한다. 나폴레옹은 보고서를 허위 작성하
면서 그때마다 아군의 사기진작을 위해서라거나 적군을 유인하기 위
해서라는 이유를 붙였지만, 실은 국민의 지지를 얻어 자신의 입지를
유리하게 만들려는 야심 때문이었다.

나폴레옹이 만든 허위 전황 보고를 그대로 믿고 그를 영웅시한 프랑
스 국민들에 의해 그는 마침내 황제 자리에 올랐다.

| 참고문헌 |

박지향 외,《영웅 만들기-신화와 역사의 갈림길》, 휴머니스트, 2005

크리스토퍼 콜럼버스, 이종훈 옮김,《콜럼버스 항해록》, 서해문집, 2004

필립 커 편저, 한국경제신문사출판부 편역,《역사적인 거짓말》, 한국경제신문사,
   1993

사디즘과사드 후작

사디즘이란 '남에게 고통을 가하고 그것을 보면서 쾌락을 느끼는 병적 상태'를 말하는 병리학 용어다. 이 용어는 프랑스의 귀족 사드의 이름에서 따온 것으로, 사드 후작은 지독한 사디스트였다고 알려져 있다. 그런데 사드 후작은 단순한 사디스트가 아니다. 그는 당시 인간들의 도덕적 타락상을 있는 그대로 적나라하게 묘사한 작가였다.

• 바스티유에 갇힌 사드 후작 •

1789년 일어난 프랑스 대혁명은 7월 14일 파리 시민이 바스티유 감옥을 습격하면서 시작된다. 그 무렵 바스티유 감옥에 갇혀 있던 죄수 중의 한 사람이 바로 사드다.

혁명이 시작되기 10여 일 전, 사드는 물 빼는 데 사용하는 깔때기를 거꾸로 잡고 감옥 근처를 지나는 행인들에게 연설을 했다. 바스티유 감옥의 감독자 로네이 후작이 보고한 내용을 그대로 옮겨보자.

어제 정오에 그는 창문에 매달려 그의 이웃과 행인들이 다 들리도록 있는 힘을 다해 소리치길 "바스티유 감옥의 죄수들을 목 조르고 살해하고 있으니 구하러 와야 한다"고 했습니다. 그는 계속해서 소리쳤습니다.

이 사건으로 사드는 밤중에 바스티유에서 샤랭통 정신병원으로 이감된다. 7월 2일의 일이다.

일주일 후, 사드는 '프랑스 왕정의 헌법을 어긴, 이와 같이 독재적이며 부당하고 부적당하며 야만적인 조치'에 항의하며 자유의 몸이 되면 맨 먼저 이 난폭한 행위를 고발하겠다고 편지를 썼다. 그로부터 5일 후, 바스티유 감옥은 성난 시민들에 의해 점령되고 로네이 후작은 피살되었다.

1790년 4월, 혁명의회는 마침내 사드의 석방을 결정했다. 무려 13년 간의 감옥생활이었다.

나는 거기서 시력과 가슴을 잃었다. 그 대신에 거의 움직이기조차 힘들 정도의 엄청난 비만증을 얻었다. 나의 모든 감각은 죽어버렸고 나는 더 이상 아무것에도 맛을 느끼지 못하게 됐다. 내가 그렇게도 미친 듯이 그리워하던 바깥세상은 이제 나에게는 권태와 슬픔밖에 남아 있지 않은 것 같다.

(좌) 말년의 사드. 그는 샤랑통 정신병원에서 일흔네 살의 나이로 세상을 떠났다.
(우) 20세기의 화가 비버슈타인이 묘사한 사드

석방된 사드는 몰리에르 극장에서 《옥시른 백작, 또는 방탕행위의 결과》라는 희곡작품을 상연하고 《쥐스틴, 또는 덕성의 불행》, 《규방에서의 철학》, 《새로운 쥐스틴과 쥘리에트》, 《알린느와 발쿠르》 등의 소설을 출판했다. 바스티유 감옥에서 구상하고 집필된 이 작품들은 그 어떤 책에서도 찾아볼 수 없는 강간, 근친상간, 남색, 변태적 성행위, 고문, 간음, 폭력으로 가득 차 있다.

역시 바스티유에서 쓴 《소돔 120일》은 사드 스스로가 '이 세상이 생겨난 후로 결코 쓰인 적이 없는 가장 추잡한 책, 이러한 책은 옛 사람들에게서나 오늘날 사람들에게서나 볼 수 없는 책'이라고 선언했을 정도로 인간이 인간에게 가할 수 있는 온갖 정신적·육체적 폭력이 그대로 묘사되어 있다.

《소돔 120일》은 1785년 10월 22일부터 11월 28일까지 37일 동안 종이를 이어붙여 만든 12미터의 좁다란 두루마리에 깨알 같은 글씨로 쓴 것인데, 바스티유에서 샤랭통으로 이감되면서 사드는 이 두루마리 원고를 미처 챙기지 못했던 것 같다. 이 원고는 나중에 바스티유의 사드가 갇혀 있던 방에서 발견되어 독일의 한 고서수집가 손에 들어갔고, 사드 연구가 모리스 엔에 의해 프랑스로 돌아와서 1931~1935년에 걸쳐 3권으로 출간되었다.

너무도 적나라하고 사실적인 묘사로 가득 찬 그의 소설을 읽다 보면 독자는 작가의 사생활 역시 소설 속의 인물들과 다르지 않았을 거라는 추측을 쉽게 하게 된다. 사실 사드는 방탕한 사생활 때문에 끊임없이 추문에 휘말리고 고발당했으며, 감금과 도피생활을 해야 했다.

1768년 부활절에 파리 근교의 도시 아르쾨이에서 구걸하는 가난한 여인을 돈으로 꾀어 알몸에 채찍질을 하고 상처에 밀랍을 부은 행위로 세상을 떠들썩하게 한 죄로 감금당한 적이 있고, 1772년에는 마르세유의 창녀들에게 최음제 섞은 사탕을 먹이고 그 효과를 실험하다가 심한 복통을 앓게 된 피해자들에게 고발당하여 궐석재판에서 사형선고를 받았다. 그가 이탈리아로 도주하자, 허수아비가 대신 처벌을 받았다.

이탈리아에서 몰래 자신의 영지 라코스트로 돌아와 은거하던 사드는 이번에는 살인죄로 1777년 2월 13일 밤 9시 30분 체포되어 벵센 감옥에 수감된다. 세간에 '어린 소녀들 사건'이라 불리는 문제의 사건 때문이다. 사드가 지난 2년 동안 어린 소녀들을 납치하여 온갖 음란한 가학행위를 하고 심지어는 살인까지 저질렀다고 성을 탈출한 한 소녀가 폭

사드의 영지 라코스트 성. '어린 소녀들 사건'이 일어난 현장이기도 하다.

로한 것이다.

이 사건의 진위는 아직도 수수께끼로 남아 있다. 정말 사드는 어린 소녀들에게 차마 입에 담을 수 없는 끔찍한 행위를 하고 죽였을까? 사드 자신은 이를 강력히 부인한다. 하지만 《소돔 120일》에는 그와 아주 흡사한 장면이 생생하게 묘사되어 있다.

어쨌든 이 사건으로 사드의 기나긴 감금의 세월이 시작되었던 것이다. 그가 바스티유 감옥으로 이감된 것은 1778년 7월의 일이었다.

· 프랑스 최고 가문 출신의 방탕아 ·

"현재 나는 누구인가요? 귀족주의자인가요? 아니면 민주주의자인가
요? 제발 가르쳐주세요. 난 정말 내가 무엇인지 모르겠어요."

프랑스 혁명 지도부가 왕당파와 공화파로 갈려 대립하는 1791년 말
에 사드가 내뱉은 말이다.

사드는 프랑스 최고의 귀족 가문 출신이다. 그의 정식 이름은 도나시
앵 알퐁즈 프랑수아 드 사드. 어머니는 부르봉 왕가의 혈족인 콩데 황
태자비의 친척이고, 아버지는 프로방스 지방의 명문 귀족이다. 1740
년 6월 2일에 태어난 그는 콩데 황태자 궁에서 네 살까지 황태자의 아
들과 함께 자랐다.

이렇듯 최고의 명예와 지위, 부를 타고났지만 사드는 왕정에 반대했
다. 절대 자유를 추구하는 사드에게 왕, 혹은 그로 상징되는 기존 질서
는 무너져야 할 것으로 여겨졌기 때문이리라.

1792년 3월 그의 작품 〈유혹자〉가 공연 금지되고 그는 귀족주의자로
고발당했다. 로베스피에르가 이끄는 자코뱅당이 지롱드당을 숙청하고
정권을 장악하는 1794년 초, 사드는 《알린느와 발쿠르》에서 왕정 냄새
가 나는 부분을 고쳐 다시 발간하려 했다. 1월 8일 이 작품을 인쇄하던
인쇄업자가 체포되어 재판을 받고 즉시 처형되었다. 사드도 7월 27일
에 체포되었으나 행정상의 혼동 때문에 재판이 미루어졌다. 그런데 바
로 그날, 로베스피에르가 실각했다. 사드는 간발의 차로 죽음을 면했
으며, 로베스피에르는 다음날 단두대의 이슬로 사라졌다.

석방된 사드는 다시 집필활동에 열중했다. 나폴레옹이 집권하면서

사드의 소설 《쥐스틴, 또는 덕성의
불행》. 1791년 출간되었다.

프랑스는 새로운 질서와 윤리를 찾기 시작했다. 1801년 3월 사드는 또
체포되었다. 재판도 없이 그는 생트-펠라지, 비세트 감옥을 거쳐 샤랭
통 정신병원에 감금되었다.

《소돔 120일》의 원고를 잃어버린 그는 샤랭통에서 그에 버금가는
《프로벨르의 행운녀들, 또는 숨겨진 본성》이란 작품을 썼지만 경찰에
게 압수당했다. 이 작품은 사드 사망 후 불태워졌다고 한다.

사드는 역사적 성격을 띤 음울한 소설을 집필하는 한편, 병원 환자들
과 함께 연극을 공연했다. 이 공연은 파리 시민들도 와서 관람했다. 연
극은 문학 못지않게 사드가 평생 매달린 일이다. 그는 경찰에 쫓기면
서도 희곡을 쓰고 직접 무대에 서곤 했다.

1814년 12월 2일 사드는 샤랭통에서 눈을 감았다. 일흔네 살, 감옥
생활 27년 만이었다.

"일단 구덩이를 덮으면 구덩이 자국이 남지 않도록 그 위에 솔방울들
을 뿌려놓으시오. 그 이전의 모습대로 덤불숲은 다시 무성해지고 그렇

게 되면 나의 무덤은 지구상에서 사라질 것이오."

사드는 생전에 이런 유언을 남겼지만, 그의 장례식은 유언과는 달리 종교의례로 엄숙하게 치러졌다.

• 사드는 정말 사디스트였을까? •

사드 후작은 과물, 미치광이, 위험스런 병자, 너무도 유명한 색광으로 지목되어 사회로부터 격리, 추방되고 그의 작품은 '제목조차 말하기 꺼려지는 추잡한 책'으로 금서가 되었다.

1830년경, 독일의 의사이자 정신병학자인 크라프트 에빙은 남을 괴롭힘으로써 쾌락을 얻는 병적인 상태를 사드 후작의 이름을 따서 사디즘이라고 명명했다. 오스트리아 작가 자허 마조흐(Sacher Masoch)의 작품에 나타나는 피가학증을 마조히즘이라고 이름 지으면서 그와 반대되는 현상으로서 사디즘을 말했던 것이다.

이런 사드가 '인간의 무의식을 표현한 위대한 작가'로 재평가받기 시작한 것은 약 100년 뒤, 시인 아폴리네르가 사드를 가리켜 '일찍이 존재했던 가장 자유스런 정신'이라고 극찬하면서부터다.

오늘날 사드는 기독교 철학자로, 혁명가로, 문학적 선각자로, 프로이트의 선구자로 평가되고 있으며 사회질서의 근본이 된다고 믿어지는 모든 원칙, 이데올로기에 대한 완강한 반항과 회의를 표출한 작가로 칭송받는다.

사드의 정신세계는 당시 사람들의 정신세계와 강렬하게 충돌했다.

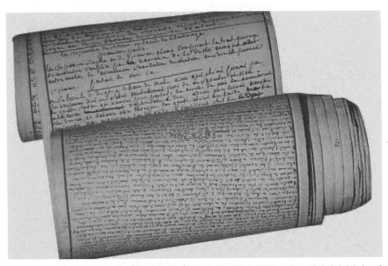

소설 《소돔 120일》의 원고. 바스티유 감옥에서 종이를 이어붙여 만든 두루마리에 쓴 이 원고는 훗날 발견되어 사드 연구가 모리스 엔에 의해서 세상의 빛을 보게 되었다.

그는 아무에게도 마음을 털어놓지 않았다고 한다. 이 대단한 소문의 주인공을 호기심 있게 관찰한 한 샤랭통 정신병원 의사는 이렇게 말하고 있다.

"그가 사는 거처 옆으로 난 회랑을 방심한 태도로 신발을 질질 끌며 무거운 발걸음으로 혼자 산책하는 사드 씨를 종종 만났습니다. 나는 다른 사람들과 말을 하는 그를 본 적이 없습니다. 그의 옆을 지날 땐 나는 그에게 인사를 건넸는데 그는 냉정한 친절함으로 답할 뿐이어서 도저히 그에게 이야기를 건넬 수 없었습니다. 그가 《쥐스틴》과 《쥘리에트》의 작가라고 짐작될 만한 것은 하나도 없었으며 단지 음울하고 오만한 노신사라는 생각만 들었습니다."

사드는 정말 사디스트였을까? 그가 일으킨 사건들을 관찰해보면 그랬을 거라고 생각된다. 하지만 그는 분명 단순한 사디스트는 아니었다. 그는 당시 팽배했던 인간의 도덕적 타락, 특히 귀족과 성직자들의 성적 타락, 부도덕, 부패, 폭력 등 모든 '악덕'을 스스로 실험하고 관찰하고 싶어 한 것 같다. 그리고 그 체험을 바탕으로 작품을 쓴 것 같다. 그렇다면 그가 궁극적으로 찾아 헤맨 것은 과연 무엇이었을까?

| 참고문헌 |

쟝-쟈끄 뽀베르, 이인숙 옮김, 《살아있는 사드》, 문학세계사, 1993

사드, 황수원 옮김, 《소돔 120일》, 새터, 1990

사드, 이형식 옮김, 《미덕의 불운》, 한불문화출판, 1988

이환 · 원윤수, 《프랑스 문학—중세에서 현대까지》, 하서출판사, 1987

서른두 번째 이야기
피타고라스 정리는 구고 정리,
무리수는 무비수

"직각삼각형에서 직각을 끼고 있는 두 변의 길이의 제곱의 합은 빗변의 제곱의 합과 같다."

너무나도 유명한 '피타고라스의 정리'다. 기원전 500년경 활약한 그리스의 수학자 피타고라스가 발견한 이 정리는 그가 사원 바닥에 깔린 보도블록이 다음과 같은 모양의 도형을 이루고 있는 것을 보고 힌트를 얻었다고 한다.

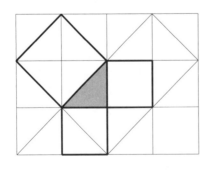

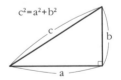

$$c^2 = a^2 + b^2$$

직각삼각형의 성질에 관해서 피타고라스가 발견한 법칙이 최초의 것이고 그것이 중국을 거쳐 우리나라에까지 알려졌을 거라고 생각하기 쉬운데, 실은 그렇지 않다. 피타고라스 정리와 꼭 같은 내용을 이미 동양에서도 알고 있었다. 즉, 서양에서 먼저 발견되어 동양으로 전해진 것이 아니라, 동·서양 양쪽에서 각각 따로 발견된 것이다.

· 구고법 또는 구고현법 ·

중국에 《주비산경(周髀算經)》이란 책이 있다. 후한 때 쓰여 송나라 때 간행된 상하 2권으로 된 천문수학서다. 기원전 1100년경부터 기원전 256년까지 존속한 주나라 때, '비'라는 막대기로 천지를 측정한 데서 《주비산경》이란 제목이 붙었다 한다.

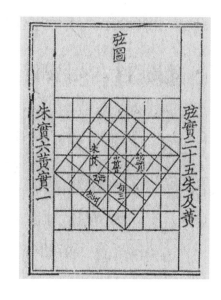

이 책은 피타고라스가 발견한 직각삼각형의 성질을 위와 같은 그림 하나로 증명해내고 있다. 피타고라스의 증명 방법보다 훨씬 간단하다.

중국인들은 이를 '구고법' 또는 '구고현법'이라 불렀다. 직각삼각형의

짧은 변을 구(句), 긴 변을 고(股), 빗변을 현(弦)이라 한 데서 붙여진 이름
이다.

　우리 조상들도 중국의 수학을 일찌감치 받아들여 발전시켰다. 삼국
시대부터 국가교육기관에서 산학(算學)을 정규과목으로 가르쳤다. 19
세기 조선의 천문학자이자 수학자인 남병길(南秉吉)은 《구고술요도해》
라는 책을 썼는데, 여기에서는 《주비산경》에 나오는 동양의 전통적인
증명법과 서양의 피타고라스 정리를 그림을 곁들여서 함께 소개하고
있다.

　조선시대 수학자들의 수준은 매우 높았다. 1713년 5월 '수학에 관한
한 천하의 제4인자'라고 자타가 공인하는 중국의 천문관리 하국주(何國
柱)가 조선을 방문했을 때의 일이다. 중인 출신으로 산학교수를 지낸
홍정하(洪正夏)와 유수석(劉壽錫)이란 조선의 관리가 문제를 냈다.

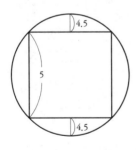

여기 구형의 옥돌이 있다. 여기에 내접한 입방
체의 옥을 빼놓은 껍질의 무게는 265근 15냥 5
전, 단, 껍질의 두께는 4촌 5푼이다. 옥돌의 지
름 및 내접한 입방체의 한 변의 길이는 각각
얼마인가? (1근=16냥, 원주율=3)

　하국주는 쩔쩔 매다가 입을 열었다.

　"이것은 아주 어려운 문제다. 당장은 못 풀지만 내일은 반드시 답을
주겠다."

　그러나 그는 끝내 정답을 풀지 못하고 돌아갔다. 이 문제의 답은 입

방체 한 변의 길이=5촌, 옥돌의 지름=14촌이다. 홍정하는 옥돌 1입 방체의 무게를 3냥, 구의 부피를 $V = r^3 \times 3$(원주율)$\times \frac{2}{3}$로 하여 답을 구하고 있다. 독자 여러분도 한번 풀어보기 바란다.

조선시대 수학자들은 '×'나 '=' 같은 기호를 사용하지 않고 일일이 한자로 풀어썼다. 한 예로, 1854년 산학자 이상혁(李尙爀)이 쓴 《차근방몽구(借根方蒙求)》의 문제풀이를 보자.

문 : 구 · 고의 합이 23척, 구 · 현의 차가 9척이다. 구 · 고 · 현 각각의 길
　　이를 구하라.

답 : 法借一根爲股

　　二十三尺少一根爲勾

　　三十二尺少一根爲弦

　　五百二十九尺少四十六根多一平方爲勾積

　　一千零二十四尺少六十四根多一平方爲弦積

　　五百二十九尺少四十六根多二平, 與一千零二十四尺少六十四根多一

　　平方相等

　　一平方多十八根與四百九十五尺相等

　　以縱較平方開之得十五尺卽股

　　二十三尺內減十五尺得八尺爲勾

　　八尺加九尺得十七尺爲弦

자, 이것을 요즘 식으로 바꿔 쓰면 다음과 같다.

고의 길이를 x로 한다.

구의 길이는 $23-x$

따라서, 현의 길이는 $32-x$

$(23-x)^2 = 529-46x+x^2$

$(32-x)^2 = 1024-64x+x^2$

$x^2+(23-x)^2 = 529-46x+2x^2 = 1024-64x+x^2$(고^2+구^2+현^2)

$x^2+18x = 495$

$(x+9)^2 = 576 = 24^2$

$x = 15$(고의 길이)

$23-15 = 8$(구의 길이)

$8+9 = 17$(현의 길이)

• 잘못 번역된 'irrational numbers' •

한 변의 길이가 1인 정사각형의 대각선의 길이는 얼마인가? $\sqrt{2}$다.
이때 $\sqrt{2}$라는 수를 우리는 '무리수'라고 한다. 무리수는 피타고라스가
처음 발견했다.
그때까지 피타고라스는 '이 세상은 수학적 질서로 되어 있으며, 그

르네상스 시대 화가 라파엘이 그린 〈아테네 학당〉에 묘사된 피타고라스. 한쪽 무릎을 꿇고 앉아 책에 뭔가를 쓰고 있는 사람이 피타고라스다. 뒤편에 서 있는 여성은 수학자이자 철학자로 명성을 날린 히파티아이다.

수학적 질서는 바로 정수와 정수의 비로 표현되는 수'라고 굳게 믿고 있었다. 그런데 난관에 부딪쳤다. 한 변의 길이가 1인 정사각형의 대각선 길이는 도저히 정수로 나타내지지 않았기 때문이다.

정수가 아닌 수가 세상에 존재한다는 사실을 발견한 피타고라스는 몹시 당황했다. 그는 이 난처한 발견을 처음에는 쉬쉬하며 밝히지 않았다고 한다.

그런데 이 '무리수'란 용어는 매우 잘못된 것이다. 영어로 무리수는 irrational numbers, 유리수는 rational numbers라고 한다. 19세기 말, 이를 일본 학자들이 번역하면서 그만 실수를 했다. 'rational'을 사전에서 찾아보라. '이성적인, 합리적인'이라고 되어 있을 것이다. 일본

학자들은 사전대로 합리적인 수, 즉 유리수(有理數), 비합리적인 수 즉 무리수(無理數)라고 번역했다.

아, 그런데 이를 어쩌랴! 'rational'에는 또 다른 의미가 있다. 'ratio', 즉 '비(比)가 있는'이란 뜻이 있는 것이다. rational numbers란 '합리적인 수'가 아니라 '정수의 비로 나타낼 수 있는 수'라는 뜻이다. 다시 말해 '정수의 비로 나타낼 수 있는 수'와 '정수의 비로 나타낼 수 없는 수'를 구별한 것이다. 그러니 정확히 번역하면 '무리수'가 아니라 '무비수', '유리수'가 아니라 '유비수'가 되어야 한다.

일본인들이 잘못 번역한 이 용어는 그대로 우리나라에 들어와 현재까지도 사용되고 있다. 덕분에 우리 학생들은 논리와 합리를 생명으로 하는 학문인 수학에서 '비합리적인 수'를 배우는 웃지 못할 일을 지금 이 순간에도 겪고 있다. $\sqrt{2}$는 정수의 비로 나타낼 수 없을 뿐이지 결코 비합리적인 수가 아니다.

무심코 사용하는 과학기술상의 전문용어들, 그 역사적 맥락을 살펴 고칠 것은 과감히 고치면 어떨까. '피타고라스의 정리' 대신 '구고 정리', '무리수'가 아니라 '무비수', 이런 식으로 말이다.

| 참고문헌 |

박성래, 《민족과학의 뿌리를 찾아서》, 동아, 1991

김용운 · 김용국, 《수학사 대전》, 우성문화사, 1988

제 7 부

역사 속에 살아 있는 인간

서른세 번째 이야기
어느 수학자의 묘비명

어떤 사람이 자두를 스무 개 샀다. 식구들이 모두 모여 세 개씩 먹고 나니 두 개가 남았다. 그럼 식구들은 모두 몇 명인가?

독자들은 얼른 모르는 식구 수를 x라 하고 $3x+2=20$이란 식을 세운 다음 $x=6$이라고 대답할 것이다. 이때 모르는 식구 수 x를 미지수라 한다. 그런데 만약 x라는 문자를 사용하지 않는다면 이 문제를 어떻게 풀수 있을까?

· 대수학의 아버지 디오판토스 ·

서양에서 수학에 문자를 최초로 사용한 사람은 그리스의 수학자 디오판토스다. 디오판토스는 지금으로부터 약 1700년 전인 3세기 중엽 그리스에서 태어났다. 그가 문자를 도입함으로써 '대수(代數)'라는 학문

1621년 라틴어로 번역된 디오판토스의 《아리스메티카》. 디오판토스는 3세기 중엽 그리스의 수학자로 대수학의 아버지라 불린다.

이 새로이 태어났는데, '대수'란 곧 '숫자를 대신한다'는 뜻이다.

수학에 지대한 공헌을 한 디오판토스의 생애는 거의 알려져 있지 않다. 다만 《고대 그리스 시집》에 그의 묘비명이 실려 있어 흥미를 끈다. 디오판토스의 묘비명은 이러하다.

이 무덤 아래 디오판토스는 잠자고 있다. 보아라, 이 경이에 찬 사람을! 여기에 잠자는 이의 기예의 힘을 빌려 묘비는 그 나이를 적는다.

신의 축복으로 태어난 그는 인생의 6분의 1을 소년으로 보냈다.

그리고 다시 인생의 12분의 1이 지난 뒤에는 얼굴에 수염이 자라기 시작했다.

다시 7분의 1이 지난 뒤 아름다운 여인을 맞이하여 화촉을 밝혔으며, 결혼한 지 5년 만에 귀한 아들을 얻었다.

아! 그러나 그의 가엾은 아들은 아버지의 반밖에 살지 못했다.

아들을 먼저 보내고 깊은 슬픔에 빠진 그는 그 뒤 4년간 정수론에 몰입하여 스스로를 달래다가 일생을 마쳤다.

자, 그럼 디오판토스가 고안해낸 방법대로, 문자를 써서 그의 나이를 계산해보자. 디오판토스의 나이를 미지수 x라 하면,

$$\frac{1}{6}x + \frac{1}{12}x + \frac{1}{7}x + 5 + \frac{1}{2}x + 4 = x$$

$$x = 84$$

아마 디오판토스는 후손들이 수학공부를 열심히 하기를 죽어서도 바란 모양이다. 그의 묘비명은 수학으로 일관한 한 사람의 생애를 대변하는 멋지고 기발한 것이라 아니할 수 없다.

그런데 디오판토스가 고안해낸 문자는 오늘날 우리가 쓰는 x나 y가 아니라 ς다. 오늘날처럼 미지수를 x, y, z로, 기지수를 a, b, c로 표기한 사람은 프랑스의 철학자이자 수학자인 데카르트였다.

"그 원을 밟지 마라."

디오판토스 못지않게 기발한 묘비를 가진 사람이 또 있다. 기원전 3세기에 활약한 아르키메데스가 그 주인공이다. 그는 기원전 287년 그리스 식민지인 시칠리아 섬의 항구도시 시라쿠사에서 천문학자의 아들로 태어났다. 일설에는 시라쿠사 왕 히에론 2세의 인척이었다고 한다. 아르키메데스는 수학, 물리학, 수력학 등 각 분야의 연구에 몰두했다.

그는 목욕을 하기 위해 욕탕에 들어갔다가 물이 넘치는 것을 보고 부력의 원리를 깨닫자 옷을 입는 것도 잊고 발가벗은 채 "에우레카, 데우레카(알았다, 찾았다)"라고 외치며 거리를 달려갔다는 일화를 남겼는데,

지렛대의 원리를 알아낸 아르키메데스는 자신에게 충분히 긴 지렛대와 설 자리를 주면 지구를 움직여 보이겠다고 말했다 한다. 1824년 런던에서 발행된 잡지의 삽화.

일단 한 가지 문제에 골몰하기 시작하면 다른 일은 도통 염두에 두지 않는 성격이었던 모양이다. 당시 사람들은 목욕한 다음 온몸에 올리브기름을 바르는 것이 풍습이었는데, 연구에 열중한 그는 몸에 기름을 바르고 나서 기름 바른 살갗에 손가락으로 그림을 그렸다고 한다.

그의 죽음도 그 같은 열중 때문이었던 것 같다. 기원전 212년 제2차 포에니 전쟁이 한창일 무렵, 마르켈루스 장군이 이끄는 로마 군이 시라쿠사로 쳐들어왔다. 로마군은 여덟 척의 갤리 선을 연결하여 설치한 육중한 대포로 중무장하고 있었다.

하지만 시라쿠사도 만만치 않은 준비를 갖추고 있었다. 바로 아르키메데스가 발견한 수학적 원리들을 이용해 만든 신무기다. 그는 로마의 공격을 막아낼 수 있는 무기를 만들어달라는 왕의 부탁을 받아들여 지

성벽 위로 뻗어 나와 적군의 배를 휘어
잡아 던지는 아르키메데스의 갈고리.
16세기 말에서 17세기 초의 작품이
다.

렛대와 도르래의 법칙을 이용한 투석기를 만들었다.

4분의 1톤이 넘는 거대한 돌덩어리를 연달아 날리는 투석기 앞에서 로마의 대포는 순식간에 부서졌다. 뿐만 아니라 성벽 위로 거대한 기중기와 갈고리가 뻗어 나와 로마군의 배를 휘어잡아 던져버렸다. 로마군은 후퇴했다.

정면공격은 안 되겠다고 생각한 마르켈루스는 우회공격을 하기로 했다. 로마군은 시라쿠사 후방의 도시 메가라를 점령한 다음, 배후에서 시라쿠사를 다시 공격해 들어갔다. 이때 시라쿠사 인들은 아르테미스 여신의 축제로 술에 곯아떨어져 있었으므로 로마군은 어렵지 않게 승리를 거둘 수 있었다.

아르키메데스가 사는 집에도 로마군이 들이닥쳤다. 그는 모래판에 원을 그려놓고 연구에 몰두해 있던 참이었다.

"그 원을 밟지 마라."

아르키메데스는 소리쳤다. 상대가 누군지 몰랐던 로마 병사는 그만 화가 나서 그 자리에서 아르키메데스를 죽이고 말았다. 이 이야기는 사실이 아니라 후대에 누군가가 지어냈을 가능성이 큰데, 어쨌든 아르키메데스의 열중과 몰입을 설명하는 데는 충분하다. 또 다른 이야기에 따르면, 문제를 푸는 데 골몰해 있던 아르키메데스가 연행을 거부하다가 죽음을 당했다고도 한다.

아르키메데스의 명성을 알고 있던 로마 장군 마르켈루스는 '아르키메데스는 꼭 살려두라'고 명령했지만, 그 명령은 실행되지 못했다. 마르켈루스는 이 대학자의 죽음을 애석해하면서 예의를 갖춰 아르키메데스가 생전에 원한 대로 묘비를 세워주었다. 묘비에는 '원기둥에 구(球)가 내접한' 모양이 새겨졌다.

| 참고문헌 |

사이먼 싱, 박병철 옮김, 《페르마의 마지막 정리》, 영림카디널, 1998
E. T. 벨, 안재구 옮김, 《수학을 만든 사람들 상 · 하》, 미래사, 1993
육인선 외, 《수학은 아름다워》, 동녘, 1990

가야금을 만든 우륵

국악의 대표적인 악기를 들라 하면 타악기로 북, 장구, 징, 꽹과리, 현악기로 거문고, 가야금, 비파, 관악기로 피리를 든다. 그중 거문고, 가야금, 비파를 '3현'이라 부르기도 한다.

김부식이 쓴 《삼국사기》 〈잡지(雜誌)〉 편을 보면 '신라의 악(樂)은 삼죽 (三竹), 삼현(三絃), 박판(拍板), 대고(大鼓), 가무(歌舞)로 되었다……. 삼현은 첫째 현금(玄琴), 둘째 가야금(伽倻琴), 셋째 비파(琵琶), 삼죽은 첫째 대금 (大笒), 둘째 중금(中笒), 셋째 소금(小笒)이었다'라는 기록이 나온다.

그런데 신라 삼현 가운데 현금, 즉 거문고는 고구려의 왕산악(王山岳) 이 만든 것이요, 가야금은 가야의 우륵(于勒)이 만든 것이다. 그중 가야 사람 우륵이 만든 가야금이 어떻게 신라의 3현이 되었는지 알아보자.

"가야 말에 맞는 악기를 만들라."

가야는 기원후 1세기경부터 약 500년 동안 낙동강 중류와 하류 일대에서 번창한 나라다. '가락국' 또는 '가라'라고도 한다. 가야는 작은 나라들의 연맹체다. 그중 대표적인 것은 김해를 중심으로 하는 금관가야, 고령의 대가야, 성주의 성산가야, 함안의 아라가야, 고성의 소가야, 함창의 고령가야 등 세칭 6가야다.

우륵이 태어난 곳이 정확히 어디인지, 생몰연대가 언제인지는 알려져 있지 않다. 단지 성열현(省熱縣, 혹은 생열현) 사람이라고 《삼국사기》는 적고 있다. 성열현은 지금의 경남 합천 일대다.

우륵이 살아 활동한 시대는 바로 가야가 신라에게 멸망당하는 시기였다. 우륵은 어려서부터 음악에 남다른 재주를 보여 궁중악사가 되었다. 중국에서 온 쟁(箏)이라는 악기를 본 가실왕은 "여러 나라의 방언이 각각 성음이 다르거늘 어찌 단일화할 수 있겠느냐" 하며 악사 우륵에게 가야 말에 맞는 악기를 만들게 했다.

우륵이 가야금을 만든 장소는 지금의 고령읍 내곡리. 이곳은 정정정 소리가 난다 하여 정정골, 가야금을 만든 골짜기라 하여 금곡이라고도 불린다. 가실왕은 우륵과 함께 이곳에서 직접 가야금 만들기에 열중했다고 한다.

이어서 우륵은 가야금으로 연주할 수 있는 곡을 지었다. 모두 12곡이었다. 이 12곡에는 각각 이름이 붙어 있는데 당시의 지명에서 따 붙인 이름이다. 즉 12곡은 가야의 각 지방에서 불리는 노래를 토대로 만든 것이다. 12곡의 이름을 소개하면 하가라도(下加羅都), 상가라도(上加羅都),

우리나라의 전통 현악기인 가야금은 부드럽고 청아한 음색이 특징이다.

보기(寶伎), 달기(達己), 사물(思勿), 물혜(勿慧), 하기물(下奇物), 사자기(師子伎), 거열(居熱), 사팔혜(沙八兮), 이사(爾赦), 상기물(上奇物)이다. 그중에서 하가라도는 김해 지방의 노래요, 상가라도는 고령 지방의 노래다.

• "나라의 흥망은 음조에 있는 것이 아니다." •

532년 법흥왕 19년, 신라는 금관가야를 공격하여 수도를 함락시켰다. 금관가야의 마지막 왕 구형왕(구해왕이라고도 한다)은 왕비와 세 아들을 데리고 신라에 항복했다. 신라는 이들에게 진골의 신분을 주었다. 구형왕의 셋째 아들 무력(武力)은 신주군주(新州軍主)를 거쳐 각간(角干) 벼슬에까지 이르렀고 그 후손으로 신라가 자랑하는 영웅이 태어났으니, 바로 김유신이다.

우륵은 신라인이 된 무력을 찾아 충주로 가서 몸을 의탁했다. 궁중 악사인 그로서는 달리 선택의 여지가 없었으리라. 충주는 당시 신라의 최북단 국경지방이었다.

세월이 흘러 551년 진흥왕 12년 3월, 죽령 이북지방을 공략하기 위해 진흥왕이 충주에 왔다. 왕은 우륵의 소문을 듣고 그를 불러 가야금을 연주하게 했다. 우륵의 음악에 감탄한 진흥왕은 주지(注知), 계고(階古), 만덕(萬德) 세 사람을 보내 가르침을 받게 했다. 우륵은 각자의 장기를 살려 계고에게는 가야금을, 주지에게는 노래를, 만덕에게는 춤을 가르쳤다.

경상북도 고령군에 서 있는 우륵 기념비. 고령은 우륵이 가야금을 만든 곳으로, 대가야의 중심지였다.(한국학중앙연구원 제공)

그런데 이 세 사람은 우륵이 만든 12곡이 "번거롭고 또 음탕하여 정아(正雅)한 음악이 될 수 없다"라면서 12곡을 5곡으로 요약했다. 이를 안 우륵은 처음에는 매우 화를 냈지만, 5곡을 직접 들어본 다음에는 탄복했다고 한다.

우륵은 제자들로 하여금 진흥왕 앞에 가서 5곡을 연주하게 했다. 왕은 전에 우륵이 하던 것과 다름없다면서 크게 기뻐했다. 그러자 한 신하가 아뢰었다.

"멸망한 가야국의 음악이니 취할 것이 못 됩니다."

왕은 대답했다.

"가야 왕이 음란하여 자멸한 것이지 악(樂)이 무슨 죄냐. 대개 성인(聖

人이 악을 제작함은 인정(人情)에 따라 조절한 것이며, 나라의 흥망은 음조에 있는 것이 아니다."

그러고는 5곡을 신라의 대악으로 삼았다. 이로써 우륵의 음악은 신라의 궁중음악이 되고 가야금은 신라 3현의 하나가 되었다.

경주에서 출토된 신라 시대 토기에는 가야금으로 추정되는 악기를 타는 사람의 모습이 장식되어 있다. 열두 줄이 아니라 여섯 줄 악기인 것이 눈에 띈다. (한국학중앙연구원 제공)

· 탄금대의 전설 ·

우륵은 그의 음악이 신라의 궁중음악으로 채택됨으로써 신라의 수도 서라벌에 머물며 안락한 생활을 했을 것이다. 그러나 얼마 안 가 다시 충주로 쫓겨나게 된다. 전해오는 이야기에 따르면, 그 이유는 우륵이 진흥왕의 딸 알타 공주와 사랑에 빠졌기 때문이다.

우륵에게 가야금을 배우던 알타 공주는 차츰 스승을 사모하게 되었고, 우륵 역시 공주를 사랑하게 되었다. 그러나 두 사람의 사랑은 이루어질 수 없는 것이었다. 신라는 골품제라는 철저한 신분제 사회여서 왕족은 왕족끼리 결혼해야만 했다. 더구나 우륵은 피정복지 출신의 망명객 아닌가. 아무리 훌륭한 음악가라 해도 이는 뛰어넘을 수 없는 장벽이었다.

사실을 안 진흥왕은 우륵을 다시 충주로 보냈다. 그래도 그의 재주를 아깝게 생각했는지 가야금을 전수받을 청년들을 몇 사람 딸려 보냈다.

우륵은 충주에서 쓸쓸히 가야금을 타며 공주에 대한 사랑과 나라 잃은 설움을 노래로 지어 부르다 일생을 마쳤다. 그가 가야금을 타던 곳을 탄금대(彈琴臺)라 한다.

· 묻혀버린 가야의 역사 ·

562년 진흥왕 23년, 신라 장군 이사부(異斯夫)가 이끄는 대군의 공격 아래 대가야가 멸망하고 그때까지 남아 있던 가야 연맹의 작은 나라들도 신라에 복속됨으로써 가야 역사는 막을 내렸다.

가야는 일찍부터 해상무역이 발달하여 외국과 교류가 활발했으며 매우 수준 높은 문화를 지닌 나라였다. 비록 신라에 무력으로 패하여 멸망하긴 했지만, 가야의 선진 문화는 그대로 신라에 전해졌다.

우리가 알고 있는 신라의 유명한 인물 중에는 사실 신라인이 아니고 가야인인 경우가 여럿 있다. 신라가 백제를 멸하고 한반도의 절반을 통일하는 데 중심역할을 한 장군 김유신, 신라 최고의 문장가로 손꼽히는 학자 강수(强首)가 대표적인 예다. 김유신은 금관가야 마지막 왕 구형왕의 증손이니 곧 우륵이 몸을 의탁했던 무력의 손자다.

그런데 김부식의 《삼국사기》는 가야 역사를 매우 소홀히 다루고 있다. 가야를 별도 항목으로 세우지 않고 신라와 밀접한 관계가 있는 경우에만 곁들여서 간략하게 설명하고 있을 뿐이다. 우리가 알 수 있는

가야에 관한 옛 기록은 일연(一然)의 《삼국유사》에 실려 있는 짤막한 기록 '가락국기'가 고작이다.

이렇게 가야가 우리 역사에서 묻힌 이유는 우선 고려를 신라의 법통을 이어받은 나라라고 생각하는 김부식의 눈에 멸망당한 가야는 그리 중요하지 않게 보였기 때문이고, 또 하나는 일제강점기에 들어와 일본 사학자들이 가야 역사를 마음대로 조작했기 때문이다. 이들은 '낙동강 일대에 일본의 식민지가 있었다'는 주장을 폈다. 이 주장을 임나일본부설이라 한다.

임나일본부뿐 아니라 일본은 식민통치에 편리하도록 우리나라 역사를 무수히 왜곡, 날조했다. 이를 통틀어 '식민사관', '식민사학'이라 한다. 식민사관의 청산은 해방 후 우리 역사학의 가장 큰 숙제였다. 그러나 아직도 곳곳에 그 그늘이 남아 있는 실정이다.

최근 가야의 유물과 유적이 상당수 발견되면서 묻혔던 가야의 역사가 조금씩 그 진실을 드러내고 있다.

| 참고문헌 |

김부식, 《삼국사기》
일연, 《삼국유사》
고준환, 《신비왕국 가야》, 우리출판사, 1993

서른다섯 번째 이야기
기인화가 최칠칠

어느 여름날, 커다란 나무 밑에 초가지붕을 얹은 정자, 그 옆엔 작은 폭포, 그리고 여백에 쓰인 시구 '공산무인(空山無人) 수류화개(水流花開)'. 풀이하면 '빈 산에 사람 없으되 물은 흐르고 꽃은 핀다'는 뜻이다.

이 그림 〈공산무인도〉는 조선 영조 때 화가 최북(崔北)의 작품이다. 최북은 작품보다도 수많은 기행과 일화로 더 유명하다. 그는 아마 조선 시대 화가 중 가장 많은 일화를 남긴 주인공일 것이다. 이는 그의 미천한 출생신분과 타고난 예술가로서의 기질이 충돌한 결과였다.

· 제 눈을 찌른 화가 ·

최북의 본래 이름은 식(埴)이다. 그러나 그는 이름을 북녘 북(北)자로 고친 다음 북자를 둘로 쪼개어 '칠칠(七七)'이라고 스스로 불렀다. '칠칠이'는 엄격한 신분제도를 근간으로 하는 조선 사회에 대한 풍자이기도 하고 반항이기도 한 별명이다.

조선 후기의 학자 이가환(李家煥)이 쓴 것으로 보이는 《동패낙송(東稗洛誦)》을 보면 이런 대목이 나온다.

> 최북의 자는 칠칠, 초명은 식, 자는 성기(聖器), 경주 인, 숙묘(肅廟) 임진년 출생, 계사(計士) 상여(尙餘)의 아들이다. 화폭에 제(題)할 때 성재(星齋), 삼기재(三奇齋), 거기재(居其齋), 좌은(坐隱), 호생관(毫生館)이라 한 것이 많다.

이 기록에 따르면 최칠칠은 경주 최씨요, 1712년생이며, 아버지는 중인 신분인 산원(算員)이다. 그의 집안은 서출이었던 듯 족보에도 빠져 있다.

최칠칠은 무척 가난해서 조선 팔도를 돌아다니며 그림을 그려서 팔아 근근이 생계를 꾸렸다. 이런 자신의 처지를 뼈아프게 생각했는지 그는 호를 '호생관'이라고 지었다. '붓으로 먹고사는 사람'이란 뜻이다. 그는 특히 산수화를 잘 그렸다.

그런데 최칠칠은 애꾸였다. 태어날 때부터 그런 것은 아니고, 그가 애꾸가 된 데는 사연이 있다.

어느 날, 권세가인 한 정승이 그를 불렀다. 호화스런 대감 댁 대청에 들어서니 정승이 커다란 비단 병풍을 그의 눈앞에 좌악 펼쳤다. 화가라면 마음껏 붓을 휘둘러보고 싶은 충동이 불끈 솟는 그런 최고급 비단 병풍이었다.

정승은 헛기침을 한 번 한 다음 입을 열었다.

"최칠칠이, 네가 산수화에 능하다지?"

"그저 산수 그리기를 즐길 뿐이옵지요."

"허허, 그럴 테지……. 하지만 이 병풍에는 내가 좋아하는 신선 그림을 그려보아라. 어떠냐? 상은 후하게 주겠으니……."

이 말을 들은 최칠칠은 뱃이 뒤틀렸다. 비록 가난뱅이지만 화가로서의 기개와 자부심, 강한 고집을 지닌 그였으므로 그림이 뭔지 모르고 돈과 허세만 아는 정승에게 환멸을 느꼈던 것이다.

"황송하오나 소인은 신선이 어떻게 생겼는지 보지 못하였으니 신선도를 그릴 수 없습니다."

"이놈, 그 무슨 발칙한 소리냐! 그리라면 그릴 것이지 어느 영이라고 못하겠다는 소리를 하느냐."

"소인은 신선은 그릴 줄 모릅니다."

"이 발칙한 놈, 그래 너를 죽인대도 그렇게 뻗댈 테냐?"

그러자 칠칠이는 손으로 붓대를 잡고는 자기 한쪽 눈을 콱 찔러버렸다. 피가 붓대를 적시고 손을 붉게 물들였다. 칠칠이는 또박또박 뇌었다.

"제게 눈이 없다면 다시는 신선 그림을 그리라 하지 못할 줄로 압니다."

정승은 하얗게 질린 얼굴로 일어나 나가버렸다.

그 후 칠칠이는 늘 색안경을 끼고 다녔다. 사람들은 그를 '최오수'라 불렀다. 당시에 색안경을 오수경이라 불렀기 때문이다.

·"저 녀석은 그림값도 모르네."·

최칠칠의 강직하고 괴팍한 성품은 무수한 일화를 남기고 있다. 다음은 남공철(南公轍)이 쓴 《최칠칠전》에 나오는 이야기다.

일찍이 어느 귀인의 집을 찾아갔는데 그 집 하인이 칠칠이의 이름을 함부로 부르기가 미안해서 "최 직장(直長, 종7품 벼슬)이 왔습니다"라고 여쭈니 칠칠이는 화를 내며 "너는 어찌 나를 최 정승이라 하지 않고 직장이라 하느냐"고 힐난했다. 이에 하인이 웃으며 "언제 정승이 되셨습니까" 하고 반문하니 칠칠이는 "그러면 내가 언제 직장이 된 적이 있었더냐. 기왕에 헛벼슬로 부를 바에야 어찌 정승이라 하지 않고 직장이라고 하느냐"라고 말하고는 주인을 만나지 않고 돌아가버렸다.

그림이 잘되어 득의작인데 주는 값이 적으면 문득 화를 내며 욕하고는 그 그림을 찢어 없앴고 반대로 그림이 잘못되었는데 그림값을 많이 주면 껄껄 웃으면서 주먹으로 그 사람을 밀며 도로 주어 문 밖으로 내보내고는 다시 손가락질하며 "저 녀석은 그림값도 모르네"라고 하였다.

최칠칠은 일화만큼 별명도 많았다. 산수를 잘 그려서 '최산수', 메추라기를 잘 그려서 '최메추라기', 술을 너무 좋아해서 '주광(酒狂)'.

그는 보통 하루 대여섯 되의 술을 마셨다. 술장수가 오면 집안에 있는 종이, 책 따위를 죄다 털어서 술을 사마시곤 했다. 최칠칠의 술은 세상에 대한 화풀이였다.

최북의 그림 〈표훈사〉. '호생관(毫生館)'이라고 작자를 밝혀놓았다. 호생관은 최북의 호, '붓으로 먹고 사는 사람'이라는 뜻이다.(개인 소장)

그는 그림뿐 아니라 시와 글씨에도 능했다. 특히 초서에 뛰어났다고 하는데 그의 낙관을 보면 호방함이 적절히 절제된 글씨가 무척 멋들어진다. 이런 재능을 지닌 칠칠이였으므로 비록 미천한 출신에 괴팍한 성품의 소유자였지만 서예가 이광사(李匡師), 시인 신광수(申光洙), 실학자 이익, 화가 강세황 등등 당대의 예술가, 학자 들과 폭넓게 사귀었다. 시인 신광수는 최칠칠의 그림 〈설강도(雪江圖)〉에 이런 시를 붙여주었다.

장안에서 그림 파는 최북이를 보소
살림살이란 오막살이에 네 벽은 텅 비었네
유리안경 집어쓰고 나무필통 끌어내어
문을 닫고 종일토록 산수화를 그려대네

아침에 한 폭 팔아 아침밥을 얻어먹고

저녁에 한 폭 팔아 저녁밥을 얻어먹고……

·수수께끼의 죽음·

최칠칠이 언제 어떻게 사망했는지 정확한 사실은 아직 수수께끼로 남아 있다. 다만 신광수의 동생 신광하(申光河)가 1786년에 지은 시 '최북가(崔北歌)'로 추측해볼 수 있을 뿐이다. 이 시는 칠칠이가 그림 팔러 갔다가 술에 취해 그만 얼어죽었다는 내용을 담고 있다.

그대는 보지 못했는가, 최북이가 눈 속에서 죽은 것을

담비가죽 옷에 백마를 탄 이는 뉘집 자손이더냐

너희들은 어찌 그의 죽음을 애도하지 아니하고 득의양양하는가

최북이는 비천하고 미미했으나 진실로 애닯도다

최북이는 사람됨이 참으로 굳세었다

스스로 말하기를 붓으로 먹고사는 화사(畫師)라 하였네

체구는 작달막하고 눈은 외눈이었다네만

술 석 잔 들어가면 두려울 것도 거칠 것도 없었다네

최북이는 북쪽으로 숙신까지 들어가 흑룡강에 이르렀고

동쪽으로는 일본으로 건너가 적안(赤岸)까지 갔었다네

귀한 집 병풍으로는 산수도를 치는데

그 옛날 대가라던 안견 이정의 작품들은 모두 쓸어버리고

술에 취해 미친 듯 붓을 휘두를 요량이면

큰 집 대낮에 산수풍경이 생겼다네

그림 한 폭 팔고는 열흘을 굶더니

어느 날 크게 취해 한밤중 돌아오던 길

성곽 모퉁이에 쓰러졌다네

북망산 흙 속에 묻힌 만골(萬骨)에게 묻노니

어찌하여 최북이는 삼장설(三丈雪)에 묻혔단 말인가

오호라! 최북이 몸은 비록 얼어죽었어도

그 이름은 영원히 사라지지 않으리

　

최북의 작품으로는 〈풍설야귀인(風雪夜歸人)〉, 〈여름날의 낚시꾼〉, 〈공산무인도〉, 〈누각산수〉, 〈소채(蔬菜)〉, 〈기우(騎牛)〉, 〈산거도(山居圖)〉, 〈표훈사〉, 〈한강독조(寒江獨釣)〉 등이 남아 있다.

| 참고문헌 |

유홍준, 《화인열전 2》, 역사비평사, 2001

유홍준, 〈호생관 최북〉, 《역사비평》 1991년 가을호, 역사비평사, 1991

"역사란 대체 무엇에 쓰는 거예요, 아빠?"

월터 롤리라는 영국 사람이 있다. 군인, 탐험가, 작가, 식민지 경영자 등 다채로운 이력을 지닌 인물이다. 1603년 그는 영국 왕 제임스 1세에 대한 음모죄로 런던탑에 갇혀 12년 동안 복역했다. 그는 감옥에서 《세계의 역사》를 집필했다. 1권을 마치고 2권을 쓰던 어느 날의 일이다.

바깥이 떠들썩하기에 호기심 많은 그는 창문 밖을 내다보았다. 사람들이 서로 싸우고 있었다. 그는 싸움 광경을 열심히 지켜보았다. 다음날, 마침 사건 관계자와 만나게 된 그는 싸움에 대해 물었다. 그런데 자신이 목격한 것과는 상당히 다른 내용을 말하는 것이었다. 롤리는 정확한 기억력을 갖고 있다고 자부하는 사람이었는데, 상대방 역시 자기가 직접 관계된 일이라며 끝까지 주장을 굽히지 않았다.

롤리는 탄식했다. 바로 어제 일어난 사건도 이 모양인데 하물며 수백 년 전에 일어난 일을 어떻게 알 수 있겠는가 하면서. 그는 쓰고 있던

(좌) 월터 롤리의 초상. 월터 롤리는 엘리자베스 여왕의 총신으로 기사 작위를 받았다. 16세기 후반의 작품.
(우) 월터 롤리의 《세계의 역사》

《세계의 역사》 2권을 난로에 집어던져 버렸다. 때문에 그의 《세계의 역사》는 1권밖에 없다.

역사를 알고 또 쓴다는 것이 얼마나 어려운 일인가를 단적으로 말해 주는 일화다.

• 역사는 '인간'을 알기 위한 것 •

12년간 감옥생활을 한 월터 롤리는 출옥하여 남미로 갔다가 다시 체포당해 1618년에 처형되었다.

그로부터 268년 뒤, 마르크 블로크라는 인물이 프랑스 리옹에서 태어났다. 역사학자가 된 그에게 어느 날 어린 아들이 물었다.

"아빠, 도대체 역사란 무엇에 쓰는 것인지 제게 설명 좀 해주세요."

블로크는 아들에게 뭔가 적당한 대답을 해줘야겠다고 생각했다. 어린 아들의 천진난만한 질문은 그의 머리를 줄곧 떠나지 않았다.

유럽이 제2차 세계대전의 소용돌이에 휘말려 있던 1940년 6월, 독일군이 프랑스의 수도 파리를 점령했다.

마르크 블로크. 역사학자인 그는 레지스탕스 활동을 하다 독일군에게 총살당했다.

침통한 심정으로 진주하는 독일군을 바라보던 블로크의 동료가 문득 내뱉었다.

"역사가 우리를 배반했다고 생각해야 될까?"

이 독백은 앞서 말한 아들의 질문과 함께 블로크의 가슴속에 깊이 들어앉았다. 1941년 그는 드디어 그 두 질문에 답하는 한 권의 책을 썼다. 제목은 《역사를 위한 변명》.

블로크는 《역사를 위한 변명》에서 이렇게 대답한다. '역사학이 파악해내고자 하는 것은 바로 인간이다'라고.

금방 눈에 띄는 풍경이나 연장, 기계 따위의 너머에서, 겉으로 보기에는 차디차게 식은 듯한 문서나 그것을 확립해놓은 자들과는 아무런 연관도

마르크 블로크의 《프랑스 농촌사의 기본 성격》.
《봉건사회》와 더불어 그의 대표작으로 꼽힌다.

없어 보이는 제도의 너머에서, 역사학이 파악해내고자 하는 것은 바로 인간이다. 거기에 이르지 못한다면 그는 기껏해야 생명력 없는 잡다한 지식을 다루는 엉터리 학자에 머물고 말 것이다.

그런 다음 그는 역사는 '시간 속의 인간'에 관한 학문이라고 덧붙인다. 역사는 수백 년, 혹은 수천 년 전의 사건 혹은 제도를 알기 위한 학문이 아니라 그에 관련되어 있는 당시 인간들의 삶을 알기 위한 것이라는 뜻이다.

블로크가 스승 앙리 피렌과 스웨덴의 스톡홀름을 여행했을 때의 일이다. 스승이 말했다.

"맨 처음 뭘 구경할까? 새 시청이 세워졌다는데 거기부터 구경하도록 하지!"

스승은 당황한 제자의 마음을 가라앉히려는 듯 덧붙였다.

"내가 골동품 연구가라면 낡은 물건들만 찾아다니겠지만 나는 역사가거든. 그래서 생활을 사랑한다오."

이런 스승에 대해 블로크는 '살아 움직이는 사물을 이해하는 이러한 능력, 이것이야말로 진정한 의미에서 역사가의 뛰어난 자질'이라고 감탄하고 있다.

사실, 역사에 관심을 갖게 되는 출발은 '현재'에 있다. 현재의 내 삶이 갑갑하고 출구가 보이지 않고 미래 역시 암담할 때, 우리는 어떡하면 좀 더 나아질까 궁리한다. 그러다가 '나처럼 고민한 사람은 또 없을까', '예전엔 이런 경우 어떻게 했을까' 궁금해한다. 이렇게 해서 지나간 역사를 들춰보는 것이다.

역사 속에는 여러 가지 삶의 모델이 들어 있다. 실패한 인생, 성공한 인생, 잘난 인생, 못난 인생, 찌든 인생, 화려한 인생 등등. 우리는 그 중 하나를 자신의 모델로 삼을 수도 있고, 그로부터 유용한 삶의 지혜를 얻을 수도 있다.

· 쉰여덟 살의 레지스탕스로 총살당하다 ·

마르크 블로크의 연구 분야는 중세사다. 그는 프랑스 농촌사 연구에 전인미답의 경지를 열었다는 평가를 받는다. 대표작 《봉건사회》는 광범한 자료를 토대로 유럽 봉건사회를 분석한 것으로, 이 분야의 고전이 되어 있다. 또한 절친한 친구 뤼시앵 페브르와 함께 《사회경제사연보(Annales d'histoire économique et sociale)》를 창간함으로써 아날학파라는 새로운 학파를 탄생시켰다. '아날'은 프랑스어로 '연보'라는 뜻이다.

블로크는 언어학, 지리학, 경제학, 종교학 등 여러 학문을 폭넓게 받아들여 자신의 역사 연구의 지평을 넓혔으며, 고대 · 중세 · 근대로 시대를 삼분하는 고정관념에서 벗어나 시대를 넘나드는 태도를 취했다. 그는 마르크시스트가 아니지만 마르크스를 가리켜 '그 누구보다도 큰

독일군에게 붙잡힌 레지스탕스 대원. 레지스탕스는 제2차 세계대전 때 독일에게 점령당한 프랑스, 그리스, 폴란드 등 유럽 각국에서 전개된 저항운동을 말한다. 레지스탕스란 프랑스어로 '저항'이란 뜻이다.

힘을 가진 사회분석가'라고 경의를 표했다.

블로크의 생애는 1939년의 2차 세계대전 발발을 계기로 크게 변화한다. 소르본 대학 교수로서 연구생활에 몰두하던 그가 교수직을 내던지고 일개 대위로 전쟁에 뛰어든 것이다. 그때 그의 나이는 쉰세 살, 슬하에 여섯 명의 자녀를 거느리고 있었다.

독일군에게 파리가 함락되자, 그는 역사 연구를 명목 삼아 미국으로 갈 수 있는 기회를 얻었는데도 포기하고 레지스탕스가 되었다. 《역사를 위한 변명》은 바로 이 레지스탕스 시절에 쓴 것이다. 때문에 이 책은 충분한 참고자료 없이 기억과 평소 생각만으로 씌어졌다.

내가 처해 있는 상황 때문에 나는 어떠한 커다란 도서관과도 연락을 취

할 수가 없다. 게다가 내가 소장하고 있던 책들을 잃어버렸기 때문에 간략하게 적어놓은 기록들과 경험에 의존할 수밖에 없다……. 언젠가 이 결함을 메울 수 있는 날이 나에게 주어질까? 그날이 오지 않을까 두렵기만 하다.

블로크는 《역사를 위한 변명》 서장에서 이렇게 토로하고 있다. 이 책은 그나마 3분의 2 정도밖에 완성되지 못했다. 완성하기 전, 블로크가 총살당했기 때문이다. 훗날, 그 미완성 원고를 다듬어 책으로 발간한 것은 친구 뤼시앵 페브르였다.

블로크는 《역사를 위한 변명》 맨 첫 페이지에 뤼시앵 페브르에게 바치는 간곡한 헌사를 써놓았다.

만약 어느 날엔가 이 책이 출간된다면, 개인적으로나 집단적으로나 최악의 고통과 불안에 처해 있는 지금, 제 영혼에 조금이나마 평정을 주기 위해 씌어지고 있는 이 글들이 언젠가 정말 책으로 나와 읽히게 된다면……. 오랫동안 우리는 더 넓고 더 인간적인 역사학을 위해 함께 싸워왔습니다. 내가 이 글을 쓰고 있는 지금 우리가 함께 한 작업은 수많은 위협을 받고 있습니다. 우리의 잘못 때문은 아닙니다. 우리는 잠시 불의한 운명에 짓눌려 있을 뿐입니다. 저는 우리가 예전처럼 공개적으로 그리고 자유롭게, 다시 힘을 모아 일할 수 있는 날이 오리라 진심으로 확신합니다. 그날을 기다리면서…….

1944년 마르크 블로크는 독일군에게 체포되어 혹독한 고문을 당한 끝에 6월 16일 리옹 동북쪽에 있는 생 디디에 드 포르망 근처 벌판에서 26명의 레지스탕스들과 함께 총살당했다. 그의 부인 시몬 또한 약한 달 뒤 리옹 병원에서 숨을 거두었다.

'역사란 대체 무엇에 쓰는 것인가?'라고 자문하며 산 충실한 역사학자 마르크 블로크는 마지막으로 이렇게 외쳤다.

"프랑스 만세!"

| 참고문헌 |

올리비에 뒤물랭, 류재화 옮김, 《마르크 블로크―역사가 된 역사가》, 에코리브르, 2008

마르크 블로크, 고봉만 옮김, 《역사를 위한 변명》, 한길사, 2007

마르크 블로크, 한정숙 옮김, 《봉건사회 1·2》, 한길사, 2001

희극과 비극의 절묘한 조화
찰리 채플린

'20세기의 위대한 예술가'로 불리는 찰리 채플린. 그는 서양 영화사를 말할 때 반드시 주목해야 하는 인물이다. 〈모던 타임스〉를 비롯해 〈거리의 등불〉, 〈황금광 시대〉, 〈위대한 독재자〉, 〈라임라이트〉 등 그의 작품을 보노라면 배꼽을 잡고 웃다가 어느새 가슴이 뜨거워지면서 콧날이 시큰해옴을 느낀다. 이는 그의 작품이 단순한 희극에 그치지 않고 강한 풍자와 신랄한 비판, 그리고 서민의 애환을 진하게 담고 있기 때문이다. 채플린이 추구한 것은 희극이되 비극을 껴안은 희극이었다.

• 다섯 살에 선 첫 무대 •

찰리 채플린은 1889년 4월 16일 영국에서 태어났다. 어머니, 아버지가 모두 배우였는데 채플린이 태어난 지 얼마 뒤 두 사람은 이혼했고, 그는

찰리 채플린의 어머니 해나(Hannah) 채플린. 1895년 서른 살 무렵의 모습이다.

형 시드니와 함께 어머니 손에서 자랐다. 시드니는 어머니가 결혼 전 다른 사람과의 사이에서 낳은 아들이다.

채플린이 처음 무대에 선 것은 다섯 살 때의 일이다. 극장의 단역 배우였던 그의 어머니는 이혼 후 과로와 생활고로 건강이 나빠져서 목소리에 이상이 생겼다. 한참 노래를 부르다가 갑자기 목이 꽉 잠기거나 소리가 갈라지는 일이 더러 일어났다.

그때 그의 어머니는 런던에서 30마일 떨어진 올더숏의 군인극장에 출연하고 있었다. 어머니는 언제나 그를 데리고 다녔다. 그날도 어머니를 따라간 채플린은 무대 한쪽 구석에서 어머니의 노래를 듣고 있었다. 갑자기 어머니의 목소리가 갈라지더니 중얼거리는 듯한 소리로 변했다. 손님들이 큰소리로 웃으며 야유를 보냈다. 어머니는 할 수 없이 무대에서 내려왔다.

무대감독은 대신 다섯 살짜리 찰리를 무대에 세웠다. 언젠가 찰리가 사람들 앞에서 연극 흉내를 내는 것을 본 적이 있었던 것이다.

엉겁결에 무대로 떠밀려나온 찰리. 눈부신 조명이 내리쪼이고 있었다. 찰리는 당황하면서도 노래를 부르기 시작했다. 당시 유행하던 〈잭

존스〉라는 노래였다.

> 잭은 시장거리의 인기 있는 사나이
> 옛날과는 변했을지라도
> 그 기분은 잘 안다오
> 황금 덩어리가 굴러들어 왔다고
> 한심하게 변한 마음이여
>
> ……

절반쯤 불렀을 때, 객석에서 동전이 빗발치듯 날아왔다. 찰리는 노래를 부르다 말고 말했다. '돈을 줍고 난 뒤 계속하겠다'고. 감독이 손수건을 들고 나와 돈 줍는 것을 도와주었다. 찰리는 혹시 감독이 그 돈을 몽땅 갖는 게 아닌가 걱정되어 의심과 긴장이 잔뜩 서린 눈빛으로 감독을 바라보았다. 그 모습을 본 손님들은 배꼽을 잡고 웃었다.

감독이 퇴장했다. 찰리는 걱정스런 나머지 무대도 아랑곳없이 감독 뒤를 쫓았다. 웃음소리는 더욱 커졌다. 찰리는 감독이 어머니에게 돈을 건네주는 것을 확인한 다음에 다시 무대로 돌아와 노래를 계속했다. 그사이 극장은 완전히 웃음바다가 되어 있었다.

> 그날 밤은 나에게는 처녀 출연의 날이 되었고, 어머니에게는 최후의 무대가 되고 말았다.

찰리 채플린은 자서전에서 이렇게 쓰고 있다.

• 빈민 구호소로 들어가다 •

찰리 채플린은 아주 가난하고 불우한 어린 시절을 보냈다. 배우로서 생명이 다한 어머니는 삯바느질로 생계를 꾸렸다. 아버지로부터 오는 생활비는 일정치 않아 거의 기대할 수가 없었다. 얼마나 가난했는지 세 식구가 빈민 구호소에 들어가야 했다. 그의 나이 여섯 살 때의 일이다.

구호소에서 어머니는 부인 기숙사로, 형과 그는 어린이 기숙사로 떨어져 지냈다. 그는 첫 면회 날을 이렇게 기억한다.

> 구호소의 제복을 입고 면회실에 나타난 어머니를 보았을 때의 놀라움, 정말로 어머니는 비참하리만큼 쓸쓸한 표정을 짓고 있었다. 그렇지만 어머니는 우리들을 보자 갑자기 얼굴이 환하게 밝아졌다. 시드니와 내가 눈물을 흘리자 어머니도 따라서 울음을 터뜨렸고 눈물방울이 야윈 뺨으로 흘러내렸다……

찰리는 형과 함께 구호소에서 보내주는 고아빈민아동학교에 들어갔다. 학교 기숙사에서 살게 된 이들을 만나려면 어머니는 구호소 퇴소 수속을 밟아야 했다. 그리고 셋이서 공원 벤치에 앉아 한나절을 보낸 다음엔 다시 구호소로 돌아가야 했다.

절망과 질병에 시달리던 어머니는 정신병원 신세를 지기 시작했다. 때문에 구호소에서도 쫓겨난 여덟 살 된 찰리와 열두 살의 시드니는 아버지가 재혼해서 사는 집에 잠시 얹혀살기도 했다.

아버지가 술로 인한 수종증으로 사망한 뒤, 찰리는 학교를 중퇴하고 열다섯 살이 될 때까지 밑바닥 생활을 전전했다. 신문팔이, 식품가게 심부름꾼, 진료소 접수인, 청소부, 하인, 상점 점원, 유리병 공장 직공, 인쇄공 등등 안 해본 일이 없었다.

그러면서도 그는 배우가 되겠다는 희망을 잃지 않았다. 틈만 나면 배우 중개소에 나가 기회를 노렸다. 마침내 기회는 왔다. 킹스턴 극장에서 공연하는 〈코크니의 사랑 짐〉에서 소년 새미 역을 맡게 된 것이다. 신문은 작품에 대해서는 혹평했지만, 그의 연기에는 다음과 같이 칭찬을 했다.

> 그러나 한 가지만은 쓸모가 있었다. 신문팔이 소년 새미다. 이 작품의 희극적 효과는 거의 새미 한 사람이 해냈다고 할 만하다. 이 새미 역은 건강하고 유쾌한 이름난 아역, 찰리 채플린이 훌륭하게 소화해냈다. 그는 신인으로 크게 발전할 소질이 있다.

이것이 배우 찰리 채플린의 첫걸음이었다.

· 채플린 옷차림의 탄생 ·

1910년 스물한 살의 찰리 채플린은 카르노 극단 소속 배우로 미국 순회공연을 하다가 맥 세네트라는 영화제작자의 눈에 띄어 키스턴 영화사와 계약을 맺었다. 맥 세네트는 미국 영화의 개척자로 불리는 인

채플린은 두 번째 영화 〈베니스의 어린이 자동차 경주〉(1914)에서 그의 독특한 캐릭터를 선보였다.

물이다.

어느 날, 아직 배역이 정해지지 않은 채플린은 촬영장에서 멍하니 구경을 하고 있었다. 장면은 호텔 로비. 문득 세네트가 말했다.

"여기에 무슨 개그가 들어가면 좋겠는데."

그는 채플린을 돌아보며 소리쳤다.

"여보게, 무엇이든지 좋으니 희극적인 차림을 하고 나와보게."

채플린은 분장실로 가면서 어떤 차림이 좋을까 궁리했다. 괜찮은 아이디어가 떠올랐다. 헐렁한 바지에 꽉 끼는 윗저고리, 작은 모자에 털럭거리는 큰 구두, 서로 극적으로 대비되는 차림이 바로 그가 노리는 효과였다. 거기다 조그만 콧수염을 달았다. 그가 너무 어려 보인다고 했던 세네트의 말이 생각나서였다. 수염을 달면 자연스럽게 나이 들어 보일 거라는 계산이었다.

분장을 마친 찰리 채플린이 지팡이를 흔들며 등장하자, 세네트는 폭소를 터뜨렸다. '온몸이 부들부들 떨릴 만큼' 그는 웃고 또 웃었다. 용

찰리 채플린은 영화감독, 제작자로도 활약했다. 그는 1919년 더글러스 페어뱅크스, 그리피스, 메리 픽퍼드와 함께 영화사 유나이티드 아티스츠를 설립했다.

기를 얻은 채플린은 자신이 분장한 인물의 성격에 대해 설명했다.

"그러니까 이 남자라는 것이 참으로 복잡한 인물입니다. 부랑자인가 하면 신사이기도 해요. 시인, 몽상가, 거기에 쓸쓸하고 고독한 남자, 그러면서 언제나 로맨스와 모험만을 좇고 있어요. 남이 자신을 과학자, 음악가, 공작, 폴로 선수 따위로 생각해주기를 바라고 있어요. 그런 주제에 할 수 있는 일이란 기껏 담배꽁초 줍기, 아이들의 눈깔사탕 빼앗아먹기 정도밖에 없어요. 물론 경우에 따라서는 부인의 엉덩이를 걷어차는 것도 서슴지 않겠지만—그것은 이만저만 화가 났을 때가 아니면 없는 일이죠."

"좋아, 그럼 그것으로 나가자구! 무엇이든지 좋으니 해보라구!"

채플린의 트레이드 마크인 이 기묘한 차림새는 그 후 한 번도 바뀐 적이 없다.

영화 〈위대한 독재자〉(1940)
에서 히틀러로 분장한 찰리
채플린. 채플린은 이 영화에
서 감독, 주연, 각본, 제작을
맡아 했다.

· 채플린은 공산주의자? ·

채플린은 영국에서 태어났지만 미국에서 활동하고 미국 영화 발전에
지대한 공헌을 한 사람이다. 그러나 말년에는 쫓겨나다시피 미국을 떠
나 스위스에 정착했다. 1952년 이후 그의 재입국은 금지되었다. 이유
는 그가 공산주의자로 지목되었기 때문이다. 히틀러를 모델로 한 영화
〈위대한 독재자〉를 만든 후부터 그에게는 공산주의자라는 꼬리표가
달렸는데, 채플린은 이에 대해 다음과 같이 설명하고 있다.

"소련 주재 미국 대사인 조셉 데이비스 씨가 샌프란시스코에서 러시
아의 전쟁 구제를 위한 연설을 하게 되어 있었지요. 그런데 대회 직전
대사는 후두염에 걸려 연설할 수가 없었죠. 그때 어느 정부 고관이 나
에게 대신 연설을 해달라고 부탁했는데 덕분에 그 후로 이렇게 귀찮은
일이 계속 생기는 겁니다."

분명 제2차 세계대전은 독일, 이탈리아, 일본 등의 파시스트 세력에

대항하여 미국, 소련, 영국 등이 연합하여 싸운 전쟁이었다. 그러니 소련 주재 미국 대사가 소련의 전쟁 구제를 위해 연설하는 것은 지극히 온당한 일이며, 그를 대신한 채플린 역시 그 때문에 공산주의자라고 지목받을 이유는 없다.

그러나 전쟁이 끝난 후, 미국 정가에는 극단적인 반공주의 선풍이 휘몰아쳤다. 이른바 매카시즘이다. 채플린도 매카시즘의 희생자였다. 풍자와 사회비판을 바탕에 깔고 있는 그의 영화가 공산주의로 몰린 것이다.

채플린의 영화에는 이념의 잣대를 넘어서는 인간의 사랑, 소망, 절망, 슬픔이 녹아 있다. 그는 분명히 잘라 말했다.

"나는 공산주의자가 아니지만 공산주의를 미워하지도 않았다."

찰리 채플린은 1977년에 여든여덟 살의 나이로 사망했다.

| 참고문헌 |

찰리 채플린, 정성호 번역센터 옮김, 《찰리 채플린 자서전》, 오늘, 1993
잭 C. 엘리스, 변재란 옮김, 《세계영화사》, 이론과실천, 1988

4·19 때 딸을 잃은 어머니

서울 수유리의 4·19 묘지에 가보면 4·19 당시 경찰의 발포로 숨진 희생자들의 묘가 늘어서 있다. 그중에는 초등학생, 중학생 신분의 희생자가 꽤 여럿 되는데 그 앞에 서면 눈시울이 절로 붉어지고 가슴이 먹먹해진다.

이제 4·19 때 딸을 잃은 어머니 오준선의 수기를 소개한다.

1960년 4월 19일을 생각하면 평온을 회복한 것 같은 마음에 새삼 동요가 일지 않을 수 없다. 그때 우리 내외는 남대문 시장에서 조그만 식료품 가게를 차려놓고 아침 6시에 나와 밤 10시가 되어서야 집에 돌아가곤 했었다. 6남매 중 위로 세 아들은 제대를 했거나 군복무중이었고, 넷째 딸인 신자는 덕성여학교 2학년, 다섯째 사내애와 막내딸은 초등학교에 재학중이었다.

3·15 선거가 있기 훨씬 전부터 시장의 화젯거리는 장사일을 빼놓고는

1960년 3월 15일자 《동아일보》 기사. '일찌기 없던 공포 분위기, 3인조 투표 감행? 공명선거는 기대곤란'이라는 머리기사가 보인다. 4·19는 이승만과 자유당의 12년에 걸친 독재정권에 대한 항쟁으로서 3·15 부정선거를 계기로 전국적으로 전개되었다.

온통 선거에 관한 것이었다. 각자마다 말하는 내용이나 이야깃거리는 달라도 일치하는 점은 이대로는 못살겠다는 것이다…….

3월 15일, 전국적으로 정부통령 선거가 실시되었고, 투표함을 열어본 결과는 예상외의 엄청난 표차로 자유당이 승리했다는 것이다. 표 도둑을 맞았구나 하는 분개를 느끼는 새에 마산 사건이 터졌고, 신문이나 전파는 이 소식을 지체 없이 알려왔다. 민심이 뒤숭숭했다……. 잇달아 눈에 최루탄이 박힌 처참한 김주열의 시체가 낚시꾼의 낚시에 걸려 물위로 떠올랐다는 소름 끼치는 소식이 들려왔다.

그즈음 하루는 학교에서 돌아온 신자가 "엄마, 자유당 앞엔 개미 새끼 한 마리도 없는데 민주당 선거사무실 앞에는 지게꾼들이 땅에 술을 부어놓고 울면서 부정선거를 했다고 야단들 해!" 하면서 이승만을 죽여야 한다고 흥분했다. 덕성여고 근처 안국동에 민주당사가 있고, 내려오다 보면

선거 이틀 뒤인 3월 17일자 《동아일보》 기사. '이대
통령 4선 확정, 부통령엔 이기붕씨'라고 써 있다.

자유당사가 있기 때문에 하학길에 진풍경을 본 모양이었다. 얼마 전까지
만 해도 국부니 애국자니 해서 황제처럼 떠받들었고, 심지어 대통령 생
일날 각급 학교에서 학생들에게 글짓기까지 시켰던 일도 있는 듯했는데
이젠 세상인심이 그를 이반한 모양이다.

"얘, 계집애가 무슨 말버릇이 그렇게 고약하냐! 그런 말 함부로 하면 귀
신도 몰래 잡혀간다"고 했더니, "엄마는 사정을 몰라서 그러는 거야. 지
금 온 국민들은 현 시국이 매우 심각하다고 느끼고 있어"라고 말하는 것
이었다. 하긴 나도 그렇게 느끼지 않는 건 아니었다…….

어머니 오준선의 수기는 계속된다.

4월 19일! 신자 타계하던 날이다. 그날도 나는 어김없이 시장에 나와 있
었다. 아침 인사들이 어저께 고대생들이 깡패에게 두들겨 맞았다는 얘기
들이었다. 몇 사람은 영 병신이 되었을지도 모르게 갈고리로, 몽둥이로

맞았다는 것이다. 이젠 서울도 조용하게 되기는 틀렸다고 생각되었다.

10시 반쯤 신자가 가게로 나왔다. 친구하고 사진 찍었는데 찾아야 한다고 돈 200환만 달라는 것이었다. 200환을 주면서, 기다렸다가 점심이나 먹고 가라고 했으나 친구와 만나기로 약속해 두었다면서 책가방을 들고 나가버렸다.

"보나마나 거리에 많은 학생들이 나와 있을 텐데 조심해 가라"고 건네는 걸 잊지 않았다.

오후 4시가 좀 넘었을 때, 바깥어른이 "여보 큰일났소. 장사고 뭐고 집어치우고 남대문 로터리 좀 나가봐요"라면서 들어오셨다. 6.25 전쟁터같이 길바닥에 피가 흘러 있고 밀리고 밀치고 하는 수라장이 되어 있다는 것이었다. 허겁지겁 남대문에 이르러보니 이건 인산인해 그대로였다. 사방에서 총소리가 나고, 잠바를 벗어든 학생은 목이 터져라 외치고, 소방차를 탄 학생들은 태극기를 휘두르면서 울면서 호소하고 있었다. 지휘자도 없고, 있다고 해도 통솔이 되지도 않을 극한적 상황이었다.

이리 밀리고 저리 밀리는 동안 어느새 나는 학생들의 대열 속으로 휩쓸리고 말았다. 흰 가운을 입은 의대 학생들은 들것을 들고 좌우 인도에 선 사람들을 향하여 박수를 치라는 것이었다. 박수가 터졌고 박수에 보답이라도 하는 양 학생들은 연신 두 주먹으로 눈물을 훔치고 있었다.

5시경, 바깥어른은 쌀가마니나 사가지고 들어가자고 호통을 쳤다. 곧 계엄령이 선포된다고 다들 점포를 닫는 바람에 쌀을 사기도 어려웠다…….

홍역을 치르는 듯한 열기 속을 빠져 집에 도착해보니 촉촉이 옷이 젖어 있었다. 저녁을 준비해온 조카딸과 밥상을 마주하고 있는데, 대학생인

학생들의 시위대열. 4·19는 헌정체제의 변화와 정권교체를 이끌어내어 제2공화국을 출범시켰다.

듯한 세 처녀가 대문에 들어섰다. 불길한 예감, 갑자기 마음 다급해진 나에게 학생증을 보이면서 이 학생이 이 댁에 사느냐고 물었다. 왜 그러냐고 덤비는 나에게 신자가 다리에 부상을 입었는데 함께 병원으로 가보자는 것이었다. 큰아들하고 다녀올 테니 집에서 잠자코 기다리라는 남편의 당부에도 불구하고 따라 일어섰다. 심장엔 억센 고동이 오고 다리엔 힘이 빠졌다. 계엄령이 선포된 서울 거리는 해일이 밀치고 간 갯벌처럼 음산했고, 널려 있는 돌멩이며 휴지 쪽들이 무질서했다.

확실한 장소를 몰라 하는 여학생들을 따라 어느 골목길에 접어들었을 때 10여 미터 전방의 건물 앞에 여남은 사람들이 모여 서 있었다. 여학생들은 예의 그 집으로 들어섰고, 2층을 오르는 계단에서 나는 심한 현기증을 느끼면서 주저앉고 말았다. 벽에 의지하여 2층에 올라섰을 때는 울부짖

는 소리가 났고, 내 사랑하는 딸 신자의 모습이 눈에 들어왔다. 포동포동
했던 사지는 얼음장같이 차가웠고, 얼굴을 덮어둔 흰 종이를 거두었을
때 두 눈은 반쯤 열려 있었다. 신자의 시신 곁에는 상급생 두 여학생이 흐
느끼고 있었고, 그 외의 사람들은 선 채 침통한 빛이었다.

한가롭게 울 수도 없는 이 엄청난 현실! 대관절 이 어리고 순진한 것이 총
맞아죽을 만한 죄과가 무엇이란 말인가? 얼마 후 여기 그냥 둘 수 없다는
아들의 말을 따라 싸늘한 딸의 육신을 들쳐업고 거리로 나섰다…….

이튿날 정오에 담임선생님과 다른 두 분의 선생님이 오셨다. 신자의 가
방 속에서 나온 쪽지를 보았다. 같은 반 옆자리에 앉았던 구순자의 필적
이라고 했다. 어제 구순자도 죽었다는 것이다. 평소에 나란히 앉아 공부
하며 우정을 주고받은 꿈 많은 두 여학생이 저승에 가서도 함께 있을 양
으로 한날한시 같은 장소에서 총알을 맞은 모양인가.

기막힌 일을 당해보지 않은 당자 아니고는 남은 가족들의 슬픔이나 비애
로움을 알 턱이 없는 게 상정이라지만, 총에 맞아 신음하는 불쌍한 것들
을 들쳐업고 병원을 찾았을 때, 응급처치의 인술을 거부했다는 이야기에
는 말문이 막히지 않을 수가 없었다.

이 병원 저 병원 다니는 동안에 몸속의 더운 피가 죄 빠져, 즉시 손을 썼
으면 살았을지도 모를 귀한 생명들이 끝내 숨을 거두었다는 것 아닌가?
박정한 장사꾼들의 심보이거나, 부정하지 말고 썩은 정치, 두들겨 패는
정치 하지 말라는 학생들의 시위를 엉뚱하게도 공산당의 조종에 놀아났
다는 식으로 죄를 뒤집어씌워 사태를 마무리하려 했던 자유당 정권의 보
복이 무서워서 그랬단 말인가?……

서울 수유리에 있는 4·19 묘지. 당시 희생자들 가운데는 초등학생, 중학생도 여럿 있다.(연합포토 제공)

· 미완의 혁명 4·19 ·

　최신자는 덕성여중 2학년 재학중 1960년 4월 19일 화요일 오후 4시 경 중앙청 앞에서 총상을 입고 사망했다. 이날 하루 전국에서 발생한 시위 관련 사망자는 약 200명, 부상자는 6천여 명에 달한다.

　흔히 4·19를 두고 미완의 혁명이라 한다. 혁명은 혁명이되 아직도 계속되고 있는 혁명이란 뜻이다. 4·19는 당시에도 4월 혁명, 3·4월 민중항쟁, 4월 의거, 민중봉기, 학생혁명, 민족혁명 등 여러 가지 이름으로 불렸다. 어떤 이름을 붙이든 간에 4·19가 제기한 민주, 자주, 통일이라는 과제가 50년이 지난 오늘도 온전히 실현되지는 못했다는 의미에서 4·19는 분명 '미완성'이다.

이들 불행한 주인공들에게 보상할 수 있는 길은 훈장을 달아주는 따위의 형식이 아니라, 4월 혁명 당시의 표적이 되었던 이 땅의 모든 악을 몰아내는 작업뿐이다. 내 딸을 사랑했던 것과 똑같은 심정으로 딸의 죽음이 값있게 보상받는 날을 손꼽아 기다리겠다.

최신자의 어머니 오준선은 이렇게 수기를 마치고 있다.

| 참고문헌 |

강만길 외,《4월혁명론》, 한길사, 1990
학민사 편집실 편,《사월혁명자료집: 4·19의 민중사》, 학민사, 1984

제 8 부

여인의 삶, 그 이면

서른아홉 번째 이야기

크산티페와 소피아는
악처가아니다

레프 톨스토이는 《전쟁과 평화》, 《안나 카레니나》, 《부활》 등으로 너무나도 유명한 러시아 작가다. 그는 말년에 톨스토이즘이란 독특한 철학을 세워 사상가로 불리기도 한다.

"아내가 나와 집안을 완전히 망치고 있다."

이렇게 말하고 집을 뛰쳐나간 그는 어느 시골 기차역에서 사망했다. 당시 나이 여든두 살. 이와 같은 죽음은 그의 아내 소피아를 '악처'로 세상에 각인시켰다.

그런데 소피아가 쓴 일기가 뒤늦게 발견되어 1978년 러시아에서 출판되었다. 결혼 초인 1862년부터 톨스토이가 사망한 1910년까지 쓴 이 일기는 두 사람의 결혼생활에 대해 일반에게 알려진 것과는 상당히 다른 내용을 담고 있다.

• "모든 것이 보기에만 좋을 뿐" •

그는 나를 체계적으로 살해하고 있다. 그의 삶의 어떤 부분에도 나를 참여시켜주지 않는다. 그래서 나는 몹시 괴롭다. 이따금 광기 어린 절망이 나를 사로잡는다. 그럴 때면 자살하고 싶다. 어디론가 도망가거나 누군가와 사랑에 빠지고 싶다. 이 인간과 더 이상 함께 살지 않을 수만 있다면. 그 모든 것에도 불구하고 나는 그를 평생토록 사랑했었다. 내가 그를 이상화했을 뿐이고 그는 단지 강렬한 성적 충동의 노예였을 뿐이라는 것을 비로소 깨닫게 되었지만. 이제야 나는 눈을 떴고 내 인생은 이미 파괴되어 있다.

소피아가 쓴 일기의 한 대목이다.

소피아 안드레예브나 베르스는 열여덟 살 때 서른네 살의 청년 백작 톨스토이와 결혼했다. 톨스토이의 어머니는 로마노프 왕조의 공동설립자인 볼콘스키 공작 집안 출신이다. 톨스토이의 외할아버지는 예카테리나 2세 치하에서 군 최고사령관을 지냈다. 톨스토이는 4천 에이커의 땅과 330명의 농노를 재산으로 물려받았다.

한편 소피아의 아버지는 의사로 톨스토이와는 오랜 친구 사이였다. 두 사람의 결혼은 톨스토이의 열렬한 구혼이 있은 지 7일 만인 1862년 9월 23일에 전격적으로 결혼식을 올리며 이루어졌다.

나는 사랑에 빠졌다. 이전에는 이렇게 사랑에 빠질 수 있다는 것을 생각도 못했었다. 이것이 진정한 사랑이 아니라, 다만 사랑에 대한 갈망일 뿐이라면 어떻게 하나?

당시 톨스토이가 쓴 일기다.

그때 톨스토이는 하녀 아크시냐 바지킨과의 사이에 티모페이라는 아들을 하나 두고 있었다. 그는 커서 마굿간지기, 산지기로 일했다. 톨스토이의 청년시절은 방탕으로 점철되어 있다. 귀족으로 태어난 그는 주어진 돈, 지위, 명예를 이용해 도박과 여자에 흠뻑 빠졌다.

결혼 직후, 톨스토이는 15년간 써온 일기장을 아내에게 내밀었다. 그러면서 각자 솔직하게 일기를 쓰되 서로에게 공개하자고 했다. 이 '공개'의 원칙은 나중에 톨스토이가 비밀 일기를 쓰게 되면서부터 지켜지지 않는다.

그의 일기에는 그간의 방탕한 성생활이 고스란히 적혀 있었다. 사창가 출입에서부터 집시, 농노, 농부의 딸들과 동침한 사실들이.

"이런 끔찍한 건 깊숙이 넣어두세요. 왜 제게 이런 걸 읽게 하는 거죠? ……용서해드릴게요. 하지만 무서워요."

열여덟 살의 신부 소피아는 큰 충격을 받았다.

육체적인 사랑은 얼마나 혐오스런 것인가!

결혼한 지 한 달이 채 못 된 10월 9일, 소피아가 쓴 일기의 한 대목이다. 그 무렵의 톨스토이의 일기를 보면 그도 아내에 대해 성적으로 실망했던 것 같다.

그녀에게 손을 댔다―그녀의 온몸은 매끄럽고 쓰다듬기에 좋았지만 차가웠다. 도자기처럼······ 모든 것이 보기에만 좋을 뿐.

"나는 톨스토이 작품의 유모"

결혼 후 톨스토이는 아내에게 모성을 몹시 강조했다. 자신이 두 살 때 어머니를 잃은 때문이었을까? 그는 피임을 극력 반대했다. 그래서 소피아는 열세 명의 아이를 낳았고, 다른 귀족들처럼 유모를 따로 두지 않고 직접 젖을 먹여 길렀다. 열세 명의 아이들 중 여섯 명이 어려서 죽었다. 그로 인한 소피아의 고통은 설명할 필요가 없을 것이다.

한편 소피아는 톨스토이가 쓴 원고를 정서(正書)하고 교정하는 일을 맡아보았다. 톨스토이는 심한 악필이어서 보통 사람들이 그의 원고를 읽기란 매우 어려운 일이었기 때문이다. 《전쟁과 평화》, 《안나 카레니나》, 《크로이체르 소나타》 등 톨스토이의 거의 모든 작품이 소피아의 손을 거쳐 세상에 태어났다. 소피아는 나중에는 발행인 역할도 했다.

끊임없는 출산과 육아, 그리고 교정과 정서. 소피아는 하루 평균 5시간 이상을 자본 일이 없다고 토로하고 있다. 자기는 '톨스토이 작품의 유모'라고 스스로 칭하면서.

소피아는 이 일을 성실히 해내면서도 끊임없이 절망감에 휩싸였다.

나는 자동인형처럼 살고 있다. 걷고 먹고 잠자고 목욕하고 정서한다. 사생활이란 없으며 독서도 놀이도 생각에 잠길 수도 없다―언제나 그래왔다. 이것이 도대체 삶이란 말인가?…… 본질적인 의미에서 볼 때 나는 살고 있는 것이 아니다…….

나는 원래 일을 참 많이, 그리고 훌륭하게 해낼 수 있지 않은가! 이런 능력이 기계적인 일(《크로이체르 소나타》 교정)보다 더 중요하고 더 고상한 데 바쳐질 수 없는 것이 유감스럽다. 단편소설을 쓰거나 그림을 그릴 수 있다면 나는 최상의 기쁨을 누릴 것이다.

톨스토이와 소피아의 가족. 1887년 사진. 소피아는 열세 명의 아이를 낳았으며 그중 여섯 명이 죽었다.

사실 소피아는 결혼 전 촉망받는 피아니스트였으며 문학도였다. 그가 열일곱 살 때 쓴 소설을 보고 톨스토이는 이렇게 일기에 썼다.

그녀가 내게 단편소설을 보여주었다. 얼마나 강한 진실과 소박함이 담겨 있는지!

실제로 소피아는 말년에 여러 편의 소설을 썼다. 그러나 그 작품들은 출판되지 않은 채 톨스토이 박물관에 보관되어 있다.

· 금욕주의자 톨스토이 ·

청년시절 방탕한 생활을 했던 톨스토이는 나이가 들면서 사유재산을 부정하고 농민 계몽에 힘쓰는 금욕주의자로 변모한다. 그는 소설쓰기를 그만두고 농부가 되어 직접 물을 긷고 밭을 갈았다.

톨스토이의 이 같은 사상적 변화를 소피아는 어떻게 생각했을까? 그는 남편이 재산을 모두 버리려는 데 불만을 나타냈지만, 남편이 추구하는 이상을 충분히 이해했고 그것이 얼마나 실현하기 어려운 일인가도 알고 있었다. 다음은 소피아가 남편에게 보낸 편지의 한 구절이다.

군중과 함께 내게도 램프의 밝은 빛이 보입니다……. 그것이 빛임을 인정합니다. 하지만 이 이상 더 빨리 진전될 수는 없습니다. 군중과 주위 상황, 그리고 관습 등의 제동을 받기 때문입니다.

그런데 사상적 변모를 한 뒤에도 톨스토이의 여성관은 매우 부정적이었다. 그에게 여자란 남자를 유혹하는 존재, 속물로밖에 생각되지 않았던 걸까? 그는 말한다.

"일흔 살이 되면서부터 나는 여성들을 점점 더 깊이 경멸하게 되었으며 이러한 생각은 계속 깊어져가고 있다."

소피아는 괴로워했다.

어제 저녁 L. N.의 여성에 관한 발언은 나를 매우 놀라게 했다. 전에도 그는 여성의 자유나 소위 동등권이라는 것에 항상 반대였다. 그렇지만 어제 그가 한 말은 충격이었다. 여자란 교사로 일하건 의학이나 예술 분야에서 활동하건 간에 상관없이 성적인 사랑이라는 단 하나의 목표만을 가지고 있다는 것이다. 그리고 이 목표를 달성하기만 하면 다른 모든 일은 손바닥 뒤집듯이 아무래도 상관하지 않는다는 것이다.

그런데 톨스토이는 전기 작가에게 자기는 성적 충동이 강해 여든한 살까지 섹스 없이 지낼 수 없었다고 털어놓고 있다. 실제로 그는 아내에게 '형제처럼'

딸 알렉산드라를 안고 있는 소피아. 1886년의 초상화. 훗날 톨스토이의 지적 정신적 상속자가 된 알렉산드라는 미국으로 망명하여 저작 활동을 하다가 1979년 세상을 떠났다.

살 것을 강요해 놓고는 스스로 그 약속을 번번이 깨뜨렸다. 1888년 말의 일기를 보자.

악마가 나를 덮쳤다……. 다음날 아침에는 제대로 잠을 이루지 못했다. 범죄를 저지른 뒤처럼 꺼림칙한 기분이다.

악마는 더 격렬하게 덤벼든다. 나는 굴복했다.

톨스토이는 완벽한 금욕주의를 실천하지 못하는 책임을 자신에게 묻지 않고 여자에게 돌렸으며, 그것을 여자에 대한, 결혼에 대한 경멸로 확대시켰다.

> 여자라고 하는 것은 예외 없이 어리석은 생물체다. 그러나 악마의 앞잡이 노릇을 할 때는 악마가 그녀들에게 꾀를 빌려준다. 때문에 뭔가 못된 짓을 저지를 목적으로 머리를 굴리고 앞을 내다보면서 일관된 의지로 기적을 해치울 수 있게 된다…… . 도덕관을 기준으로 오직 한 사람에 대한 애정 평가를 여자에게 바란다는 것은 무리한 일이다. 여자는 그러지를 못한다. 여자는 진정한 의미의 도덕관, 즉 만물에 버금가는 도덕관을 상실하고 있기 때문이다.

톨스토이의 1898년 일기다.

· 소피아는 정말 악처인가 ·

더 이상 타협점을 발견하지 못하게 된 두 사람은 서로의 마음에 상처를 내가며 자살하겠다고 상대를 위협하기 시작했다. 실제로 소피아는 여러 번 자살을 시도했고, 톨스토이 역시 몇 번이나 집을 나가려 했다.

1910년 7월 22일, 톨스토이는 극비리에 유언장을 새로 만들었다. 자기 작품의 저작권을 전부 막내딸에게 위임하되 블라디미르 체르트코프를 관리인으로 둔다는 내용이었다. 체르트코프는 톨스토이가 가장

(위) 톨스토이와 러시아 작가들. 소피아와 결혼하기 전인 1856년의 사진이다. 뒷줄 왼쪽 첫 번째 팔짱 낀 사람이 톨스토이, 앞줄 왼쪽에서 두 번째가 투르게네프.
(아래) 책상 앞에 앉은 톨스토이. 집을 나가 사망하기 2년 전인 1908년에 찍은 사진이다.

신임하는 인물로 소피아와는 매우 사이가 좋지 않았다. 그리고 막내딸 알렉산드라는 다른 자식들과 달리 아버지를 옹호하고 있었다.

10월 27일경, 톨스토이는 한밤중에 소피아가 자기 서류를 뒤지고 있는 것을 보았다. 소피아는 톨스토이가 새로 쓴 유언장을 찾고 있었다. 화가 난 톨스토이는 막내딸을 깨워 "난 이제 집을 나가려는 거야, 영원히"라고 말하고는 그 길로 기차를 탔다. 그리고 11월 1일, 기관지염과 폐렴에 걸린 톨스토이는 아스타포보 역에서 눈을 감았다.

톨스토이의 눈에 비친 소피아는 어떤 모습이었을까? 자신의 세계를 조금도 이해하지 못하는, 돈밖에 모르는 속물이었을까? 소피아가 톨스토이와 달리 자식들에게 물려줄 재산을 지키려고 애쓴 것은 사실이다. 그렇지만 톨스토이가 말한 대로 소피아는 정말 그와 집안을 망치는 '악처'였는가?

· 철학자의 아내, 크산티페 ·

또 한 사람 '악처'의 대명사가 있다. 바로 그리스의 철학자 소크라테스의 아내 크산티페다. 소피아는 그나마 일기를 남겼지만, 크산티페의 경우는 추측만 가능하다. 크산티페는 뭔가 마음에 들지 않는 일이 있으면 남편에게 물을 쏟아붓거나 식탁을 뒤엎었다고 한다. 그가 이런 행동을 벌이게 된 원인은 대체 무엇이었을까?

소크라테스는 거의 무료로 제자를 가르쳤다. 그럼 어떻게 생활을 꾸려나갔을까? 생활 담당자인 아내 크산티페의 드러나지 않는 고통이

〈소크라테스의 죽음〉. 프랑스 화가 자크 루이 다비드의 1787년 작품이다.

여기에 있을 것이다. 뿐만 아니라 소크라테스에게는 크산티페 외에 부인이 또 있었다. 소크라테스의 아들 셋 중 누가 크산티페가 낳은 아이인지 확실히 알려주는 자료는 현재 남아 있지 않다. 여기에 크산티페의 숨겨진 아픔이 있을 것이다.

기원전 399년, 일흔 살의 소크라테스가 사형당했을 때 크산티페는 어린아이를 안은 젊은 여인이었다. 소크라테스의 제자 플라톤이 쓴 《대화편》을 보면 소크라테스가 죽던 날, 감방 안에서의 마지막 장면이 이렇게 묘사되어 있다.

들어가보니 소크라테스는 방금 사슬에서 풀려나 있었고, 그 옆에는 당신도 잘 아는 크산티페가 애들을 안고 앉아 있었습니다. 크산티페는 우리를 보자 울음을 터뜨리며, 여자들이 흔히 그렇듯이 "소크라테스, 당신이 친구들과 이야기하고 저들이 당신과 이야기하는 것도 이것이 마지막이에요"라고 말했습니다. 소크라테스는 크리톤을 바라보며 말했습니다. "크리톤, 누구를 시켜서 저 사람을 집으로 데려가도록 하게." 그래서 크리톤의 하인 중 어떤 사람이 가슴을 치며 통곡하는 크산티페를 데리고 나갔습니다……

사람들은 소크라테스가 죽은 뒤, 이 여인이 아이들과 어떻게 살았을까에 대해서는 아무런 관심을 갖지 않는다. 그저 크산티페는 소크라테스라는 위대한 철학자에게 심한 바가지를 긁은 무지한 아내, 역사상 '악처 제1호'라는 아름답지 않은 이름으로 기억될 뿐이다.

| 참고문헌 |

마리아 레기나 카이, 박민수 옮김,《크산티페》, 여성사, 1993
잉에 슈테판, 이영희 옮김,《재능있는 여자의 운명》, 전원, 1991
플라톤, 황문수 옮김,《소크라테스의 변명-크리톤, 파이돈》, 문예출판사, 1973

마흔 번째 이야기

코르테스를 도운
인디오 미녀 말린체

에르난 코르테스는 중부 아메리카, 그러니까 지금의 멕시코 일대에서 번영했던 아즈텍 제국을 정복한 스페인인이다. 남아메리카의 잉카 제국과 마찬가지로 아즈텍 제국은 코르테스에게 정복당하기까지 고유의 역사와 찬란한 문화를 발전시키며 수백 년 동안 존재해왔다.

코르테스의 멕시코 정복을 말할 때 반드시 거론되는 인물이 있다. 인디오 여인 말린체(Malinche)가 그 주인공이다. 이 여인의 도움이 없었더라면 코르테스의 정복은 훨씬 힘겨운 일이 되었을 것이다. 바꿔 말해, 이 여인이 아니었으면 아즈텍 제국은 코르테스라는 침입자의 말발굽 아래 짓밟히지 않았을지도 모른다. 도대체 말린체, 그는 누구인가? 누구길래 무엇 때문에 코르테스를 도와 동족을 멸망시킨 걸까?

· 스페인 군대에 바쳐진 처녀 ·

에르난 코르테스

1519년 2월 18일 코르테스는 병사 508명, 선원 100여 명, 말 16필을 태운 배 11척을 거느리고 쿠바 섬을 떠났다. 당시 서른네 살의 코르테스는 디에고 벨라스케스와 함께 쿠바 정복에 성공하여 산티아고 시장을 두 차례 지낸 경력을 지니고 있었다.

유카탄 해안에 도착한 코르테스는 타고 온 배를 모조리 불태워버렸다. 배수의 진을 치기 위해서였다. 병사들은 살아남기 위해서라도 원주민 정복에 전심전력할 수밖에 없었다. 코르테스의 목표는 아즈텍 제국의 수도 테노치티틀란이었다. 그는 유카탄 해안의 원주민 도시들을 차례차례 정복하면서 테노치티틀란을 향해 나아갔다. 그가 타바스코라는 도시에 쳐들어갔을 때의 일이다.

총과 대포로 무장한 스페인 군을 원주민은 당해낼 수가 없었다. 원주민들은 특히 말 탄 기병을 가장 두려워했다. 말이란 동물을 생전 처음 보았기 때문이다.

타바스코인들은 화평을 제의하면서 황금과 옷감, 스무 명의 아리따운 처녀를 선물로 보냈다. 난생 처음 보는 흰 얼굴에 텁수룩한 수염을 기른 험상궂은 백인 남자들 손에 넘겨진 인디오 처녀들은 두려움에 떨었다. 그런데 유독 한 처녀만큼은 별로 무서워하는 기색도 없이 주위를 두리번거리고 있었다. 처녀의 이름은 말린체. 무척이나 아름다운 여인이었다. 코르테스는 말린체를 개종시켜 세례를 받게 하고는 마리나(Marina)라는 스페인 식 이름을 주었다.

말린체는 생김이 아름다웠을 뿐 아니라 무척 총명했다. 그는 타바스코 어는 물론 마야 어와 아즈텍족이 사용하는 나와틀어를 잘 알고 있었다. 스페인어도 곧 익혀 유창하게 구사했다. 코르테스는 말린체를 통역으로 삼았다. 말린체는 단순한 통역을 넘어 상담자, 조언자로서 활약하기 시작했다. 그는 코르테스에게 인디오의 사고방식, 관습, 종교적 전통에 대해 설명해주었으며, 아즈텍 제국에게 정복당한 주변의 작은 나라들이 복수심을 불태우며 독립하고자 한다는 사실도 알려주었다. 코르테스는 말린체를 '나의 혀'라고 부르며 아꼈다.

코르테스는 말린체로부터 얻은 지식과 정보를 토대로 아즈텍 제국 정복 계획을 차근차근 세웠다. 계획의 핵심은 바로 인디오끼리의 내분을 유도한다는 것이었다.

• 통역, 외교관으로 활약한 말린체 •

코르테스는 계획대로 아즈텍 제국 인근의 토토낙족, 틀락스칼라족을 동맹군으로 만들었다. 이들을 동맹군으로 만드는 데 말린체가 뛰어난 외교수완을 발휘했음은 말할 것도 없다.

코르테스는 마침내 아즈텍 제국의 수도 테노치티틀란에 도착했다. 테노치티틀란은 테스코코 호수에 떠 있는 아름다운 수상도시였다.

물 위에 선 수많은 섬과 건물을 보고 우리들은 경탄에 사로잡혔다. 더구나 모두가 돌로 만들어져 있다. 병사 중에는 꿈을 꾸고 있는 것이 아닌가 하고 제 눈을 의심하는 자도 있다.

코르테스의 부하로 아즈텍 제국 정복에 참가했던 베르날 디아스는 이렇게 기록하고 있다.

'아즈텍 제국을 방문하라는 스페인 국왕의 명령'을 받고 코르테스 군이 온다는 소식을 접한 아즈텍 제국의 황제 목테수마는 이들을 정중하게 초대했다. 황제는 말린체를 통해 인사를 전했으며, 황제와 코르테스 두 사람은 말린체를 통역 삼아 대화를 나누었다. 베르날 디아스가 묘사한 목테수마 황제의 모습은 이러하다.

대왕 목테수마는 나이가 40세가량으로 몸집도 적당한 편이었다. 피부는 일반 인디오들에 비해 별로 검지 않았고, 머리는 길지 않게 귀를 가릴 정도였다. 또한 검고 멋진 턱수염을 약간 길렀다. 얼굴은 다소 긴 편이고 쾌활해 보였다. 눈매도 우아한데, 그 눈빛에서 그의 인품이 묻어나는 것 같았다. 그 눈은 사랑이 느껴질 때도 있고 또 어떤 때는 아주 근엄하기도 했다. 그는 매우 청결했다. 매일 오후에 목욕을 한 차례 했다.

며칠 후, 코르테스는 황제를 납치하다시피 자기 진영으로 데려왔다.

목테수마와 코르테스의 만남. 코르테스 옆에서 말린체가 통역을 하고 있다. 코르테스는 말린체를 '나의 혀'라고 부르곤 했다.

30명의 무장 병사를 이끌고 궁전에 들어가 황제를 가마에 태워온 것이다. 황제는 아무런 저항도 하지 않았다. 말린체가 교묘한 말솜씨로 그를 설득해놓은 탓이었다.

황제를 잃은 아즈텍 제국은 무너져갔다. 목테수마의 동생 쿠이틀라우악이 새 황제가 되어 아즈텍 제국의 시민과 병사를 이끌고 코르테스군과 싸워 대승을 거두었지만, 쿠이틀라우악은 때마침 번진 천연두에 감염되어 그만 사망하고, 뒤를 이은 목테수마의 친척이자 사위 쿠아우테목은 싸움 끝에 포로가 되었다. 아즈텍 제국의 수도 테노치티틀란은 마침내 함락되었다. 1521년의 일이다.

한편 목테수마는 전쟁에 나선 아즈텍족을 말리는 연설을 하다가 분

〈테노치티틀란의 최후〉. 미국 화가 윌리엄 닷지의 1899년 작품이다.

노한 이들에게 돌 세례를 받고 쓰러졌으며, 얼마 후 사망했다.

· 변절과 배반의 상징, 말린체 ·

말린체가 언제 어디서 태어났는지에 대해서는 정확히 알려져 있지
않다. 말린체에 대해 남아 있는 기록은 거의 다 정복자 코르테스 측에
서 나온 것이므로 사실과는 일정한 거리가 있을 것이다. 아무튼 남아
있는 그에 대한 정보는 이러하다.

말린체의 본명은 말리날리(Malinalli). 멕시코 유카탄 반도의 파이날라
에서 태어났으며 그 지역 통치자의 첫딸이었다. 출생은 1495년부터
1505년 사이, 사망은 1527년 혹은 1551년 무렵이다.

그는 어려서 아버지를 여의고 어머니가 재혼한 뒤 노예상인에게 팔

려가는 신세가 되었다.

　그는 물지게질, 옥수수 가루 빻기, 옷감 짜기 같은 막노동을 전전했으며 부잣집에 팔려 다니기도 하면서 멕시코 일대를 떠돌았다. 그 덕택에 여러 언어를 자유자재로 구사할 수 있게 되었다. 코르테스에게 넘겨졌을 때의 말린체는 이미 인간의 어두운 면과 삶의 고통을 충분히 겪은 여인이었다.

　말린체가 동족을 외면하고 다른 세계에서 온 낯선 정복자에게 적극 협력한 이유는 그가 지나온 과거 어딘가에 숨어 있을 것이다. 그가 동족에게서 받은 것은 멸시와 학대뿐이었는지도 모른다. 말린체는 그 불행한 기억과 관련된 모든 것, 동족과 고향까지도 깨끗이 부정하고 싶었던 것 아닐까?

　처음에 코르테스는 말린체를 부하에게 노예로 주었다가, 말린체가 자기에게 절실히 필요한 존재라는 사실을 깨닫자 부하에게서 빼앗아 자기 여자로 삼았다. 둘 사이에는 아이도 태어났다. 마르틴이라는 이름의 사내아이다.

　아즈텍 제국 정복이 끝난 뒤 말린체는 어떻게 되었을까? 코르테스는 말린체를 신임하는 부하와 결혼시켰으며 말린체는 그와의 사이에서 딸 하나를 낳았다.

　1926년 멕시코의 화가 오로스코는 〈코르테스와 말린체〉라는 제목의 작품을 그렸다. 코르테스가 말린체의 손을 잡은 채 인디오를 발로 밟고 있는 그림이다. 말린체는 실오라기 하나 걸치지 않은 알몸으로 그려져 있다.

　말린체는 피정복민의 역사가 어쩔 수 없이 안게 되는 배신과 변절의 상징이다. 지금도 멕시코에서 '말린체'라는 이름은 '배신자'로 통한다.
하지만 말린체와 코르테스 사이에서 태어난 아들은 오늘날 멕시코인
의 선조이기도 하다. 그는 오늘날 멕시코 인구 중 가장 많은 비중을 차
지하고 있는 백인과 인디오의 혼혈, 즉 '메스티소'의 선조인 것이다.

　뿐만 아니라 코르테스는 아즈텍 제국의 마지막 황제 쿠아우테목의
황후요 목테수마 황제의 딸인 테퀴치포(Tecuichpo, 스페인 이름 이사벨
Isabel)를 취해 레오노르라는 딸도 낳았으니, 여자 메스티소의 선조 또
한 그를 통해 태어난 셈이다.

| 참고문헌 |

라우라 에스키벨, 조구호 옮김, 《말린체》, 소담출판사, 2011
에르난 코르테스, 앙헬 고메스 엮음, 김원중 옮김, 《코르테스의 멕시코제국 정복기
　　1 · 2》, 나남, 2009
마스다 요시오(增田義郎), 신금순 옮김, 《이야기 라틴아메리카사》, 심산, 2003
전규태, 《환상의 아즈테카 왕국》, 서문당, 1981

마흔한 번째 이야기
장희빈은 악녀, 인현왕후는 선녀?

장희빈은 조선 숙종의 후궁으로 인현왕후를 몰아내고 왕비 자리를 차지한 희대의 요녀요 독부로 알려져 있다. 그와 인현왕후의 일생은 텔레비전 사극의 단골 메뉴다. 두 개의 채널에서 동시에 이들을 주인공으로 한 드라마를 방영한 적도 있을 정도다.

그런데 정말 장희빈은 희대의 악녀요, 인현왕후는 후덕하기 이를 데 없는 선녀였을까?

• 뒤바뀌는 두 여인의 운명 •

장희빈과 인현왕후가 산 숙종 대는 당파 간의 정쟁이 가장 극성하던 시기였다. 남인과 서인이 서로 번갈아가며 정권을 잡고 상대 당파를 무자비하게 숙청, 제거하는 이 시기를 역사에서는 '환국(換局)'이라 부른다.

장희빈과 인현왕후의 운명은 이 '환국'과 아주 밀접한 관련을 갖고 있다. 간단히 정리해보자. 역관의 딸로 태어난 장씨가 궁녀로 처음 입궁한 때는 남인의 집권이 시작된 1674년 무렵이다. 1680년에 남인이 밀려나고 서인이 다시 집권하자(이를 경신환국이라 한다), 이듬해 숙종의 어머니 명성왕후 김씨는 장씨를 사가로 내쫓았다. 명성왕후는 서인계 가문인 청풍 김씨 집안이다. 얼마 후, 숙종은 민유중의 딸을 왕비로 맞이한다. 민유중은 서인의 핵심가문이다.

1683년 서인은 노론과 소론으로 분열한다. 이때 명성왕후가 사망하자, 장씨는 궁으로 돌아온다. 1689년 2월 다시 남인이 집권하고(이를 기사환국이라 한다), 서인의 거두 송시열이 사약을 받고 죽는다. 5월 인현왕후 민씨는 폐위되고 이듬해 장씨가 낳은 아들이 세자로 책봉되며 이어서 장씨는 왕비 자리에 오른다.

1694년 남인이 밀려나고 서인 중 소론이 집권한다(이를 갑술환국이라 한다). 민씨는 다시 복위되고 이번엔 장씨가 쫓겨나 희빈으로 강등된다. 복위한 인현왕후는 시름시름 앓다가 1701년 8월에 세상을 떠나고, 두 달 뒤인 10월 장희빈은 왕후의 죽음을 기원했다는 죄목으로 사약을 받고 죽는다. 이때는 서인 중 노론의 집권기다.

요컨대 남인이 집권하면 장씨가, 서인이 집권하면 민씨가 등장하는 것을 단박에 알 수가 있다. 텔레비전 드라마에서는 왕비 교체가 원인으로, 환국이 그 결과로 묘사되곤 하지만 실상은 그와 정반대다. 환국이 일어날 때마다 그 결과로서 두 여인의 운명이 바뀌고 있는 것이다.

• 정쟁의 희생양 •

장씨는 역관 장형(張炯)의 딸이다. 역관이라면 중인 신분이다. 장씨는
아버지를 일찍 여의고 당숙 장현(張炫)의 영향하에 자랐다. 장현은 중국
사신을 따라다니는 통역관으로서 국중거부(國中巨富)라 불릴 만큼 재산
가였으며 벼슬도 종1품 숭록대부까지 오른 인물이다. 그는 남인과 친
분이 있었던 것으로 보인다. 장씨가 남인 집권기에 처음 입궁하게 된
것은 이와 같은 집안 배경과 관련이 있다.

한편 인현왕후는 명문가인 여흥 민씨 민유중의 딸이다. 민유중은 서
인 중에서도 노론의 핵심 가문이다. 그가 왕비에 간택된 것도 실은 이
러한 집안 배경을 바탕으로 한 것이다.

이렇게 볼 때 실인즉 장씨와 민씨는 남인, 서인 양파의 간판스타 내
지는 왕 숙종에 대한 교두보였음을 알 수 있다. 여기서 문제는 숙종이
란 인물이다. 그는 변덕스러울 뿐 아니라 여자 치마폭에 휘둘리는 연
약한 왕으로 보이지만 사실은 전혀 그렇지 않다. 그는 매우 강인하고
주도면밀한 인물이었다.

숙종은 즉위 초부터 신하들의 격렬한 정쟁에 부딪쳤다. 그는 왕권의
입지를 넓히기 위해 부심했고, 그 방편으로 집권당을 자주 교체했다.
숙종 대의 빈번한 세력 교체는 정파 간의 세력 다툼을 이용한 왕의 교
묘한 통치술이었다고도 할 수 있다.

그러나 숙종의 이 같은 정국 운영은 도리어 각 정파의 불안감을 불러
일으켜 정쟁을 더욱 격화시키고, 자파의 입지를 다지기 위해 왕위 계
승자와 특별한 관계를 맺으려는 움직임을 낳았다. 그래서 항간에는

'열 정승보다 한 왕비가 낫다'는 말이 떠돌았다. 남인이 장희빈을 지지한 것도, 그가 낳은 아들을 세자로 책봉하기 위해 열심을 기울인 것도, 실은 자파 세력의 안전판을 확보하려는 노력이라고 봐야 한다.

이렇게 볼 때, 희빈 장씨와 왕비 민씨는 둘 다 정쟁의 희생양이다. 그리고 두 여인의 삶은 모두 비극이다. 민씨는 어머니를 일찍 여의고 고모 슬하에서 자라 열다섯 살에 왕비가 되었지만, 지아비의 사랑 한 번 온전히 받지 못하고 자식도 없이 서른다섯의 나이로 요절했다. 그가 삼켰을 외로움과 한숨을 짐작할 만하다. 장씨는 중인 신분으로 왕비 자리에까지 올랐지만 결국 사약을 마시고 죽어야 했다. 속설에는 그가 사약을 받고도 끝까지 발악했다 하지만, 《숙종실록》에는 그 같은 기록이 없다.

장씨의 죽음은 남인의 몰락과 일치한다. 장씨의 아들 경종은 소론의 지지를 받아 왕위에 올랐다가 요절했고, 그의 뒤를 이은 영조는 노론의 지지를 받았다. 이후 남인은 중앙정치무대에서 소수파로 전락했다.

· 남겨진 기록의 진실 ·

그런데 희빈 장씨는 천하의 요부, 인현왕후 민씨는 세상에 둘도 없는 어질고 후덕한 여인으로 알려진 것은 무슨 까닭일까? 이는 후대에 남겨진 기록 때문이다. 즉 정쟁에서 승리한 편에서 쓴 기록들만 남아 전하기 때문인 것이다.

장희빈과 인현왕후에 대한 이야기는 《숙종실록》, 《인현왕후전》, 《연려실기술》에 기록되어 있는데, 《숙종실록》은 서인 중 노론의 집권기인 영조 초에 편찬되었고, 《연려실기술》은 소론계인 이긍익이 쓴 책이다. 《인현왕후전》은 정조 때 한 궁녀가 쓴 내간체 소설로 약 70년이란 시간차도 있을 뿐 아니라 전해오는 이야기를 토대로 하고 있으므로 사실 여부를 확인하기가 어렵다.

  역사책은 누가, 어떤 관점에서 썼느냐에 따라 사건이나 인물에 대한 평가가 달라진다. 서인의 눈에 장희빈은 희대의 악녀로, 인현왕후는 지상의 선녀로 보였을 것이다. 그렇게 봐야 자기들의 정당성이 확인되고 입지가 생긴다. 그럼 남인의 눈에는 어떻게 보였을까? 한번 생각해 보자.

| 참고문헌 |

《숙종실록》
이희환, 《조선후기당쟁사연구》, 국학자료원, 1995
홍순민, 〈장희빈을 위한 변명〉, 《역사비평》 1991년 가을호, 역사비평사, 1991
이은순, 《조선후기당쟁사연구》, 일조각, 1988

마흔두 번째 이야기
멘델스존의 숨겨진 음악가 누이 파니

펠릭스 멘델스존은 〈바이올린 협주곡 제1번〉, 〈교향곡 제4번 '이탈리안'〉 등의 명작을 남긴 19세기 독일의 낭만파 작곡가다. 그는 유복한 환경에서 태어난 덕분에 마음껏 음악에 몰두할 수 있었다.

그에게는 파니라는 누이가 있다. 파니 역시 동생 못잖은 뛰어난 재능을 지닌 작곡가였다. 하지만 파니의 아버지는 그가 작곡에 몰두하는 데 반대했다. 누이를 퍽 좋아한 멘델스존도 그 점에서는 마찬가지였다. 이유는 파니가 '여자'기 때문이었다.

"너에게 음악은 장식에 불과하다"

파니 멘델스존은 1805년 독일 함부르크에서 태어났다. 음악적 재능과 교양을 갖춘 그의 어머니는 갓 태어난 파니의 손가락을 보고 '바흐

(좌) 펠릭스 멘델스존. 1839년 서른 살 때의 모습이다.
(우) 파니 멘델스존. 동생 펠릭스 못지않은 작곡가로 약500편의 작품을 작곡했다.

의 푸가를 연주하기에 알맞은 손가락'이라고 감탄했다. 펠릭스는 그
로부터 4년 뒤인 1809년에 태어났다. 그 밖에 레베카, 파울 두 동생이
있다.

파니와 펠릭스는 어려서부터 음악에 뛰어난 재능을 보였다. 펠릭스
는 작곡을 하면 반드시 파니에게 제일 먼저 보여주고 조언을 들었다.
그런데 파니가 열다섯 살 때, 아버지 아브라함 멘델스존은 딸에게 편
지를 썼다.

음악은 펠릭스에게는 직업이 될 수 있겠지만, 너에게는 결국 장식에 불
과할 뿐이며, 너의 존재나 활동의 기반은 될 수도, 되어서도 안 된다. 펠
릭스에게는 명예와 세상의 인정을 받고 싶어 하는 야망이 무척 중요한

1845년 한 음악잡지에 실린 펠릭스 멘델스존의 〈오르간 소나타 Op.65〉 광고. 2년 뒤, 펠릭스는 서른여덟 살의 나이로 세상을 떠났으며, 파니는 그보다 먼저 눈을 감았다.

일이란다. 왜냐하면 그는 음악을 천직으로 생각하기 때문이란다. 그러나 너에게는 정숙하게 행동하는 것이 곧 명예로운 일이란다. 가령, 동생에게 쏟아지는 갈채를 네 자신의 일처럼 기뻐함으로써, 타인으로 하여금 너 또한 존경할 수 있도록 하는 게 중요하리라. 여성다운 것만이 여성의 자랑이 될 수 있으니까.

동생 펠릭스가 화려한 명성을 얻으면서 작곡발표회를 갖고 연주여행을 다니는 동안, 파니는 혼자서 계속 작곡을 했다. 그의 작품은 동생의 이름으로 세상에 발표되었다. 펠릭스 멘델스존이 영국의 빅토리아 여왕 앞에서 연주했을 때의 일이다. 멘델스존 음악의 애호가인 여왕은 멘델스존의 작품 중 자기 마음에 드는 곡을 하나 골랐다. 매우 아름다운 가곡이었다. 그런데 이 곡은 실은 펠릭스 아닌 누이 파니의 작품이었다. 펠릭스는 여왕에게 사실을 털어놓을 수밖에 없었다.

파니는 자기 작품을 연주할 기회가 없는 것을 몹시 안타까워했다. 1837년에 그가 친구에게 쓴 편지를 보자.

그러나 런던에서 나의 소품이 세상에 알려지게 되어 얼마나 기쁜지 모릅니다. 그와 같은 기회는 여기서는 전혀 없으니까요. 결국 나의 작품은 평판이 나쁘지 않음에도 소품을 발표할 기회조차 잃어버리게 된 것이지요.

• '여자로서 할 일'을 다한 다음 •

1829년 스물네 살의 파니 멘델스존은 빌헬름 헨젤과 결혼했다. 다음은 결혼을 앞둔 파니가 한 친지에게 보낸 편지다. 그의 쓸쓸하고 적막한 심경이 엿보인다.

당신이 나의 약혼 통지를 받고 제일 먼저 내가 평범한 아내가 되는 것을 축하해주신 데 감사드리는 것을 하마터면 잊을 뻔했군요. 나 자신은 이미 오래전부터 이렇게 되리라고 예견하고 있었으며 나의 약혼자도 평범한 남자일 뿐입니다. 다만 한 가지, 가엾은 여자들이 남자들의 창조적인 인생으로 한 걸음씩 파고들고자 할 때 남성들은 언짢아하면서 여성으로부터 여성다움을 박탈하는 것입니다.

이때 펠릭스는 영국에서 연주회를 가진 다음, 스코틀랜드를 여행하면서 〈교향곡 제3번 '스코틀랜드'〉를 작곡하고 있었다. 그는 누이의 결혼식에 참석하기 위해 귀국하다가 마차사고로 무릎을 다쳤다. 병상에 누운 그는 결혼식에 참석하지 못하는 대신 누이에게 편지를 쓴다.

이 편지는 누나가 결혼하기 전에 받게 될 마지막 편지가 될 것 같아요. 마지막으로 누나를 파니 멘델스존 바르톨디라고 불러봅니다. 하고 싶은 말은 많지만 차마 할 수가 없어요. 여태껏 내 삶을 인도해준 안내자를 잃어버린 것 같은 느낌이에요. 앞으로 있을 모든 변화를 생각하면 머리가 멍해지고 생각의 갈피를 잡지 못하겠어요.

그로부터 약 10년 후인 1837년경, 파니는 그간 써온 작품들을 어떻게든 발표하고 싶어서 작품집 출판을 계획했다. 하지만 용기가 없었으므로 어머니를 통해 동생 펠릭스의 의견을 물었다. 펠릭스는 어머니에게 다음과 같은 답장을 보냈다.

어머니는 나에게 파니의 작품에 대해 말씀하시고, 내가 그녀에게 작품을 출판하도록 격려하라고 말씀하셨군요. 그녀의 새 작품을 나에게 추천하셨지만 그럴 필요는 전혀 없습니다. 나는 진심으로 그녀의 창작활동을 기뻐하며, 동시에 그녀의 작품이 굉장히 우수하다는 걸 압니다……. 그러나 나는 그녀에게 출판을 권유하고 싶지 않습니다. 그것은 나의 신념과 견해에 어긋나는 일이기 때문입니다……. 나는 출판이란 것을 매우 중요하게 여기고 있습니다(적어도 그래야만 마땅합니다). 일생 동안 계속 작곡가로서 헌신하겠다고 생각할 때만 출판해야 한다고……. 그러기 위해서는 쉬지 않고 작품을 작곡해야만 합니다. 몇 개의 작품으로는 세상 사람들에게 빈축만 사게 됩니다. 아니면 그 작품들은 친구들을 위한 헌정 정도로 되겠지요. 그것도 나는 바람직하지 않다고 생각합니다. 그리고 내가 아는 한에서는 파니는 예술가가 되고자 하는 패기도 사명감도 없으며, 너무 여성적입니다. 그녀는 고작 여자의 천직인 주부의 일을 완

멘델스존은 1835년 라이프치히 게반트하우스 오케스트라의 음악감독 겸 지휘자가 되었다. 사진은 당시의 게반트하우스 모습. 악보 왼편 하단에 멘델스존의 친필 사인이 있다.

수한 후라야 비로소 청중이나 음악 세계, 음악에 대해서 생각할 여유를 갖게 될 것 같습니다.

펠릭스는 파니가 '여자로서의 할 일'을 다한 다음에 작곡을 하기 때문에 작곡가가 될 수 없다고 출판에 반대하고 있다. 파니는 아버지의 반대 때문에 '여자로서의 할 일'을 다한 다음 남는 시간에 작곡할 수밖에 없었는데 말이다.

결국 작품 출판 계획은 무산되고 파니는 절망에 빠졌다. 그는 동생에게 보내는 편지에다 자신의 절망과 분노를 조심스럽게 토로했다.

사랑하는 펠릭스! 나는 이번 겨울 아무 곡도 작곡하지 못했단다. 그 대신 연주는 많이 했지만……. 전에는 그토록 가곡을 작곡하고 싶어 했는데, 이제는 말끔히 잊어버렸구나. 하지만 그런 것은 아무래도 좋아. 아무도 내게 신경 쓰지 않고 아무것도 내 생각대로는 되지 않으니까.

· 남자 아닌 여자였기 때문에 ·

9년 뒤, 마침내 파니는 작품을 출판했다. 대성공이었다. 그는 용기백배하여 실내악곡과 3중주곡을 작곡하기 시작했다. 그러나 너무 늦었다. 약 3개월 뒤인 1847년 5월, 파니는 그만 세상을 떠나고 말았다. 피아노를 치다가 갑자기 급성마비를 일으킨 것이다. 그때 나이는 마흔두 살. 펠릭스도 그해 11월 초, 서른여덟 살을 일기로 세상을 떠났다.

이렇게 해서 파니 멘델스존은 한 사람의 작곡가가 아니라 펠릭스 멘델스존의 누나로서만 남았다. 또 멘델스존에게 파니라는 누나가 있었다는 사실조차 모르는 이가 대부분이다.

합창곡, 가곡, 피아노 소나타 등 파니의 작품들은 지금도 베를린의 멘델스존 작품 보관소에 남아 있다. 하나같이 훌륭한 작품들이다.

파니 외에도 '여자'였기 때문에 그 재능이 묻혀버리거나 파괴당한 사람들이 여럿 있다. 모차르트의 누이 난네를, 바그너의 아내 코지마, 로댕의 제자이자 연인 카미유 클로델…….

만일 파니가 아무런 사회적 제약 없이 음악에 몰두할 수 있었더라면 훌륭한 작곡가가 되었으리라는 사실은 분명하다. 확실히 지금까지의 인간사회는 여자가 타고난 재능을 맘껏 발휘하며 온전한 한 인간으로 살기란 남자보다 훨씬 어려운 일이었다. 물론 다가올 사회에서는 다를 것이다.

| 참고문헌 |
타임라이프 북스, 《위대한 음악가 8》, 한국일보타임라이프편집부, 1993
에바 리거, 김금희 옮김, 《서양음악사와 여성》, 이화여대출판부, 1991

파혼당한 영친왕의 약혼녀 민갑완

영친왕, 조선 왕조 마지막 황태자인 그의 이름은 은(垠)이다. 그는 열한 살 때 일본에 볼모로 끌려가 일본 황실의 공주 마사코(李方子)와 정략결혼을 해야 했던 비운의 주인공이다. 그런데 마사코와 결혼하기 전, 그에게는 이미 약혼녀가 있었다. 민갑완(閔甲完)이 바로 그다.

• 세자빈으로 간택된 열한 살의 신부 •

민갑완은 여흥 민씨 민영돈(閔泳敦)의 딸이다. 민영돈은 명성황후 민씨의 신임을 받아 명성황후의 아들 척(拓, 훗날의 순종)의 글벗이 되고, 종묘제관을 거쳐 초대 영국공사로 활약한 인물이다.

명성황후가 일본인에게 시해당한 지 2년 뒤인 1897년 10월 20일, 민영돈의 집과 대궐 양쪽에서 각각 새 생명이 태어났다. 민영돈의 딸에

게는 갑완이란 이름이, 고종
의 후궁 순빈 엄씨가 낳은
아들에게는 은이란 이름이
붙여졌다. 이렇게 민갑완과
이은은 출생부터가 인연인
듯 같은 날, 비슷한 시각에
태어났다.

민갑완은 무척 활달하고
총명한 소녀였다. 어찌나 짓
궂은 장난을 잘 쳤는지 별명

대한제국 황실 가족. 오른쪽부터 고종, 영친왕, 순종, 의친왕.
앞줄의 아기는 고종의 외동딸 덕혜옹주다. 덕혜옹주가 태어
난 1912년 이후에 찍은 사진이다.

이 '난봉'이었다. 할머니의 환갑년에 태어났다 하여 갑완이란 이름을
붙여주었을 만큼 그는 할머니의 사랑을 듬뿍 받았고, 아버지 민영돈
또한 그의 총명을 아꼈다.

민갑완이 열한 살 되던 해인 1907년 초, 세자빈을 간택한다는 소식
이 들렸다. 일본의 침략 야욕 앞에 선 나라와 왕실의 운명을 걱정한 고
종이 하루라도 빨리 은을 결혼시켜 왕실의 명맥을 잇고자 한 것이다.

세자빈 간택, 이는 전 국가적인 행사였다. 일단 간택이 시작되면 전
국의 결혼 적령기 처녀들에게 금혼령이 내려지고, 나이 찬 처녀를 둔
집에서는 사주단자를 올린다. 3차에 걸친 심사를 하여 세자빈을 결정
하는데 이를 초간택, 재간택, 삼간택이라 한다. 마지막 삼간택 때는 세
명의 최종 후보가 올라와 그중 한 사람을 정한다.

그런데 간택은 공정한 경쟁만으로 이루어지는 것은 아니다. 처음부
터 가문 혹은 세도에 의해 내정된 사람이 있고, 그를 위해 간택이란 형

순종과 영친왕 이은은 1907년 대한제국을 방문한 일본 황태자 요시히토를 만났다. 왼쪽부터 순종, 이은, 요시히토. 요시히토는 1912년 다이쇼(大正) 천황으로 즉위했다.

식이 치러지는 것이 보통이다.

어쨌든 민갑완은 삼간택까지 올라가 마침내 세자빈으로 뽑혔다. 이제 남은 일은 택일하여 혼례를 올리는 일뿐이었다.

그런데 몇 달 후, 고종이 일본에 의해 퇴위당했다. 1905년 을사보호조약을 강제로 맺은 뒤 조선을 식민지로 만들 계획을 차근차근 실행에 옮기고 있던 일본은 헤이그 밀사 사건이 터지자 그를 구실 삼아 고종을 퇴위시킨 것이다. 뒤를 이어 순종이 즉위하고, 순종이 후사가 없으므로 이복동생인 은이 다음번 왕위 계승자가 되었다.

민영돈은 딸의 운명이 순탄치 않으리란 예감을 했다.

"이 일을 어찌할꼬? 나라는 점점 기울어가는데, 갑완이 너는 국모로 들어가게 되고……. 국운이 기울 땐 차라리 평민이 행복하거늘. 아아, 너도 이 나라도 막막하고 답답하고나."

• 10년 만의 파혼 •

통감 이토 히로부미는 영친왕 은을 일본인으로 만들고자 했다. 그래야 일본의 식민통치가 쉬워질 거라는 계산이었다. 순종이 즉위한 지 열흘째 되는 날, 이토 히로부미는 순종에게 말했다.

"일국의 황태자가 우물 안 개구리처럼 자기 나라, 그것도 대궐 안에서만 세월을 보내서야 되겠습니까? 해외 유학하시어 몸소 견문도 넓힐 겸 먼저 일본으로 건너가 유학하심이 옳습니다."

말이 유학이지 사실상 볼모였지만, 순종은 이를 거절하지 못했다. 결국 열한 살의 은은 일본 유학길에 올랐다.

10년이란 세월이 흘렀다. 민갑완은 어느새 스물한 살의 과년한 처녀가 되었다. 조선은 일본의 식민지가 되었지만, 왕실은 남아 있었다.

10년을 하루같이 은의 귀국과 혼례식 올릴 날만을 기다리며 책을 벗삼아 지내던 갑완에게 청천벽력 같은 소식이 닥쳤다. 파혼이라는 것이다. 은이 일본 황실의 공주와 결혼하리라는 소식도 뒤를 이었다. 1917년 12월의 일이다.

"아니, 그게 무슨 말씀이오? 간택을 치르고 신물까지 나눈 지 10년이 되는 오늘에 와서 상(上)의 뜻이 변하셨단 말씀이오?"

기막혀하는 민씨 일가에게 상궁이 대답했다.

"총독부에서 지령한 일이니 어찌할 수가 없습니다. 왕세자님께서는 일본의 황족 공주와 결혼하신답니다. 그러니 신물은 가지고 있어 무엇합니까?"

일본은 조선 왕가의 명맥을 끊어버리려고 '조선 왕족은 일본의 황족

영친왕 이은과 마사코. 1917년의 사진. 당시 영친왕은 스무 살, 마사코는 열여섯 살이었다.

이나 귀족하고만 결혼하도록' 황실전범을 개정했다. 그런 다음 은과 마사코를 결혼시키기 위해 민갑완과의 약혼을 파기케 한 것이다.

조선 왕실의 법도에 따르면, 한번 왕비로 간택된 사람은 설령 파혼되더라도 결코 다른 남자와 결혼할 수 없다. 그런데 총독부에서는 갑완의 아버지 민영돈에게 '딸을 1년 안으로 다른 곳에 시집보내지 않으면 부녀가 중죄를 받아도 좋다'는 각서를 쓰게 했다. 뿐만 아니라 갑완을 일본인과 결혼시키려 애를 썼다. 심지어 겁탈하여 강제로 결혼시키려는 계략을 꾸민 적도 있다.

· 상해로 망명 ·

1920년 4월, 영친왕 은은 일본에서 마사코와 화려한 결혼식을 올렸다. 유럽으로 신혼여행을 간 두 사람은 파리에서 열린 평화회의에 참석하여 한일합방이 일본의 강제에 의한 것이 아님을 '입증'했다.

갑완을 아껴주던 할머니도, 아버지 민영돈도 세상을 떠났다. 고종 역시 승하했다. 좌절할 대로 좌절한 갑완은 차라리 죽어버리자는 생각을 여러 번 했지만 외삼촌의 제안을 받아들여 상해로 망명하기로 마음먹었다. 1920년 7월, 민갑완은 상해로 가는 배를 탔다.

"상해 가면 네 마음대로 하거라. 아무도 널 막지 않을 테니 생각대로 뜻대로 해라."

떠나는 갑완에게 어머니는 이렇게 말했다. 왕실의 법도도, 관습과 전통에도 매일 필요 없다는 간절한 뜻이다.

동생 천행, 외삼촌 기현과 상해에 도착한 갑완은 임시정부 요인인 김규식의 소개로 미국인이 운영하는 학교에 다니기 시작했다. 신식학문을 배우며 점차 활기를 되찾을 무렵, 학교마저 다닐 수 없게 되었다. 일본 영사관에서 찾아와 이것저것 갑완에 대해 캐묻자 난처해진 교장이 학교를 쉬게 한 것이다. 갑완은 또 한 번 좌절했다.

김규식은 갑완에게 독립운동에 나설 것을 권했다.

"우리 같이 싸웁시다. 싸워서 이기는 길만이 내 나라 내 민족을 구하는 길이요, 원수를 갚는 길이기도 합니다. 돌이켜 생각하면 이 모든 비극이 바로 왕실의 몰지각과 무능의 소치입니다만……."

갑완은 거절했다.

상해 시절의 민갑완과 남동
생 천행.

"이 모든 것은 제 운명입니다. 누구를 숙원숙우할 일이 아니라 생각
되오며 저 혼자의 희생으로 만사가 평온하기를 바랄 뿐입니다. 왕실에
무슨 힘이 있었습니까? 저를 이 꼴로 만들었다고 복수를 하겠다는 마
음 눈곱만큼도 없습니다."

이때 그가 김규식의 권유대로 독립운동에 나섰더라면 그의 삶은 참
많이 달라졌을 것이다. 하지만 그러기엔 갑완은 철저히 왕가의 여인이
었다. 10년 동안 오로지 충실한 왕가의 여인이 되어야 한다는 생각만
을 다져오지 않았던가.

"나는 돌아가지 않으련다."

아무런 출구도 보이지 않는 세월들이 흘러갔다. 책 읽기와 뜨개질이
그의 유일한 낙이었다. 활달하던 성격도 변했다. 갑완은 사람 만나기

를 싫어하고 좀처럼 입을 열지 않는 사람이 되었다. 몇 번 혼담이 들어왔지만 모조리 거절했다. 그로서는 결혼하지 않고 독신으로 지내는 것이 바로 독립운동이요 자신을 지키는 길이었다.

이런 생활이 무려 25년. 갑완은 어느덧 쉰을 바라보는 나이가 되었다. 그리고 조선은 마침내 식민지 지배에서 풀려났다. 하지만 그는 귀국하지 않으려 했다.

"내가 돌아가면 반겨 맞을 사람이 있니, 아니면 다시 이 왕가가 복위되어 절개를 지켰다고 상을 내리겠니? 나는 돌아가지 않으련다."

그는 동생에게 이렇게 말했다.

어쩌면 그는 해방이 되면 왕조가 복위되고 자신도 황태자비가 되리라는 기대를 은연중 갖고 있었는지도 모른다. 그러나 해방이 된 지금, 아무도 왕 따윈 생각하지 않았다. 그는 조선 여자의 윤리와 도덕을 지키기 위해 정절을 지키고 왕가와 맺어졌다 깨어진 혼약에 일생을 건 자신을 후회하지 않을 수 없었다.

1946년 5월, 민갑완은 고국 땅을 밟았다. 이시영, 김구 등 임시정부 요인들의 간곡한 권유 때문이었다. 그러나 귀국한 그를 기다리고 있는 것은 여전히 고독과 가난뿐이었다. 그는 여관, 친척 집, 동생 집을 전전하다가 영친왕의 형인 의친왕 강(堈)의 호의로 사동궁 2층에서 살게 되었다.

뭔가 의미 있는 일을 해보고 싶었던 그는 교육 사업을 준비했다. 그런데 육영사업후원회를 구성하고 그 첫 번째 모임을 열기 바로 전날, 6·25전쟁이 일어났다. 그가 일생에 마지막으로 계획하고 준비했던 일이 하루아침에 물거품이 되었다.

1963년 11월, 영친왕 은이 귀국했다. 열한 살의 나이로 조선을 떠난 지 56년 만이었다. 뇌연화증으로 식물인간이 된 채.

"나는 이미 조선인이 아니야. 그렇다고 해서 일본인이 되지도 않아. 결국 이것도 저것도 아닌 어설픈 삶을 살 수밖에 없어."

영친왕은 늘 이렇게 뇌이곤 했었다. 영친왕은 돌아왔지만 민갑완과는 만나지 않았다. 두 사람은 평생 얼굴을 마주한 적이 없다. 단 한 번도. 영친왕은 민갑완의 존재를 기억하고나 있었을까? 영친왕이 민갑완에게 조그만 배려라도 한 흔적은 전혀 보이지 않는다.

1968년 3월 19일 민갑완은 후두암으로 세상을 떠났다. 그의 나이 일흔한 살. 기다림으로 일관한 생을 마감한 그의 육신은 부산 천주교 공동묘지에 묻혔다. 2년 뒤, 영친왕도 세상을 떠났다.

| 참고문헌 |

박석분 · 박은봉, 《인물여성사 한국편》, 새날, 1994

김정례, 《민갑완》, 교양사, 1990

이방자, 《세월이여 왕조여》, 정음사, 1985

당신에게 들려주고 싶은 세계사

1판 1쇄 2013년 3월 29일
1판 2쇄 2014년 2월 1일

지은이 ㅣ 박은봉

편집 ㅣ 천현주, 박진경
마케팅 ㅣ 김연일, 이혜지, 노효선
디자인 ㅣ 석운디자인
조판 ㅣ 글빛

펴낸곳 ㅣ (주)도서출판 **책과함께**
　　　　주소 (121-896) 서울시 마포구 서교동 444-17 덕화빌딩 5층
　　　　전화 (02) 335-1982~3
　　　　팩스 (02) 335-1316
　　　　전자우편 prpub@hanmail.net
　　　　블로그 blog.naver.com/prpub
　　　　등록 2003년 4월 3일 제25100-2003-392호

ISBN 978-89-97735-17-4 (03900)

이 도서의 국립중앙도서관 출판시도서목록(CIP)은
e-CIP 홈페이지(http://www.nl.go.kr/ecip)와 국가자료공동목록시스템
(http://www.nl.go.kr/kolisnet)에서 이용하실 수 있습니다.
(CIP제어번호: CIP2013001486)

＊《당신에게 들려주고 싶은 세계사》는 1994년 실천문학사에서 출간한 《세계사 뒷이야기》의 개정판입니다.
＊ (주)도서출판 책과함께는 이 책에 실린 도판의 저작권 관련 사항을 처리하기 위해 노력했습니다. 허가를
받지 못한 일부 도판에 대해서는 저작권자가 확인되는 대로 적절한 후속조치를 취하겠습니다.